닦는마음 밝은마음

개정증보판

글 · 김재웅

일러두기

1. 이 책은 1989년 첫 간행된 『닦는 마음 밝은 마음』의 개정증보판입니다.

2. 이 책의 4면에 실린 서문은 1999년 미국 위즈덤사에서 출판한 영문판 『닦는 마음 밝은 마음』에 달라이 라마께서 직접 쓰신 원문입니다. 5면은 원문을 번역한 글입니다.

3. 두 편의 글, '생활 속의 가르침'과 '나라 사랑 실천'은 김재웅 법사님의 제자들이 정리한 글입니다.

4. 이 책에 나오는 불교 용어의 뜻을 풀이하여 367면에 넣었습니다.

Foreword

Polishing the Diamond, Enlightening the Mind is a book compiled by Jae Woong Kim out of gratitude and devotion for his Korean Buddhist master, Baek Sung Wook. It contains the master's instructions and advice for cultivating the mind in the quest for enlightenment.

Despite wanting happiness and wishing to avoid suffering, human beings constantly engage in activities that give rise to fear, disease, starvation, and ultimately death. Under such circumstances it would be wonderful if even a few people could create some inner peace, if only for a short time. I am confident that readers who seek such a goal will find valuable advice in this book.

Venerable Tenzin Gyatso, the 14th Dalai Lama of Tibet
November 12, 1996

『닦는 마음 밝은 마음』은 김재웅 법사님이 그의 스승 백성욱 박사님에 대한 감사와 헌신의 마음으로 엮은 책으로, 밝음을 향해가는 여정에서 마음을 어떻게 닦아야 할 것인가에 대한 스승의 가르침과 조언을 담고 있다.

  인간은 누구나 행복을 원하고 고통을 피하고 싶어 하면서도 끊임없이 근심, 질병, 기근, 그리고 결국 죽음을 야기하는 활동에 참여하고 있다. 이러한 세상에서 소수의 사람들이라도 비록 짧은 시간이나마 내면의 평화를 창조할 수 있다면, 참 보람된 일일 것이다. 그런 선의善意를 추구하는 독자들은 이 책에서 소중한 조언을 얻게 될 것임을 나는 확신한다.

티베트 승왕 14대 달라이 라마 텐진 갸초
1996년 11월 12일

책을 내면서

제가 쓴 몇 권의 책이 수행자들에게 도움이 조금 된다고 들었습니다. 오십대 중반부터 일흔을 넘긴 지금까지의 공부 이야기가 마음 닦는 이들에게 도움이 될 것 같아 펜을 들었습니다.

수행자들은 죄 짓는 행동, 말, 생각을 하지 말아야 할 것이며 옛날 어떤 도인처럼 하루에 여러 번씩 좋은 일을 하여 공덕 짓는 일을 게을리 하지 말며, 마음의 저울추가 죄 짓는 쪽보다 공덕 짓는 쪽으로 기울도록 해야 할 것입니다.

자신을 늘 겸손하게 하심下心하여 늘 묻고 배우는 마음을 연습하고 주위에 이익을 끼치는 삶을 살아야 할 것 같습니다. 어떤 일이나 사람을 대할 때 일어나는 마음을 참고 자제하고 견디고 하심하고 마음 바치는 이 실행이 잘 될 수 있도록 해야 할 것입니다. 마음 닦는 이의 길은 늘 보살심을 연습하고 보살행을 실천하고 보살도를 닦는 것이 아니겠습니까.

저는 백 선생님의 금강경 읽고 실천하고 마음 바치는 법을 통해 공부의 기초를 다졌습니다. 우리 모두 함께 정진합시다.

2013년 1월
김재웅 합장

차 례

3 일러두기
4 달라이 라마의 서문
7 책을 내면서

하나. 밝으신 스승 백성욱 선생님
   16 스승을 모시고
   22 스승이 걸어오신 발자취를 따라
   24 스승의 가르침에 대해

둘. 한마음이 만들어 낸 세계
   28 종소리
   29 마음속의 형상
   30 카네기 1세의 아귀보를 치유하자면
   32 증하지 말고 그 마음 바쳐야
   34 죄罪도 바친다
   36 꾸짖으면 저절로 마음은 물들어 버린다

셋. 부처님께 마음을 바친다
   38 업장 일어나는 것이 반가울 때가 해탈
   40 마음에 담아 두지 않고 바친다
   41 자기 마음 들여다보고 바친다
   43 부처님께 마음을 바친다
   46 관음경의 비유
   48 탐진치 삼독三毒에 관하여
   51 마음의 독과 육신의 병
   52 육바라밀六波羅蜜

넷. 닦는 마음 밝은 마음
  54 미운 마음을 바친다
  56 돌레 성사聖師
  57 닦는 마음 밝은 마음
  58 나를 밝게 해주는 이가 내 부처님
  59 몸뚱이 착을 바친다
  62 진심 닦아 성불
  64 타오르는 불길
  66 야반삼경에 문빗장을 만져 보라
  67 공부하는 시간에 대해
  68 분별은 3자 단위로 일어난다
  69 자신의 얼굴을 보고 모자라는 점을 닦는다
  71 옷매무새는 마음 매무새

다섯. 현재 현재 진실하라
  74 현재 현재 진실하라
  75 방심치 않는 마음
  78 네! 하는 마음
  80 준비하는 마음
  81 불가능이 없는 마음
  82 선입주견을 해탈해야
  84 자기를 주장하는 마음이 강할 때는 지옥이다
  85 나만의 어머니
  86 모든 이들이 나를 도와주는 사람
  88 오는 사람 막지 않고 가는 사람 붙잡지 않는다

여섯. 복 많이 지으십시오
  92 잘살기를 바라지만 말고 잘살 원인을 짓는다
  95 한량없는 큰 복[無量大福]

97 복도 바친다[不受福德]
98 자기 복 남 주지 못하고 남의 복 자기가 하지 못한다
100 장래 무얼 먹고 사느냐
101 궁한 마음 닦고 넉넉한 마음 연습한다
102 가난을 증하지 않는다
103 검정 강아지
105 대궐 할머니
108 보수의 3배 버는 마음 연습
110 돈은 왜 필요한가
112 마음 닦는 한 사람 밥 먹이는 공덕
114 정성을 올리고 정성을 받으시고
116 빚지지 않는 마음
117 밥 한 그릇

일곱. 영원의 향기, 공경심
120 법당 앞의 나무
121 공경심이 지극한 위에 무분별이 되어야
123 공경심으로 바쳐라
125 아쇼카 왕
127 사리불 존자
128 눈[雪]과 별
130 이른 새벽 스승을 찾아뵙고
135 금강경을 전할 때

여덟. 부처님 시봉 잘하길 발원!
138 부처님 시봉 잘하길 발원!
140 원願의 바탕 위에 저절로 이루어지는 것이 불사
141 시시각각 소원 성취 시시각각 불평불만
143 경상 감사

145 소원 성취 하면 가는 것이 중생사
146 제도는 부처님께서나 하실 일, 우리는 오직 부처님 시봉을 할 따름

아홉. 절대 자유는 고적이다
  150 절대 자유는 고적이다
  152 고독을 다 닦으면
  154 사람을 사귈 때는 쇠고삐 길이만큼 사이를 두고 사귄다
  155 따뜻한 곳은 부처님의 품
  157 수놓은 봉황은 보일지언정 바늘 끝은 보이지 않는다
  158 느티나무
  160 물의 덕德
  161 나의 마음 나무
  162 카사파여, 마음이란 무엇인가

열. 길가는 이[道人]
  168 달마 대사
  170 묘향산 금선대의 두 도인
  173 백은 대사

열하나. 우리 함께 더불어 가는 길
  176 세 개의 수레
  178 한 사람이 공부하면 구족이 밝아진다
  180 베푸는 일에 대하여
  183 바라는 바 없이 베푼다
  185 자비심
  187 원효 대사와 너구리 새끼
  189 현충일
  191 남의 아이 버릇 고치다 잘못하여

193 도인은 범인보다 한 걸음 앞선다
194 바치는 아이들

열둘. 금강경 읽고 미륵존여래불 바치는 법
  198 금강경은 부처님의 마음 살림살이
  200 금강경은 왜 읽는가
  202 금강경, 어떻게 읽을까
  203 십 년 공부 나무아미타불
  205 미륵존여래불, 석가여래의 마음 가신 곳
  207 왜 미륵존여래불 정진하는가

열셋. 인과의 이야기
  210 철종과 박영효
  211 못된 짓 하는 이가 잘사는 경우
  213 살생의 과보
  215 살생은 가능한 한 피하여야
  220 마음을 바치지 않을 수 없는 이유
  218 윤회에 대하여
  222 인생은 나그네
  223 웃음소리

열넷. 도량에서
  226 봄빛이 오면
  229 흙집
  232 젊은 구도자, 입춘을 전후하여

열다섯. 보살의 길
  238 새해 복 많이 지으십시오
  239 가는 마음이 고와야 오는 마음이 곱다
  240 바라는 마음은 고통의 근원
  241 손가락 법문
  242 내 탓
  243 바위
  244 밝은 마음 연습
  245 깨침과 실행
  246 멀지 않은 죽음 이후 나는 무슨 몸일까
  247 양심의 저울추
  248 맹상군의 깨우침
  250 법당 청소
  251 겸손은 가장 큰 자산
  252 하심下心 연습
  254 전문가에게 물어라
  255 덕德의 향기
  256 김집 선생
  258 후대에 물려줄 정신유산
  260 아상我相
  262 공부하는 마음가짐
  264 자신을 진실로 사랑하는 사람
  265 업보업연
  267 부처님의 마음으로
  269 얼룩동사리
  270 비우는 것이 닦는 것
  272 보살과 중생의 차이

273 마음 살림살이

열여섯. 수자들에게
　276 자기를 뒤돌아보아야
　277 빚지지 마라
　278 수행자의 정직함
　280 공부의 핵심
　282 장점과 단점
　283 하기 싫은 마음을 항복 받아라
　284 생명을 바쳐서 닦아라
　285 도반이 스승이다
　286 삼독심三毒心
　287 확 바꾸어라
　288 마음에 부처님이 계셔야 한다
　289 신언서판身言書判
　290 오늘 하루가 마지막 날인 것처럼
　291 수행자
　292 닦는 방법
　294 도량 일을 할 때는
　295 보살의 길
　297 도량을 마련하기까지

열일곱. 공부는 실천이다
　304 생활속 가르침
　335 나라 사랑 실천

하나

밝으신 스승 백성욱 선생님

스승을 모시고

처음 백성욱 선생님을 뵈온 것은 1964년 4월, 스물네 살 때의 일이다.

나는 오래 전부터 교육에 나라의 운명이 달려 있다고 생각하고 특수한 사범대학을 세워 참다운 스승을 배출해 내면 이 나라 국민 전반의 의식 수준과 인격을 향상시켜 이 민족의 고질적인 악습과 의식구조를 타파할 수 있지 않을까 생각해 왔다. 그래서 그 바탕을 마련하기 위해 자그마한 돈벌이를 시작하였고, 또 조언을 얻기 위해 훌륭하다고 생각되는 분이면 빠짐없이 만나러 다녔다. 백 선생님을 뵙게 된 것도 그 일의 일환이었다.

동국대학교 대학원생인 라동영 씨로부터 경기도 부천시 소사리 산 66번지에 백 선생님이 계시다는 말을 전해 듣고 물어서 그곳을 찾아갔다. 가서는

"을지로 2가에서 왔는데, 백 총장님 찾아뵙고자 왔습니다." 하니, 당시 선생님을 시봉하던 김철수 씨가 선생님께 안내해 주었다. 설레는 마음을 가누면서 한적한 법당에 들어섰을 때, 선생님의 모습은 흡사 형광등의 불빛처럼 눈부셨다.

좌정坐定한 주위에 뿌옇고 환한 기운이 가득했다. 엄숙한 가운데 담담하신 표정으로 누구의 마음도 감출 수 없게끔 꿰뚫어 보시는 듯한 모습은 한 치의 업장도 용납지 않으시는 도인道人의 모습 그대로였다. 그이 앞에 절하고 앉는 순간 모든 분별이 한적히 가라앉았다.

한참의 침묵이 흐른 뒤 선생님을 찾게 된 동기를 밝히면서

"특수 사범대학을 설립하고자 하는데, 이를 빨리 성취시킬 수 있

는 길은 없습니까?" 하고 여쭈어 보았다. 한참 관觀해 보는 듯하시더니
"내 시키는 대로 하면 된다."고 하셨다. 반가워서 얼른 여쭈었다.
"선생님께서 시키실 일이 무엇입니까?"
"네가 하겠다고 해야 가르쳐 주지."
나는 약속을 하면 꼭 지켜야 되는 성미이므로 섣불리 약속할 수가 없어 침묵 속에 한참이 흘렀다.
"내 시키는 대로 할래? 안 할래?"
"……."
그래도 대답이 나오지 않아 한참 동안 가만히 앉아 있는데, 선생님께서 다시 물으셨다.
"시키는 대로 할래? 어쩔래?"
침묵 …….
다시 물으셨다.
"할래? 어쩔래?"
세 번 거듭하여 극진히 물으시는 선생님 말씀 뒤에 무엇인가 그득하고 환한 희망이 연상되었다. 좋은 일일 것 같은 생각이 들었다.
"예, 하겠습니다."
"옳지, 그래야지. 아침저녁 금강경 읽고 올라오는 생각은 무슨 생각이든 '미륵존여래불' 하며 부처님께 바쳐라."
그때까지는 경 읽고 기도하는 방법으로 사회적 일을 성취한다는 것은 불가능하다고 생각하고 있었으므로 그 대답은 무척 당혹스러운 것이었으나
"예." 하고 대답하는 순간, 흰빛이 가슴을 가득 채우는 듯 마음이 밝아지면서 깊은 행복감을 느꼈다. 마치 풍랑에 고생하던 밤바다의 배가 그제야 등댓불을 발견한 기분이랄까.

이후 소사에 가끔씩 찾아뵙고 궁금한 점을 여쭈다가, 나중에는 일주일에 한 번씩 찾아뵙고 공부 점검을 받으며 선생님의 가르침을 쫓아 정진을 게을리하지 않았다. 장사하고 자취 생활하는 바쁜 와중에도 경經을 하루 아홉 번 읽었고, 장사도 단계적으로 업종을 바꾸어 큰일을 한다는 일념뿐이었다.

당시 선생님은 내게 참으로 친절하고 자상하신 분으로 여겨졌다. 일일이 상태를 묻고 점검해 주시는 자비로운 손길에 그때까지의 삭막한 세월이 지나고 가슴에 훈훈한 봄바람이 불어오는 듯하였다.

그러나 누이동생 공부 뒷바라지를 다 해주고, 1966년 4월 선생님이 권하시는 대로 소사에 들어와 본격적으로 공부하기 시작했을 때, 첫날부터 당신에 의해 내팽개쳐진 기분이었다. 너무나 근엄하시고 차갑게만 느껴져 내가 왜 여기 왔나 하는 생각이 들 지경이었다.

그러나 당신의 냉정함은 오히려 자상한 배려이심을 나중에야 깨닫게 되었다. 이제 혼신의 힘을 다해 생사生死의 문제를 해결해야 할 수행인으로서 의지하는 마음을 떠나 자기 줏대를 세워야 했기 때문에……

소사 생활은 새벽 3시에 기상하여 공부하고, 4시 반 선생님의 법문을 듣고 전날 공부한 결과를 점검받았다. 일어난 바 용심用心과 깨친 점, 꿈, 경계 등을 선생님 앞에 바치는 마음으로 털어놓고 닦을 점을 지적받아 마음 씀씀이를 고치고 배웠다.

낮에 방심한 날 다음에 새벽 점검 받으러 가는 때는 도살장에 끌려가는 소의 기분이었다. 대중 앞에서 자신의 업장을 털어내 놓는 마음은 살점을 찢는 듯 고통스러웠기 때문이다. 이래야 업장이 녹아내리고 마음이 닦여지리라.

선생님께서는

"내 앞에서는 가짓껏(한껏) 못난 것 다 털어놓고 밖에 나가서는 가짓껏 잘난 사람 되어 봐라." 하시며 일일이 그 업장들을 다 어루만져 주셨다. 긴 세월 동안 한 번도 새벽 공부 점검을 빠뜨린 일이 없으셨으니, 그 역할이 얼마나 어려운 것인지 나중에야 어렴풋이 느끼게 되었다.

선생님은 시공을 초월해 아시는 분이다. 7년 6개월의 소사 생활을 마치고 포항에 살 때였다. 10시에 아침 식사를, 2시 30분에 점심 식사를 하고 오후 불식不食 하는데, 하루는 바쁜 일이 있어 점심을 제 시간에 먹지 못하고 배가 고파 밤 10시에 빵을 먹은 적이 있었다. 당시에는 한 달에 한 번 서울에 가서 공부 점검 받았는데, 그때 점검 받을 때 선생님께서

"두 끼 시간 못 지키고 밤 10시에 무얼 먹더구나." 하셨다.

포항에서 8개월을 어디에도 기대지 않고 앉아서 잤다. 누워서 잘 때는 몰랐는데, 앉아서 자다 보니 몸이 훨씬 가벼웠다. 그러면서도 여름 나무 그늘 아래서 등과 허리를 편안히 나무에 기대고 자는 분들이 그렇게 부러울 수가 없었다. 앉아 자는 것이 귀찮아서 누워 자기 시작한 지 며칠 만에 서울에 갔더니, 선생님께서는 어찌 아시는지

"왜 앉아서 자지 않고 누워 자느냐!"고 야단하셨다. 서울에서 천리인 포항 일을 죄다 아시는 것이다. 마음을 꿰뚫어 보시는 분을 모시고 공부하는 시집살이만큼 힘든 일은 없을 것이다.

한번은 낮에 서울에 가셨다가 저녁에 돌아오시면서 낮에 무슨 일이 있었을 때 내가 너희들을 살피지 못해 미안하다고 하셨다. 선생님께서는 우리와 한 집안에 사시면서 하루에도 여러 번 우리들 마음 상태를 살피시고 약한 사람에게 찾아오셔서 방심치 말라고 격려해 주셨고, 법法이 서는 순간 어김없이 찾아오셔서 결정을 주셨다.

소사 도량道場의 하루 일과 중 제일 먼저 시작하는 일은 소젖짜기였다. 소가 많을 때는 15마리나 되었으니 먹이 마련, 청소, 방목의 일만으로도 벅찬데, 어디 그뿐인가. 밭일부터 시작하여 농지 개간까지 하였으니 잠시도 쉴 틈이 없는 바쁜 일과의 연속이었다.

여름에 젖 짜던 일은 지금도 기억에 새롭다. 무더운 여름날이라 가만히 있어도 온몸에 땀이 흐르는데, 열이 나는 소의 다리와 배에 오른쪽 어깨와 얼굴을 대고 손으로 젖을 짜는 일은 무척 고통스러운 일이었다. 더욱이 소가 파리를 쫓느라고 오줌똥이 묻은 꼬리를 휘둘러 눈과 입을 칠 때의 기가 막히는 심정!

그러나 그때 올라오는 그 역겹고 싫은 마음을 얼른 집중적으로 바치면 여러 가지가 깨쳐지고 알아지니, 쇠꼬리의 법매가 그렇게 고마울 수 없었다. 그 순간은 소가 내 마음을 밝혀 주는 스승인 것이다.

목장을 시작한 것은 도를 닦는 이들이 공부하고 복 짓게 하기 위해서라고, 선생님께서 어떤 분에게 말씀하시는 것을 들은 적이 있다. 선생님이 만들어 놓은 울타리 안에서, 당신의 가르침에 따라 목장일과 농사일을 하며 공부와 일이 둘이 아닌 경지를 터득하였다. 그리고 자신이 벌어서 남 먹이는 마음 연습하며, 숨 쉬고 밥 먹는 것 모두를 부처님 잘 모시기 위한 정진의 연속으로 생각했다.

중생의 몸뚱이에 대한 애착은 잠자는 데와 먹는 데, 또 편안한 데 숨어 있기에, 간식 없는 하루 두 끼의 식사, 쉴 틈 없이 복 짓는 일, 밤새워 하는 정진 등은 아상我相과 애착을 자극하여 그때 올라오는 마음을 닦기 위한 것이다. 업장은 올라올 때 닦아야지, 그렇지 않으면 순간 놓쳐 버린다.

마음 닦는다는 것은 자신의 뼈를 깎는 아픔이었다. 방심할 때마다 무섭게 내려치는 선생님의 법매. 어려운 상황일수록 더욱 연꽃은 청초하고 향기가 그윽한가 보다.

　일이 힘들다는 분별을 바치고, 먹는 애착을 바치고, 잠자는 착着을 바치고, 도량을 벗어나 도망가는 마음을 바치고, 업장을 바치고, 또 존경하는 부처님도 바치는 수련의 연속은 이 도량을 만들 때 부처를 기른다는 선생님의 뜻이 무엇인가를 뼈저리게 느끼도록 했다.

　인생의 가장 푸른 젊음을, 그리고 나의 운명 전부를 다 바쳐 시봉하며 인간이 할 수 있는 최대한의 존경과 흠모를 다 올린 곳, 하루에도 몇 번씩 죽음을 오고가는 처절한 심정으로 정진하던 그 도량이 선생님의 자비로운 미소와 함께 다시 올 수 없는 과거사가 되어 버렸다. 아쉬움과 안타까움을 감추기 어려우나, 당신의 가르침에 따라 이 마음 또한 바친다.

　마음 닦는다는 것은 옳지 않은 습성이 배어 죄를 짓는 자신의 내면적인 문제점을 고치는 것을 말한다. 한 고비씩 전생 업장이 해탈될 때 일어나는 일이다. 한 평생 길들여진 못된 습성을 자신이 벗으려고 애를 쓰는데, 선생님께서 주먹으로 법매를 쳐서 도와주셨다.

　그때 법매를 맞은 온 얼굴이 붉게 달아올랐다. 젊은 내가 이렇게 아프니 팔십 가까운 노인의 손은 얼마나 아프실까. 왜 선생님은 이 못난 사람 하나 깨우치게 하기 위해 이리 고생하시는지……. 나는 그 은혜에 감격하여 땅바닥에 엎드려 삼배를 올리고 목 놓아 울어 버렸다.

스승이 걸어오신 발자취를 따라

　백 선생님은 1897년 음력 8월 19일 서울에서 태어나셨고, 14세에 출가, 23세에 경성불교중앙학림을 졸업, 3·1운동을 전후하여 상해로 건너가 임시정부의 활동에 참여하셨다.
　그 후 독립을 빨리 성취시키기 위해서는 조국의 젊은이들에게 신학문을 교육시켜야 할 것이라고 생각하시고, 장차 20만 명의 청년을 깨우치게 할 목표를 세우시고 그 준비 과정으로 유럽 유학의 길을 떠나셨다. 파리의 보배 고등학교를 졸업, 1925년 남부 독일 뷔르츠부르크대학에서 「불교순전철학佛敎純全哲學」이라는 논문으로 철학박사 학위를 받고 귀국하셨다.
　그 후 중앙불교전문학교에서 교직을 3년간 맡으셨는데, 요시찰 인물로 일경日警의 감시를 받은 데다, 또 당시의 사회 여건 때문에 유학 떠나실 때의 꿈을 펴지 못한 채 모든 세사世事를 놓으시고 1928년 금강산에 들어가셨다. 입산수도의 동기 또한 조국 광복과 광도중생廣度衆生일 수밖에 없는 것이 당시 당신의 심경이셨다.
　입산하시어 공부하신 지 얼마 되지 않아, 조국의 미래에 대해 알아지고 광복에 확신을 갖게 되자, 더 이상 세상에 대한 미련이 없어 그만 몸을 바꿀까 하는 생각이 든 적도 있으셨으나, 더 먼 미래를 보니 소사 도량에서 당신이 하실 일이 남아 있기에 생을 이으셨다고 한다.
　금강산 안양암과 지장암에서 10년간 수도하시며 밝음의 경지를 이루셨고, 그곳에서 많은 제자들을 양성하셨다. 1938년 일경日警의 압력으로 회중 수도 생활을 끝내고, 1939년 귀향하시어 서울에서 단독 수행에 들어가셨다. 조국 광복 이후 건국운동에 동참, 1950년 내무부장관에 취임, 국가 기초를 다지는 일에 참여하셨다가, 광업

진흥공사를 맡아 지하 16척을 투시하는 혜안으로 중석광을 여럿 발굴하여 흔들리는 나라 경제의 숨통을 틔우기도 하셨다.

1953년 동국대학교 총장을 맡아 그 어려운 경제 사정과 사회 여건 속에서 오늘날 동국대학의 면모를 닦아 놓으셨고, 더 나아가 세계적인 대학으로 키우기 위해 여러 가지 일을 추진하다가 완전히 끝을 보지 못하셨다. 선생님께서 이 일을 두고 평하기를,

"받는 사람들의 복이 부족하니 줄 사람이 주려고 해도 인연이 맞지 않다."고 하셨다.

1962년 일체의 사회 활동으로부터 은퇴하신 뒤 소사의 푸른 산기슭에 조촐한 도량을 신축하셨다. 그곳에 계시면서 완숙한 밝음을 이루셨고, 찾아오는 선근善根중생들의 성리性理를 밝히는 일에 몰두하셨다. 문패 대신 '응작여시관應作如是觀'이라 새겨진 현판이 대문에 걸려 있던 그곳에는 선생님 말년의 완숙한 밝음이 숙연하게 깃들어 있었고, 구도자들의 치열한 정진이 살아 숨 쉬었다.

뜻은 대승大乘에 두되 생활은 소승小乘으로 하라는 평소의 가르침대로, 선생님의 일상생활은 수도인修道人 본연의 자세에서 한 치의 어긋남이 없으셨다. 31세 때 입산하신 이래 매일 새벽 인시(새벽 3시~5시)에 기상하여 목욕하고 정진하셨으며, 도량에서는 정해진 공양 시간에서 5분만 지나도 식사를 들지 않으실 정도로 철저하셨다.

공직 생활 중에도 오후 6시 이후는 정진하는 처소에서 나오지 않으셨고, 총장직을 맡았을 때는 새벽 일찍부터 근무하시고 오후 3시가 되면 정진 처소로 돌아와 수행하셨다. 팔십이 넘어 연로하심에도 불구하고 연탄불도 손수 갈아 넣고 재를 치우며 빨래도 맡기는 법이 없으셨다. 수자修者들이 수발을 들려고 해도 한사코 거절하시고 손수 하시었다.

1981년 음력 8월 19일, 태어나신 날 입적하셨다.

스승의 가르침에 대해

백 선생님께서 우리들 업장을 하나하나 깨치고 밝아지는 길로 이끌어 주시기 위해 공부 점검 시간에 늘 일러주시던 법문을 몇 가지 옮겨 보면 이렇다.

마음속에서 올라오는 네 마음을 부처님 전에 바쳐라. 바치는 것은 자기 마음속에서 일어난 공경심恭敬心이지, 거기 누가 요구한 것이 아니니라. 공경심으로 상응되지 않으면 있다, 없다有無가 된다. 자꾸 바쳐서 공경심으로 상응되어 자연히 알아지고 실천되어야 한다. 부처님 전에 공경심을 내면 증거가 없으니 상相이 없다. 공경심이 날 때 법계에 가득한 법문을 듣는다. 잠을 안 자는 것 하지 말고 항상 공경심으로 즐거움이 계속되니 언제 잘 시간이 있느냐. 금강경을 읽을 때 자체가 분별없이 읽어야지, 자꾸 바쳐 알고 느껴져서 어떻게 상응되는 것인지 알려고 하지 마라. 원願이 자동적으로 세워져야 한다. 그러나 자동이라 하면 그것과 멀어진다. 자꾸 하지, 했다는 생각도 바쳐라. 많은 것을 바쳤다고 하면 그것만 있지, 무시겁업장無始劫業障이 안 나온다.

선생님께서 늘 강조하신 것은 현대인의 생활에 맞는 수행 방법이 나와야 한다는 것이다. 마음 닦는 집안에서는 보통 분별망상을 '놓아라, 끊어라, 버려라, 쉬어라.' 하고 가르치지만, 선생님께서는
"내가 아무 힘도 없이 무슨 방법으로 마음 깊숙이 숨어 있다가 올라오는 거센 업보와 번뇌를 놓고 끊을 수 있겠는가. 내가 끊겠다면 오히려 아상我相 연습이니 번뇌와 업보를 부처님 전에 공경심으로 바쳐야 한다."고 말씀하셨다.

마음 바치는 이 수행 방법은 당신께서 소사 생활을 시작하신 후 금강경 속에서 깨치고 터득하신 방법으로, 당신 또한 이 법을 통해 밝음을 이루셨다. 선생님께서는 바치는 법을 두고 이렇게 말씀하신 적이 있다.

"내 경지가 각각 달라. 금강산 경지가 다르고, 동국대학 시절이 다르고, 소사에 들어와서도 처음의 경지와 중간의 경지와 나중의 경지가 각각 달라. 너희들은 얼마나 행복한지 몰라. 나는 이 바치는 법을 몰라 이 법을 깨칠 때까지 얼마나 고생했는지 아니? 너희처럼 쉽게 공부하는 사람들이 어디 있니?"

번뇌를 공양 올리면 공양 올린 공덕을 짓고, 부처님에 대한 공경심이 연습되며, 주고받는 업보의 그늘이 해탈되어 밝음을 이룰 수 있으니, 지금 바로 이 순간 내 마음을 부처님 전에 공경심으로 드리라고 하셨다.

또 금강경에 대해 법문하시기를,

"금강경은 석가여래 당신의 마음 살림살이를 있는 그대로 털어놓으신 말씀이다. 이는 몸과 마음이 건강하셨던 석가여래께서, 하루 해로 비유하자면 밝음의 경지가 정오正午의 태양처럼 눈부시게 빛나셨을 때 하신 법문이기에 광명 그 자체이니라."고 하셨다. 그래서 부처님의 마음 덩어리고 광명 덩어리인 금강경을 수지독송受持讀誦하면 3천 년 전 석가여래의 밝음을 향하고 그 밝음에 통하게 되어 자기 마음의 그늘진 업장은 해탈되고, 재앙은 소멸되고, 성리性理는 밝아질 수 있다고 하셨다.

바치는 법을 포함한, 당신이 권하시는 바 수행의 개략을 옮겨 보면 이렇다.

미륵존여래불을 마음으로 읽어서 귀로 듣도록 하면서 당신의 생각은 무엇이든지 부처님께 바치는 마음을 연습하십시오. 자신이 가지면 병病이 되고 참으면 폭발됩니다. 이것이 닦는 사람의 항복기심降伏其心이라. 아침저녁으로 금강경을 읽으시되 직접 부처님 앞에서 마음 닦는 법을 강의 듣는 마음으로 배워 알고 실행하고 습관이 되도록 하십시오. 그리고 육체는 규칙적으로 일하시고 정신은 절대로 가만두십시오. 이와 같이 백 일을 되풀이하신다면 대략 십 회 가량이면, 자기의 숙명통宿命通이 나고 타인의 숙명도 알 수 있나니, 이것은 아상我相이 없어진 연고입니다. 이것이 초심 불교의 행상行相이라고 할까요. 주의하실 일은 공부하겠다면 탐심貪心, 공부가 왜 안되냐 하면 진심瞋心, 공부가 잘 된다고 하면 치심痴心이니, 이 세 가지 아니 하는 것이 수도일진대 꾸준히 하되 안하지만 말면 됨이라. 고인古人은 사가이면면 불가이근근斯可以綿綿 不可以勤勤이라 했지요.

〈백성욱 선생님의 서신 중에서〉

둘

한마음이 만들어 낸 세계

종소리

중국의 강희제康熙帝[1]가 태자일 때 오대산에 가 기도한 적이 있는데, 그분은 참선을 주로 하셨다.

하루는 절 마당에서 산책을 하던 중, 저녁 종소리를 듣는데 문득 그 종소리가 종에서 나오지 않고 태자 자신의 마음 깊은 곳에서 웅- 하고 진동하며 은은히 울려나왔다.

참으로 얻기 힘든 체험을 하고서 기쁜 마음으로 옆에 있는 부관을 보고

"자네는 저 종소리가 어떻게 들리는가?" 하고 물었더니, 옆에 있던 한 스님이 묻지도 않았는데 아첨하느라고

"까막까치소리도 다 법문法問이지요." 하고 불쑥 대답한다. 순간 입에 발린 소리를 하는 스님에 대한 심한 역겨움이 일어나면서, 태자의 밝고 고요한 비밀경秘密境이 산산조각이 났다.

백 선생님 말씀에 의하면, 종소리가 자기 마음의 소리로 들리는 것은 공부하는 이로서는 얻기 힘든 경지로서 아상이 다 녹은 것을 뜻한다고 하셨다. 만약 종소리 같기도 하고 마음속의 소리 같기도 할 때는 중간 정도 공부가 된 것이고, 완전히 종에서 나는 소리로 들릴 때는 처음 공부하는 입장인 줄 알아야 한다고 법문하셨다.

선생님께서는 우리들 공부 정도를 알아보기 위해 가끔씩 종소리나 징소리, 소달구지 소리 등 바깥에서 나는 소리가 어디에서 나는 것 같으냐고 물어 보시곤 하셨다.

---

1) 강희제(康熙帝 ; 1654~1722) : 중국 청조(清朝)의 제4대 황제.

마음속의 형상

김은호 화백이 그린 그림을 보면 강릉의 신사임당 모습이나 진주의 논개 모습이나 비슷하게 느껴진다. 신사임당과 논개의 모습은 으레 달라야 하건만, 그렇게 분위기가 비슷한 것은 그 화백의 마음속에 존경하는 여인상이 하나이기 때문이리라 추측된다.

서양화가들의 여러 가지 인물화를 보더라도 한 분위기를 벗어나지 못하는 것을 알 수 있는데, 이는 그 화가의 마음속에 자리 잡고 있는 미인상이 하나이기 때문이다.

화가의 마음속에 그만의 여인상이 있듯, 우리가 부처님을 섬기고 예수님을 섬긴다고 할 때 그 부처님이나 예수님이 다름 아닌 우리 마음속의 부처님상이고 예수님상이 아닐까. 남이 생각하는 부처님 모습과도 또 다른 것이니 어디까지나 자기 생각일 것이다.

대부분의 사람들은 자기 생각이란 자기 정도의 부처님과 예수님을 제각기 모시고 살아간다. 이것이 바로 '우상숭배'가 아닐까. 자기 생각이라는 우상을 용납하지 않고 바치는 것이 진짜 공부일 것이다. 마음속 그림자인 자기 생각을 바칠 수 있을 때, 비로소 부처님을 친견親見할 수 있을 것이다.

종교도, 부처님도, 진리도 마음속에 담으면 비非종교요 우상이요 비非진리이다. 진리라든지 종교라는 그림자가 내 마음을 덮는다면 벌써 밝음은 빛바랜 그림이다. '부처님이 계신 곳에도 머물지 말고 부처님 아니 계신 데는 얼른 도망가라[有佛處에 不得住하고 無佛處에 急走過하라]'는 말씀이 있다.

마음속 자기 생각을 바치는 것이 가히 큰 장부의 할 일이다.

카네기 1세의 아귀보를 치유하자면

카네기[1]는 먹는 것을 아껴 가며 돈을 모았다. 재벌이 된 뒤에도 공중전화가 동전을 삼켜 버리니 전신전화국까지 찾아가 동전을 찾기 위해 성명을 쓰는 난에 이름을 쓰려는 순간 마음을 돌이켜 그만두었을 정도로 재물을 아꼈다.

안 쓰고 안 먹는 검소와 절약이 너무나 심해 마음이 그렇게 굳어 버려 말년에는 먹지 못하는 현상이 벌어졌다. 먹으려고 해도 먹히지 않는 것이다. 별의별 방법을 다 동원해도 음식을 먹을 수가 없었다. 나중에는

"나에게 일주일간 음식을 먹게 해주는 이가 있으면 재산의 상당 부분을 주겠다."고까지 하였다.

그때 한 의사가 좋은 아이디어를 내었다. 아기 백 명을 성대한 만찬에 초대하여 카네기 혼자서 아기들 음식 먹는 것을 돌보라는 것이다. 아기들은 먹으면서 태반은 흘리고 쏟는다. 카네기가 이를 보고 아까우니 부지런히 주워 먹었다. 남 먹이겠다는 마음 내어 공덕을 지으니 순간적으로 아귀보餓鬼報가 쉬었던 것이다.

카네기가 그 병을 근본적으로 완치시키려면 오랫동안 연습한, 돈 벌려면 먹어서는 안 된다는 그 마음을 닦아야 할 것이다. 만약 그의 나이가 70세이고, 20세 때부터 독한 마음을 연습했다면 50년간 연습한 마음을 부처님 전에 바쳐야 할 것이다.

공부를 하면 과거를 소급해서 닦아 들어간다. 오늘 공부하면 어

---

1) 카네기(Andrew Carnegie, 1835~1919): 미국의 산업자본가, 철강왕.

제 그제의 마음이 해탈되고, 이튿날 또 공부하면 3일 전, 4일 전 마음이 닦여지고, 3일째 공부하면 6일 전, 7일 전……. 이렇게 닦여져서 20세까지 소급해 내려가면 아귀보는 완전무결하게 해탈될 것이다. 이것이 심리학에서 말하는바 심층 심리 속의 문제점이 해소되는 경우가 아닐까?

마음을 닦는다는 것은 심층 심리 속에 잠재된 병적인 요인뿐만 아니라, 그동안 쌓아온 모든 습관적·인간적 분별을 좋은 것이든 나쁜 것이든 간에 한 티끌도 용납하지 않고 바치는 것이다.

증하지 말고 그 마음 바쳐야

누구든지 마음속에 남 미운 마음을 가지면 자신이 미움 받을 사람으로 된다. 왜냐하면 마음과 가장 가까운 중생은 자기 몸뚱이지 남의 몸뚱이가 아니기 때문이다.

남을 존경하면 존경하는 마음을 연습하는지라 자신이 남에게 존경받게 된다. 남을 업신여기고 자신만 높게 되려면 자신이 낮아진다. 그래서 남을 어리게 보는 사람은 다음 생에 키가 작아진다고 한다. 어리게 보는 그 마음이 자신인지라 자신이 어리게 보이는 것이다. 남을 시원찮게 보는 사람은 다음 생에 자기 얼굴이 시원찮고, 남을 존경하고 우러러보는 이는 다음 생에 몸매가 귀티가 나고 모습이 준수해진다.

사람이 소나 개 등 짐승을 때리면 미운 마음 때문에 마음에 짐승을 증(證)[1]하니 다음에 그렇게 되기 쉽고, 그 짐승은 때리는 사람을 증하니 사람 몸 받으면 깡패가 되기 쉽다고 한다. 이것은 엄연한 마음의 법칙이다.

또 불가피하게 전쟁을 치러야 할 때에도 국가와 국민을 위해 적군 전체를 쓸어 버리는 용심으로 전쟁에 임하지, 낱낱이 쏘아 죽이는 용심으로 임해서는 안 될 것이다. 낱낱이 쏘아 죽인다면 죽은 사람과의 원한이 시작되지만 전체적으로 쓸어 버렸다면 전체와 전체의 대결일 뿐이다.

---

[1] '증(證)한다'는 것은 '마음속 깊이 인식해 둔다', '마음에 사진 박아 둔다' 등의 뜻을 가진다.

청나라 황제 가운데 여섯 명이나 도인道人이 있었는데, 강희제康熙帝는 한 사람도 죽이지 않고 통치하였고, 또 다른 분들은 불가피한 전쟁 때 적군을 쓸어버린다고 표현하였다.

그런데 중국의 백기 장군은 항복한 적군 수십만 명을 죽이고 백치가 되어 버렸다. 항복한 적군을 죽였다는 미안함 때문이다. 또 조조는 죽을 때 자신의 실수로 억울하게 죽은 사람들이 모두 나타나 덤벼드는 것을 보고 질겁하여 공포에 떨다가 죽었다. 조조의 정신이 약해지니 마음속에 증했던 미안한 마음이 일어나 그렇게 무섭게 되어 버린 것이다.

복도 마음으로 짓고, 죄도 마음으로 짓고, 무엇을 증하는 것도 마음으로 한다. 이 한마음은 화가와 같아 무엇이든 그리고, 그린 대로 되어진다. 증하지 않고 그때그때 부처님 전에 바치면 그 마음이 어디에도 물들지 않을 것이다. 마치 흙탕물에 물들지 않는 연꽃과 같이.

죄罪도 바친다

부처님이 살아 계실 당시, 두 수도자가 산에서 정진에 열중하고 있었다. 하루는 한 사람의 누이동생이 생필품을 가지고 오빠가 공부하는 토굴로 올라왔는데 그때 마침 오빠는 다른 곳의 볼일로 그 자리에 없었고 친구만 있었다. 무슨 인연인지 두 남녀는 정을 통하였고, 그 결과 그 수도자는 파계라는 참혹한 변을 당했다.

뒤늦게야 돌아온 오빠는 초라하고 우울한 모습의 친구로부터 그 사실을 듣게 되었다. 영원히 돌이킬 수 없는 죄를 짓고 도통道通이라는 희망이 끝나 버린 수도자는 절망의 깊은 수렁에 빠져 고뇌한다.

그때 오빠는 남의 밝은 영생永生을 짓밟아 버린 년이라며 파도破道로 끌어들인 책임을 누이에게 전부 뒤집어씌워 누이를 죽여 버렸다.

누이의 생명보다 더 중요하게 알았던 도통은 모든 닦는 이들의 염원이었고 또 한恨이었는지 모른다. 그네들은 도통을 생명보다 더 귀하게 여겼다. 많은 생을 밝아지려고 애쓰는 몸부림은 일종의 원한이었다.

한 사람은 파도자破道者, 한 사람은 살인자가 되어 비탄에 젖은 가슴으로 계율에 관한 일을 맡아보는 우바리[1] 존자를 찾아갔다. 그래도 한 가닥 희망을 가지고 있었던 일을 말씀 드리고 자기 같은 사람들도 구제될 수 있느냐고 물었다. 그러나 존자는 참회하여도 불

---

1) 우바리(優婆離) : 석가모니 부처님의 십대 제자 중 한 분. 지계제일(持戒第一).

가능하다고 잘라 말한다. 완전히 절망한 두 수도자는 그 자리에서 울부짖었다.

그때 유마힐[2] 거사께서 그곳을 지나게 되셨는데, 그들을 혜안으로 보시니 두 사람의 선근은 우바리 존자보다 깊었다. 이들의 죽은 마음을 살려야 하겠기에 법문하기 시작하셨다.

"우바리님, 이 두 사람의 죄를 더 무겁게 해서는 안 됩니다. 지금 곧 이들의 뉘우침과 근심을 없애 주어 마음이 흔들리지 않게 해주어야 합니다. 죄의 본성은 안에 있는 것도 아니고 밖에 있는 것도 아닙니다. 부처님께서도 말씀하셨듯이, 마음이 더러우면 중생도 더럽고 마음이 깨끗하면 중생도 깨끗한 것입니다. 마음이란 안에 있는 것도 밖에 있는 것도 중간에 있는 것도 아닙니다. 마음이 그러하듯이 죄 또한 그와 같고 모든 것도 그와 같아서 진실을 떠나서는 존재하지 못합니다. 우바리님, 만약 마음이 깨달음을 얻었을 때 그 마음에 더러움이 있겠습니까? 없습니다. 이와 같이 망상이란 때만 없으면 곧 청정淸淨입니다. 그릇된 생각이 없으면 곧 청정입니다. 나에게 집착하는 것은 더럽혀진 것이고, 나에게 집착하지 않는 것은 곧 청정한 것입니다. 모든 것은 아지랑이나 물속에 비친 달, 거울에 비친 그림자와 같이 망상에서 생긴 것입니다. 이러한 이치를 아는 사람이야말로 진정 깨달은 사람입니다."

그때 두 수도자의 어둡고 절망적인 가슴에 희망의 빛살이 비쳐 다시 청정한 보리심菩提心을 낼 수 있었다.

---

2) 유마힐(維摩詰) : 부처님 당시 비야리 성에 사시던 재가 제자.

꾸짖으면 저절로 마음은 물들어 버린다

　옛날에 산적이 많을 때, 스님들이 산적에게 잡혀가서 삼 년만 지나면 그렇게 반대하던 산적 짓을 스스로 했다고 한다.
　삼 년 동안 무자비한 산적, 잔인한 도둑, 거침없이 휘두르는 살인자라며 그들을 끔찍스럽게 바라보고 소름끼칠 때마다 그 장면을 마음에 담아 사진 박았으니 그게 바로 스님의 마음이 되어 버린 것이다. 자신의 이성과 도덕률로 몹시 꾸짖으며 하나하나 증證해서 굳어 버린 마음을 다스리기란 어렵다.
　이렇듯 속으로 남의 행동을 못마땅하게 여기고 꾸짖다가 자신의 행동이 그렇게 되어 버린 예들이 우리 주위에 많다. 말더듬는 것을 흉내 내다 결국은 말더듬이가 되어 버린 아이, 엄한 시어머니를 늘 못마땅하게 여기다 자신은 더 엄한 시어머니 노릇을 하는 며느리 등 모두 꾸짖는 동시에 배우는 것이다. 상대의 잘못된 점을 볼 때마다 그것이 자기 마음인 줄 알고 부처님께 바칠 수 있어야 할 것이다.
　마음은 필름과 같다. 마음에 사진 박아 둔 것을 인화하면 그대로 자기의 삶이 된다. 마음에 증한 것은 우주宇宙라는 스크린 위에서 한 편의 영화로 실현되고 본인은 진실한 배우가 된다. 마음속의 영상을 모두 바치면 고달픈 나그네의 길도 끝난다.

셋

부처님께 마음을 바친다

업장 일어나는 것이 반가울 때가 해탈

한 보살님이 칠불암에 정초기도를 갔다. 많은 대중들이 추운 날씨에도 불구하고 마당 한가운데 있는 석불 앞에서 밤새워 염불도 하고 절도 올린다.

올라올 때 옷을 단단히 입고 왔기 때문에 모직 코트가 거추장스러워 방에 걸어 놓고 절을 하며 정진하다 보니, 어느새 새벽이 되었다. 새벽녘이 되니 추워서 코트를 입고 정진하려고 방에 들어갔다.

밤새도록 굵은 장작을 지펴 장판이 눌을 지경으로 방이 뜨거운데 그 위에 보살님들 몇이서 철야정진하지 않고 잠을 자고 있다. 과히 보기가 좋지는 않다. 이리저리 찾다 보니 한 분이 방바닥이 뜨거워서 자신의 코트를 깔고 자는 것을 발견했다. 울화통이 치밀어 오르는 마음으로 옷을 살펴보니 온통 구겨진 데다가 어떤 데는 약간 눌었다.

자는 사람 깨워 야단을 치려다

'이왕 이렇게 된 것, 옷이 펴지는 것도 아니고 눌은 부분이 되살아나는 것도 아닌데……' 하며 참았다. 또 생각을 돌리길, 올라올 때 나뭇가지에 걸려 코트가 찢어질 수도 있었을 것이고 옷을 잃어버릴 수도 있었을 터인데, 이 정도만 된 것도 다행으로 생각하자고 마음먹었다.

기도를 다녀온 후 나에게 물어왔다. 그렇게 하는 것이 바치는 것이냐고.

그러나 바치는 것은 그렇게 참거나 마음을 돌려 크게 먹고 하는 것은 아니다. 공부하지 않고 자는 모습을 보고 과히 보기 좋지 않다고 생각하는 순간, 이미 남을 나무라는 내 마음속의 진심(瞋心: 성내는 마음)이 머리를 내민 것인데, 방심치 않고 잘 바치는 이는 그 순간 그 분별부터 바쳤을 것이고, 그때 완전히 바쳤다면 코트를 깔고 자는 것을 발견한 순간에도 그리 울화통이 치밀지 않았을 것이다.

그렇게 하지 못했다면, 좀 늦지만 울화통이 치밀어 오르는 순간 그 마음을 놓치지 않고 집중적으로 미륵존여래불 정진할 수 있었어야 할 것이다. 바친다는 것은 참거나 마음을 달리 먹거나 하는 매개를 거치지 않고 직통으로 그 마음에다 대고 조건 없이 염불 정진하는 것을 말한다.

괘씸한 마음이 처음 일어났을 때 그 마음이 바로 해탈이 되어 아무렇지도 않도록 닦아야 할 것이다. 그 여운이 남지 않도록 바쳐야 하고, 그 분별이 해탈되는 순간이 짧아지도록 정진해야 할 것이다.

마음속에 쌓인 업장의 응어리는 외부의 충격에 의해 마음 밖으로 나올 때라야 닦을 수 있다. 마치 긴 장대로 휘저어야 우물 바닥에 쌓인 찌꺼기가 올라와 그것을 제거할 수 있듯이.

업장이 일어나는 것이 반가울 때가 해탈이란 말이 있다. 바로 닦는 이의 마음 자세를 말한다.

마음에 담아 두지 않고 바친다

웃어른을 찾아뵐 일이 있기에 시장에 들러 딸기를 사 들고 인사드렸다. 그 댁의 할머니가 손님을 대접하기 위하여 그 딸기를 조그마한 주전자에 담긴 물에 씻어서 그릇에 담았다. 많은 물에 여러 번 씻어야 먼지, 농약, 벌레 등이 없어질 것인데, 한 사발의 물로 많은 양의 딸기를 헹구어 내는 것을 보니 청결치 않다는 생각이 들었다.

내 성미가 어찌나 깨끗한 것을 좋아하는지, 백 선생님이 하루는 '쟤는 물도 씻어 먹는 애'란 말을 하신 적이 있을 정도라 그 딸기를 먹을 리가 없었다.

정淨하지 않다는 그 생각을 마음에 담아 두고 있으면 얼마나 불편한가. 먹지 않더라도 불결한 딸기를 내 마음에 사진 박아 두면, 언제인가 정하지 못한 과일만 골라 먹는 결과를 가져올 것이고, 만약에 먹었다고 가정하면 불편한 상념이 계속되어 구토가 나올지도 모른다. 또 배 속에 대장균이 우글거리는 것 같아 당장 병원에라도 가야 직성이 풀릴지도 모른다.

이것은 모두 한마음 안의 일이다. 먹든 아니 먹든 관계없이, 정하지 못한 딸기라는 생각을 마음에 담아 두지 말고 바쳐서 그 생각이 없어질 때까지 되는 것이 바치는 공부다. 바치면 그 딸기를 상황에 따라 먹을 수도 있고 안 먹을 수도 있지만, 그 마음에는 '더럽다는 한 생각'이 주는 불편함이 없이 담담하다. 마음이 안정되고 담담한 것은 바쳐진 증거이다.

자기 마음 들여다보고 바친다

　마음속을 늘 들여다보는 연습은 공부의 근본이다. 남과 대상을 보지 말고 내 마음속을 잘 들여다보면 마음이 빠져 나와 거리 사람들을 따라가 버리지 않는다. 마음이 늘 자신의 바치는 공경심과 함께 있을 때가 방심치 않는 경우일 것이다.
　내면의 세계에서 게으름, 악심, 애욕 등 근본 업장들이 언제 뛰어 올라올지 모르니 살얼음 위를 걷는 사람처럼 방심은 금물이다. 방심은 마음 들여다보는 일을 게을리한다는 말이다. 바치는 공부는 시기를 놓치지 않고 해야 한다. 특히, 크게 충격적인 분별은 일어나 버린 뒤에 바치려면 무척 힘이 든다. 방심치 않고 마음속을 들여다보다가 분별이 일어나려고 자리 잡는 순간에 바쳐야 쉽게 바쳐지지, 분별의 나무가 뿌리를 내리고 가지를 치면 바치기가 무척 힘들다.
　한 보살님이 교통사고를 당한 적이 있는데, 그 뒤로는 차만 보면 겁이 나서 거리를 다니면서도 너무 무서워 조마조마한 마음이었으며, 또 어쩔 수 없이 차를 타야 할 경우에는 신문지로 얼굴을 가리며 탔다. 6개월 전의 사고였다.
　그래서 권하기를, 아침저녁 금강경 7독씩 하고, 사고 당했다는 생각이나 무섭다는 생각이 올라올 때마다 집중적으로 바치라고 하였다. 특히 차를 타면 한 순간도 놓치지 않는다는 비장한 각오로 바치라고 권하였다. 15일간을 그와 같이 실행해 보니 마음에 중했던 것이 완전 해탈되어 차를 보아도 아무렇지 않게 되었다.
　이는 6개월 동안 장식(藏識)[1]에 찍어 둔 공포심을 15일 만에 해탈한

---

[1] 아라야식(阿羅耶識)이라고도 한다. 과거의 인식, 행위, 경험, 학습 등에 의해 형성된 인상(印象), 잠재력, 곧 종자를 저장하고 육근(六根)의 지각 작용을 가능하게 하는 가장 근원적인 심층 의식.

경우인데, 평소 바치는 연습이 철저히 되어 있었다면 교통사고 당하는 그 순간에 또는 당하기 전에 불안스레 올라오는 마음을 바쳤을 것이다. 그때 잘 바쳤더라면 교통사고 당하게끔 하는 인연 업보가 순간적으로 해탈될 수도 있고, 그렇지 않더라도 그 업보가 완화되어 사고의 규모가 줄어들 수도 있었을 것이다. 또 바친 만큼 마음에 증한 것이 적으니 정신적 후유증이 별반 없었을 것이다. 사고 난 후에라도 금방 바쳤다면 6개월 동안이나 고생하지는 않았을 것이다.

공부는 죽는 순간에 한번 크게 쓰기 위해 한다고 해도 과언이 아닌데, 충격적인 순간 공부를 놓치지 않을 수 있도록 평소에 순간순간 방심치 않고 마음 들여다보는 연습을 해두어야 할 것이다.

부처님께서 어떤 제자에게 물으셨다.
"사람의 목숨이 얼마만한 시간 동안에 있느냐?"
제자가 대답했다.
"며칠 사이에 있습니다."
"너는 아직 공부를 모른다."
부처님께서 다른 제자에게 또 물으셨다.
"사람의 목숨이 얼마 동안에 있느냐?"
"밥 먹는 사이에 있습니다."
"너도 아직 공부를 모른다."
또 다른 제자에게 물으셨다.
"사람의 목숨이 얼마 동안에 있느냐?"
"호흡을 들이쉬고 내쉬는 사이에 있습니다."
"너는 공부를 아는구나."

공부는 바로 호흡지간과 같이 짧은 시간에 방심치 않는 데 있다. 순간순간 놓치지 말고 바칠 일이다.

부처님께 마음을 바친다

내 마음속에 올라오는 무수한 분별을 마음에 가지면 병病이 되고 참으면 폭발한다. 그러나 모두 부처님 전에 바치면 그 마음 빈자리에 부처님 광명이 그득히 임한다.

1. 올라오는 분별은 얼른 부처님 전에 바친다

깊고 큰 우물 바닥에 휴지, 지푸라기, 밥풀 등 온갖 찌꺼기가 가라앉아 있을 때 그 우물을 청소하기 위해서는 어떻게 해야 할까? 수량水量이 많고 물이 계속 모여들어 우물을 풀 수 없을 경우에는, 긴 장대 끝에 널빤지 쪽을 달아 우물 속을 휘저으면 물이 돌면서 가라앉은 찌꺼기가 올라온다. 그때 우물가에 앉아서 올라오는 찌꺼기를 표주박으로 떠내면 우물이 청소된다.

마음 또한 우물과 같아, 우리의 마음 밑바닥에는 닦아야 할 업장이 여기저기 가라앉아 있다. 평소에 방심치 않고 있다가 밑바닥의 업장이 표면으로 올라올 때 얼른 부처님 전에 바치면 마음이 청소된다. 휘젓는 장대는 외부의 충격에 해당하고, 올라오는 휴지 찌꺼기는 닦을 마음 업장에 해당한다. 표주박으로 찌꺼기를 떠내는 것은 바치는 것에 해당하고.

바치다 보면 평소라는 생각도, 방심치 않는다는 생각도, 분별이라는 생각도, 부처님 전에 바친다는 생각도 다 바친다. 또 그 여운마저 바친다.

2. 올라오는 분별은 모두 내 마음일 뿐

우리는 남에게 꾸중을 들을 때 마음속에서 분노가 치밀어 올라 그 사람을 나쁘다고 단정 지어 버린다. 그러나 상대가 칭찬을 해주면 내 속에 잠재해 있던 기쁜 마음이 일어나 그를 좋은 사람이라고 칭찬한다.

괘씸한 생각이든 기특한 생각이든 내 마음속의 생각이지 상대와는 관계가 없는데, 자기 마음을 들여다보지 않고 상대에게 그 마음을 씌워 놓고 시비하는 것이다. 내 속에 미운 마음이 없으면 상대가 밉지 않고, 성내는 마음이 없으면 성낼 일이 없다.

내 속에 미운 마음이 극심하면, 괴롭히는 상대는 내 속에 있는 생각만큼 극심히 미워지는 것이다.

3. 부처님 광명에 업장이 녹아내린다

성내는 마음이 올라올 때 거기에다 대고 '미륵존여래불' 하며 집중적으로 바치면 바칠 때마다 업장이 조금씩 녹아내린다. 마치 햇볕에 얼음 녹듯이.

성내는 마음은 외부의 충격에 의해 다시 올라왔다가 잠시 후에는 마음속으로 또 가라앉는다. 가라앉기 전에 집중적으로 바치면 바친 만큼 녹아내린다.

이만큼만 성내는 마음을 닦아도 숨통이 터질 것 같은 고통은 사라지고 좀 괴로울 뿐이다. 자꾸 바쳐서 결국 다 닦고 나면 창피를 당하더라도 일어날 진심이 없으니 담담할 수 있고 빙그레 웃을 수도 있을 것이다. 이것이 도인의 경지일 것이다.

성내는 마음도, 슬픈 마음도, 업신여기는 마음도, 욕심내는 마음도 바치면 해탈된다. 미륵존여래불 백색 광명에 해탈되지 않는 업장은 없다. 아무리 땅 두께같이 두꺼운 업장일지라도 시기를 놓치지 않고 집중적으로 바치는 용심으로 정진하면 녹아내릴 수 있는 것이다.

4. 부처님을 가장 기쁘게 해드리는 것은 마음 공양

어떤 사람은 부처님께 좋은 꽃이나 과일 등을 올리는 것이 예불이지, 괴로운 마음, 미워하는 마음과 같은 업장을 공양 올리는 것이 무슨 예불이 되느냐고 한다.

그러나 부처님은 많은 사람들의 마음을 밝히기 위해 출현하신 분이기에, 마음 공양 올려 밝아지는 일이 당신을 가장 기쁘게 해드리는 시봉일 것이다. 성인을 기쁘게 해드리는 공덕은 법계法界를 밝히는 공덕일 것이다.

마음속에 냄새나는 업장을 한 개씩 부처님께 바칠 때 팔만사천이던 분별이 팔만삼천구백구십구로 줄어든다. 한 분별 해탈하면 내 마음 업장 해탈된 빈자리에 한 광명이 임한다. 두 분별 바쳐지면 두 광명이 임한다. 결국 팔만사천의 분별이 다 바쳐지고 나면 비워진 그 자리에 광명이 가득 차 온 법계를 밝히는 것이다.

안정과 안정이 고요하고 밝음과 밝음이 전부일 때 그 순간은 일호의 의심도 없이 그냥 아는 마음이다. 밝다는 것은 빛이나 광명이라기보다 안팎 없이 아는 지혜라고나 할까? 그 힘찬 기운과 환희의 백색 광명은 인간적 표현 이전의 상태다.

관음경의 비유

중국의 한퇴지[1]가 태전[2] 선사를 찾아뵙고 여쭈었다.
"관음경에 의하면, 배를 타고 가다 폭풍이 불고 파도가 일어 배가 뒤집혀 나찰의 나라로 떨어질 때 그 아우성치는 사람 중 단 한 사람이라도 '나무관세음보살' 하고 염불하면 파도가 잠잠해지고 난難을 면한다는데 그 이유가 무엇입니까?"
태전 선사가 대답했다.
"어떤 개 같은 년이, 개 같은 짓을 해서, 개 같은 아들을 낳았는데, 그 여자가 당신 어머니요?"
그 나라의 실력자인 한퇴지가 모욕을 당해도 이만저만이 아니다. 당장 칼을 뽑아 내리치려다 그전에 태전 선사에게 혼이 난 적도 있고 해서 수모를 참고 물러나와 그 제자에게 있었던 일을 이야기하였다.
제자가 말했다.
"큰스님께서 어떻게 그 이상으로 잘 법문해 드릴 수 있겠습니까? 가장 잘 법문하신 겁니다."
기가 막힌 한퇴지가 그 뜻을 재차 물었다.
"경전에는 마음 닦는 비유가 많습니다. 관음경도 마찬가지입니다.
주위를 파괴하는 내 마음의 진심을 나무관세음보살을 염송해서 닦으라는 것이 그 비유의 요지입니다. 성난 마음이 일어나 다른 사

---
1) 한퇴지(韓退之 ; 768~824) : 중국 당나라의 문학가 겸 사상가.
2) 태전(太顚 ; 731~824) : 당나라의 고승.

람들에게 상처를 주고 다툼이 일어나는 것은, 마치 폭풍이 불고 파도가 쳐서 여러 사람이 탄 배가 파선당할 위기에 놓인 것과 같습니다. 성난 마음을 염불로 바치면 폭풍우가 멈추고 파도가 잠잠해지듯 마음이 안정되고 주위 또한 안정되는 것입니다.

큰스님(태전 선사)께서는 자비심이 가득하셔서, 원망을 감수하시면서까지 선생님이 정답을 직접 체험해서 느끼도록 훌륭한 법문을 해주신 것입니다."

제자의 해설을 들은 한퇴지는

"큰스님의 법문보다 스님의 법문이 저를 더 잘 깨우쳐 주십니다." 하며 그에게 감사해 하였다.

예로부터 '진심은 마음속의 불이니 모든 공덕을 태워 버린다[瞋是心中火 能燒功德林].'고 하였다. 진심은 절대 염불 정진으로 바쳐야 한다. 탐심(貪心: 욕심) 또한 올라오는 대로 바치면서 자기에게 필요한 정도를 깨쳐야 한다. 그리고 치심(痴心: 잘난 줄 아는 어리석은 마음)은 평소 자신이 깨닫기는 힘드나 보이는 대로 자꾸 바치며, 상대가 석가여래불의 화신으로 날 가르치러 오셨다고 생각하고, 자신이 가장 못난 줄 알고 남에게 배울 마음을 내어야 한다.

탐진치 삼독三毒에 관하여

1. 탐심

○ 사람은 육신을 가진지라 먹고 입고 머무는 집이 필요하다. 그러나 필요한 것이 충족되고도 물질 이전에 마음으로 욕심을 낸다. 이 과욕過慾의 마음, 이를 탐심이라고 한다. 탐심은 닦으려면 낙심이 되니 자기에게 필요한 정도를 깨쳐서 취해야 한다. 또 자신의 복지은 정도를 알아야 한다.

○ 탐심에는 두 가지가 있다. 즉, 물질을 자기 것으로 하려는 간탐심慳貪心과 남녀 관계 등에서 보이는바, 사람을 자기 것으로 하려는 음탐심淫貪心이 있다.

○ 무엇이든 껴안으면 긴 몸 연습이다. 높은 자리도 욕심내고 껴안기 전에 모든 사람들이 높은 자리에 앉게 되길 원 세워라. 도통도 껴안으면 곤란하다. 부처님 시봉하겠다면 도통이 되지만, 내가 도통하겠다면 힘이 든다. 공부하겠다면 탐심이니, 도통하려고 기를 쓰는 그 마음을 부처님께 바치고 실지로 공부할 줄 알아야 한다.

○ 탐심은 건강치 못한 마음이며 박복薄福의 근원이다. 이는 자기에게 필요한 정도를 깨치고 바라는 바 없이 베푸는 마음을 연습해야 닦여진다.

○ 하루를 굶고 맛있는 음식을 대할 때 강하게 올라오는 식탐심食貪心이나, 사랑하는 연인을 남에게 뺏길 때 일어나는 그 마음을 들여다보면 그 악착같은 마음은 짐승의 마음이다. 이런 것은 부처님께 집중적으로 바쳐야 해탈된다.

○ 자기 탐심을 제거한 뒤 남의 탐심을 대함은, 마치 진흙으로 만든 소를 물에 넣는 것과 같다.

2. 진심

○ 진심은 성내는 마음이다. 불타 버린 곳에 재만 남듯, 뜨거운 진심이 지나가 버린 자리에는 파괴뿐이다. 진심은 절대 닦아야 한다.

○ 가슴에 맺힌 한恨도, 죽이고 싶도록 미운 증오도, 초조와 불안도, 그 어떤 분별도 미륵존여래불 백색 광명에 해탈되지 않는 것은 없다. 숨통이 막힐 듯 무쇠 같은 업장이 올라올 때, 그것을 부처님 전에 바치면 얼음 녹듯이 시원히 녹아내리면서 마음이 안정되고 지혜가 난다.

○ 바치는 시간이 처음에는 1시간, 30분씩 걸리다가 5분, 1분까지 단축되고 나중에는 '미륵존여래불' 한 번에 바쳐지기도 하고, 급기야 진심 이전 궁리가 마음에 올라오며 형성되는 순간 '미' 자 한 자 부를 때 바쳐지기도 한다.

○ 늘 내 마음 들여다보라. 남의 칭찬으로부터 올라오는 마음도 내 마음이고, 남의 꾸중으로부터 일어나는 마음도 내 마음이니, 바깥으로 향하지 말고 내 마음 들여다보고 올라오는 마음은 철저히 바쳐라.

○ 진심은 건강치 못한 마음이며, 재앙과 박복의 근원이고, 마음속엔 독심을, 육신엔 뜨거운 과보를 선사한다. 진심은 불길과 같아 피를 말리고 지방을 태운다.

○ 진심 끝에 재앙 온다. 그러나 진심을 바치면 공덕이 된다.

○ 자기 진심을 제한 뒤 남의 진심을 대함은, 마치 진흙으로 만든 소를 물에 넣는 것과 같다.

3. 치심

○ 치심은 자신이 잘난 줄 아는 어리석은 마음이다. 세상에 대해 배우는 마음이 없으면 지혜가 자라지 못하고 우주의 지혜와 격리가 되어 안팎 없이 캄캄한 생활이다.

○ 모든 이들을 부처님으로 보라. 장래 부처님에게 많은 부처님의 행行을 발견할 것이며 배울 수 있을 것이니, 부처님의 꾸짖음과 때림에는 나를 돌아보지 않을 수 없고 깨치지 않을 수 없다.

○ 우禹 임금은 자신의 허물을 말해 주는 이에게 절을 했다. '당신의 지적이 없었다면 이 결점을 무겁게 안고 살아갈 터인데.' 하며 감사해 하였다.

○ 공자님의 제자가 잡혀가는 도둑을 보고 말했다.

"저기 도둑이 포졸에게 잡혀갑니다."

공자님께서 말씀하셨다.

"네 스승이 가는구나."

"어째서 저의 스승입니까?"

"저 도둑은 자신을 망쳐 가며 너와 세상 사람들에게 큰 교훈을 주고 있지 않느냐? 잘못의 결과는 이렇다고. 세상사가 모두 우리에게 스승이고 교훈인 줄 알 때 배우는 마음은 깊어 가고 깨침은 지혜를 크게 밝히느니라."

○ 내가 아무리 공부가 되었다고 해도 자신의 마음속에서 나온 것이지, 그게 새로 원 세워서 나온 것도 아니고 아니라는 것도 아니다. 공부를 오래 했다는 생각을 안고 있으면, 마음에 그 생각만 있지 부처님은 아니 계신다. 그러므로 거듭거듭 발심發心하고 거듭거듭 출가出家하라. 내가 바쳤다는 것도 바쳐야 한다.

○ 내가 누구에게 대접받으려 한다면 몸뚱이 착着을 연습하는 것이다.

○ 치심을 연습하면 남들이 모두 싫어한다.

○ 치심은 건강치 못한 마음이며 재앙과 박복과 무지의 근원이고, 마음속엔 캄캄함을, 육신엔 고통을 선사한다. 어리석은 사람은 자기에 대해 원수처럼 행동한다.

마음의 독과 육신의 병

　사람들의 모든 질병은 마음 작용에 의해 좌우되는 경우가 많다. 소가 물을 먹으면 우유가 되고 독사가 물을 먹으면 독이 되듯이, 중생의 마음에 따라 결과는 천차만별이다.
　마음으로 일으킨 독은 탐심과 진심 두 가지를 통해 두드러지게 나타난다. 독이 탐심 쪽으로 뻗치면 위암, 위궤양, 위염 등 소화기 계통의 병이 되고, 진심 쪽으로 뻗치면 폐, 기관지 등 호흡기 계통에 이상이 온다.
　머리에 나는 부스럼이나 속에서 꾀어져 나오는 목뒤의 종기, 허벅지나 다리에 나는 종기 등도 모두 마음에서 일으킨 악심과 독이 육체로 뻗쳐 생겨난다. 몸살도 마음의 독이 원인이 되어 피로와 겹쳐서 난다고 볼 수 있다.
　마음에 일으킨 독을 말로 뱉으면 구업口業이 된다. 전생에 구업을 많이 지었던 사람이나 이생에 독한 말을 많이 뱉은 사람은 이빨이 성치 않다.
　그리고 마음의 독이 그대로 주위에 퍼지는 경우가 있다. '여자가 악담을 하면 오뉴월에도 서리 내린다.' 라는 말이 있듯이, 한 사람의 독한 마음이 주위를 괴롭게 만든다.
　집에서 기분 나빴던 부장이 과장에게 화풀이하고, 과장은 주임에게, 주임은 수백 명의 공원들에게 화풀이한다면 조약돌을 던진 수면에 생겨나는 파문처럼 독의 파장은 넓게 퍼져 나간다.
　마음의 건강은 육신의 건강과 직결되고, 또 사회의 건강과 직결된다. 탐진치 삼독을 잘 바쳐 부처님 잘 모시기를 발원.

육바라밀六波羅蜜

보시布施바라밀; 남을 대할 때는 주는 마음으로 대하여라. 그리고 보수 없는 일을 연습하여라. 이것이 탐심貪心을 제거하는 보시바라밀이니라.

지계持戒바라밀; 미안에 머물지 말라. 후회하는 일을 적게 하라. 이것이 진심瞋心을 제거하는 지계바라밀이니라.

인욕忍辱바라밀; 모든 사람을 부처님으로 보라. 부처님의 인욕을 배우고 깨쳐 볼 일이니, 이것이 치심痴心을 제거하는 인욕바라밀이니라.

정진精進바라밀; 이 세 가지는 사람으로 세상을 대하는 법이니 옳거든 부지런히 실행하라. 이것이 정진바라밀이니라.

선정禪定바라밀; 이러한 과정으로 시간이 경과함에 따라 마음이 안정되나니, 이것이 선정禪定바라밀이니라.

반야般若바라밀; 이것이 익숙해지면 마음이 편해지고 지혜가 나고 일에 대하여 의심이 없나니, 이것이 반야바라밀이니라.

〈백성욱 선생님 법문 중에서〉

넷

닦는 마음 밝은 마음

미운 마음을 바친다

사람이 사람을 미워하는 것은 불행이 아닐 수 없다: 인간이기에 미워하는 마음을 안고들 살아간다. 한 가족끼리 불편함을 주고받는 불행, 한 직장에서 매일 만나는 사이에 주고받는 고통을 부처님께서는 원증회고怨憎會苦[1]라 하셨다.

그러나 부처님 시봉하는 이는 항상 자기 마음을 바칠 뿐이지 남을 두고 탓하지 않는다. 상대가 미울 때 대상을 보지 말고 내 마음 속에 올라오는 그 마음을 닦아야 한다. 마음 올라오는 것이 잘 보이지 않을 때는 미운 상대의 얼굴이나 이름에 대고 미륵존여래불 바치기도 한다.

그렇지 않으면 미운 사람을 위해 원願을 세운다. 미운 마음이 없어질 때까지 '저 사람이 신심발심信心發心하여 부처님 전에 복 많이 짓길 발원' 하고 원을 세우면, 남이 복 많이 지으라는 것이 내 마음이기에 그 사람보다 내가 먼저 복 짓게 된다. 복 지으면 아량이 넓고 부드러워진다. 내 마음이 그리 뾰족하거나 가파르지 않다.

어떤 분이 눈엣가시 같은 경쟁자와 함께 직장에서 근무하는데 그 고통이 이루 말할 수 없었다. 그래서 '저 사람이 신심발심해서 부처님 잘 모시길 발원' 하고 원을 세웠다.

죽도록 미운 마음이 올라오니 스스로 괴로워서 아니 할 수 없어 어떨 때에는 하루에도 몇백 번씩 원을 세웠는데, 이렇게 한 지 1년이 되니 자신의 마음이 닦여져 상대가 그리 밉지 않고 여유가 생겨

---

[1] 원증회고怨憎會苦 : 8가지 고(苦) 중의 하나. 세상에서 받는 고통 중에, 자기가 원수라고 생각하는 사람과 만나서 함께 살지 아니할 수 없는 고통.

난다. 또 원 세우는 순간 부처님을 향하니 즐거움이 가득하다.

그러나 상대는 마음 닦을 줄 모르기 때문에 남 미운 마음에 자기가 죽을 지경이고, 답답한 나머지 은연중에 그 사람을 헐뜯고 비방하게 된다. 삼자가 볼 때 마음 닦는 이는 덕이 있고, 마음 닦지 않는 이는 그릇이 좁아 남을 헐뜯는 사람으로 비춰질 것이다.

부처님 시봉하는 이는 항상 자기의 마음을 들여다보고 닦을지언정 마음 밖의 시비를 기웃거리지 않는다.

돌레 성사聖師

동네에 사는 돌레 영감이라는 분이 소사 도량에 자주 일하러 왔는데, 우리가 서울 사람이라 농사일도 잘 모른다는 점과 자신이 동네 터줏대감이란 강점을 이용하여 여러 가지로 우리를 골탕 먹이며 일도 제대로 하지 않고 어물어물 품값을 받아 갔다.

진실치 못한 그의 태도는 신명을 바쳐 부처님 시봉하는 나에게 용납지 못할 일이었다. 더군다나 당시에 나는 밥 짓는 공양주였기 때문에, 26세 젊은 나이에 미운 사람 밥 지어 올리고 얻기 어려운 귀한 음식도 드리게 되니 싫어 죽을 지경이었다. 또 공부하러 간 우리들을 자신과 같은 머슴으로 보고 먼저 일하러 왔다고 선배 노릇을 하니 너무나 어이가 없어 눈엣가시였다.

볼 때마다 미우니, 죽을 판 살 판 미륵존여래불 아니 바칠 수 없어 지독스레 괴로운 마음을 바쳤다. 보름 동안을 그 마음 올라 올 때마다 놓치지 않고 정진하는데, 하루는

"돌레 성사! 돌레 성사!" 하는 소리가 허공에서 울려왔다. 그 음성은 너무나 우렁차고 장엄했다.

자신의 모나고 못된, 남 미워하는 마음을 닦게끔 동기를 유발해 준 돌레 영감이 나에게는 돌레 성사聖師, 즉 성스러운 스승이 아닐 수가 없다. 두고두고 그이가 고맙고 고마웠다. 그분이 아니면 그 좁은 마음을 닦을 수 없었기에. 그런 분들이 곧 나의 부처님이신 것이다.

나를 밝게 해주는, 내 마음 닦게 해주는 모든 분들이 나의 부처님이지, 또 어디서 부처님을 찾으려 한단 말인가.

모든 사람이 진실로 부처님이신 것을 깨칠 때, 그렇게 깨치는 사람 또한 그 순간은 여여如如한 부처님이실 것이다.

닦는 마음 밝은 마음

26살 때 소사 도량에 들어가 7년 6개월 동안 수도 생활을 하면서, 100일 단위로 공부 정도를 점검하는 가운데 기억나는 몇 가지를 옮겨 본다. 200일쯤 정진하는데 회충 뭉치가 뭉텅 빠진다. 회충약을 먹은 일도 없다. 몸에 회충은 궁리할 때마다 생긴 놈인데, 마음이 밝은 광명을 향하니 몸 안에서 못 견디고 빠져나와 버린 것이다. 그 뒤부터 얼굴에 화색이 돈다.

400일쯤 닦으니 피고름같이 붉고 거무스레한 독물이 변으로 빠지는데, 항문이 너무 뜨겁고 따갑도록 아프다. 화를 낼 때마다 진심독이 일어나면서 내장에 염증과 불순물이 생겨 두껍게 쌓였다가, 화를 내면 이 불순한 이물에 울려 성이 더 나는 경우가 많다. 그것이 나온 뒤부터 성내는 마음도 없어지고 마음이 너무 편하며, 아랫배에서 즐거운 기운이 일어나는데 너무 고마워 눈물이 흘렀다.

아랫배가 든든하면서 몸 전체로 퍼져 주위를 늘 온화하게 가꾸는 샘물처럼 넘쳐흐른다. 얼마 전까지 마음과 육신으로 느끼던 고통과 갈등은 간곳이 없고 새로운 세계가 진실로 도래한 느낌이다. 단전에서 일어난 기운은 즐거움과 온화함과 밝음과 여유를 마음에 안겨 주는데, 세상에 이런 기쁨도 있는가 싶도록 새로운 부처님 세계의 환희를 깨친 것이 감격스럽다. 삭막한 마음에 훈풍이 불어왔다.

탐진치가 없는 이들이 느끼는 극락의 세계가 얼마나 밝은 것인가 처음으로 짐작하였다. 그 기운은 혼자만의 것이 아니라 주위를 모두 훈훈하게 하는 것을 알았다. 세상이 이렇게 다른가 하고 깜짝 놀랐다. 세상은 원래 조용한데, 자기 분별 때문에 바쁘고 소란하고 괴로운 것임을 깨치게 되었다.

나를 밝게 해주는 이가 내 부처님

어떤 스님이 평소 청소하는 일이나 부엌일을 싫어했는데, 백일기도를 하면서 그러한 일들을 억지로 하다 보니 그 일이 즐거워졌다.

기도 중에 일하기 싫은 생각을 닦은 결과이다. 싫은 생각이 없어지고 대신 즐거운 마음이 일어나니 얼마나 행복한가! 이제 싫은 마음이 그만큼 없어졌으니 육신이 한결 명랑하게 되었다. 그 스님에게는 싫은 일을 시킨 주지 스님이 내 마음 닦게 해주는 부처님이신 것이다.

나를 밝게 해주는 분은 모두 나의 부처님이시다. 부처님을 높고 귀한 곳에서만 찾으려 하지 말고 동네에서, 시장에서, 길가에서 찾을 수 있어야 하지 않을까? 사람마다 귀하고 밝은 점이 있으니 그것을 배워 실천하려고 한다면, 바로 부처님 뵙고 그 가르침을 실천하는 것과 같을 것이다.

부처님은 내 주위에 얼마든지 계신다. 집안의 부처님들, 직장 안의 부처님들, 거리의 부처님들, 버스 속의 부처님들……

몸뚱이 착을 바친다

근본 업장을 닦아 가는 과정에서 선생님께 꾸중도 듣고 매도 많이 맞았다. 대중들 앞에서 호되게 꾸중을 들을 때 자존심과 선배라는 권위가 무너져 내리는 아픔, 망신과 모욕을 당한다는 괴로움에 몸 둘 바를 몰랐다. 속에서 올라오는 불만과 설움이 교차되는 고통은 크기만 했다.

그때마다 고통당한다는 그놈을 계속 주시하고 그곳에다 대고 미륵존여래불 바치면, 법매 맞는 그놈이 내가 아닌 삼자처럼 느껴지기 시작한다. 그러면서 별로 부끄럽지도 괴롭지도 않아진다. 아상我相이 뾰족 올라오는데 다 바치니 해탈이 되는 증거이다.

무더운 여름날도 덥다고 어쩔 줄 몰라 하는 그놈을 바치면 고통이 작아지면서 그런 대로 견딜 만하다. 조금 더울 뿐이지 숨통이 터질 것 같은 짜증은 없다.

지두콩이란 신품종 콩은 키가 크고 잎이 넓고 무성하여 보통 콩보다 큰 편인데, 비가 온 뒷날, 지두콩밭 골 속에 쭈그리고 앉아 호미로 김을 매면 숨통이 막힌다. 바람 한 점 골로 들어오지 않는 데다, 땅에서는 뜨거운 열기가 훅 올라오고 등에는 후덥지근하고 뜨거운 볕이 내리쬔다. 때는 가장 더운 1시경이다.

이때 덥다는 한 생각을 계속 바치다 보면 머리와 얼굴에서 솟은 땀방울이 계속 흘러 등의 척추가 있는 골로 내려가는데, 땀방울이 굴러 피부에 닿는 촉감은 빗방울이 흘러가듯 시원하게 느껴진다. 마음속에 진심과 열이 있으면 밖의 열과 더위를 먹고 못 견디는데, 마음속의 답답한 열을 올라오는 대로 바치니 쌓이지 않아서 고통을 느끼지 않는다.

소사 생활 7년 6개월 동안, 더운 여름 12시에서 3시 사이에 한 번도 쉬지 않고 무거운 지게 지고 풀 베고 김매고 밭 갈고 리어카 끌며 더위를 조복調伏 받았고, 덥다고 어리광 부리는 마음을 용서하지 않았다. 한낮에도 일을 하는 마음이 바치는 정진의 연속이었다. 땀에 젖은 옷이 몸에 철썩 달라붙어 몸 전체가 끈끈하고 싫을 때에도, 마음 바치는 공부는 또 계속된다. 아상我相이란 놈을 무섭게 다루는 공부였다.

　소 몸에서 발산하는 뜨거운 열을 온몸에 받으면서 소다리에 상체를, 소 배에 이마를 대고 젖을 짜는 순간은 너무나 더웠다. 네 마리째 젖을 짤 때쯤이면 손아귀와 팔에 힘이 다 빠지고 웃옷은 물을 뒤집어쓴 듯 땀투성이다. 게다가, 소가 여름 파리를 쫓느라 오줌똥이 묻은 더러운 꼬리로 얼굴과 눈을 후려칠 때는 구역질이 솟구쳐 아상과 싫은 마음을 가장 빠르게 일으켜 준다.

　얼굴에는 더러운 오물을 묻히고 몸에는 땀이 비오듯 흐르는 가운데, 소 발길질에 차일 새라 양 무릎 사이에 우유 양동이를 받쳐 들고 두 손으로 젖을 짜는 그 긴장된 순간은 큰 공부거리이다.

　이렇게 일하며 정진에 정진을 더하는 마음은 오직 부처님— 하는 공경심 그 자체이다. 이 공경심에는 느끼는 자신도 있지 않다. 악조건은 공부하기 가장 좋은 환경이 된다.

　한번은 소똥을 지게로 너무 많이 져서 다리를 떨면서 겨우 일어나 중심을 잡았다. 경사가 20도 되는 고개를 넘어 법당에서 1킬로쯤 떨어진 먼 밭으로 그 지게를 지고 가는데, 한 번도 쉬지 않고 가는 버릇이라 힘든 것을 바치며 그대로 지고 가자니 육신이 무거워서 죽겠다고 아우성이다. 한 걸음 한 걸음 혼신의 힘을 다해 '무겁다는 놈의 실체가 무엇이냐?' 라고 반문하며 바치는 정진은 죽느냐 사느냐이다. 한 번도 아상我相에게 항복한 적은 없었다. 늘 몸뚱이 착着

을 바쳐서 항복 받음에 내 마음은 실패가 없는 전쟁터와 같았다.

밤중 먼 밭에 혼자서 지게로 농작물을 나르거나 컴컴한 깊은 산중을 내려오는데, 누가 뒤에서 잡아당기는 것 같고 음기陰氣가 온몸을 엄습할 때는, 앞만 쳐다보고 걸어가면서 뒤를 돌아보고 싶은 기막힌 마음을 바쳤다. 무서운 마음이 강하게 올라올 때는 그 자리에 무릎을 꿇고 장궤하여 30분씩 바쳐서 무서운 마음을 항복받고 편안해져야 내려왔다.

겨울에는 산골의 얼음 위에서도 장궤하고 바쳤다. '그래, 이 육신을 잡아갈 테면 잡아가라.'는 마음으로 버티면서 그 마음을 집중적으로 바친 것이다. 무섭다는 마음을 정진으로 항복받고 내려올 때는 정말 기뻤다.

스물셋에 혼자가 되신 어머니를 생각하면 가슴이 갈기갈기 찢어지는 것 같았다. 나는 이대 독자인 데다가 하나뿐인 누이는 독일로 가버렸기 때문에 어머니 홀로 고향에 계셨던 것이다. 그 진한 혈육의 정, 업보의 정을 계속 바쳐서 항복받는 일은 닦는 집안에서는 소중한 것이다. 욕정은 부끄러운 것이기에 오히려 방심치 않고 잘 바쳐지나 홀어머니라는, 자식과 부모라는 업연業緣의 애착은 정말 닦기 힘들었다.

이 업보를 해탈하고 나니 세상은 시원하고 조용하고 밝을 뿐이며, 의심은 풀어지고 아는 쪽으로 기울어진다. 몸뚱이 애착을 항복받는 그 힘이 아는 쪽으로 집중되니 정진해서 알아지는 것은 으레 되는 일이다.

진심 닦아 성불

진심 닦아 성불이란 말씀이 있다. 진심은 절대로 닦아야 한다. 그러나 진심을 바치기란 정말 가슴이 미어지게 괴롭고 아프다. 이것도 자신이 연습한 마음이기에 올라올 때마다 부처님의 광명에 바치면 해결된다. 이 고통을 드릴 부처님이 계신다는 게 얼마나 고마운지 모른다.

소사에서 공부할 때 진심을 닦기 위해 고생을 많이 하였다. 과거생에 연습한 진심이 일어날 때마다 지옥도 그런 지옥이 없었다. 종일 마음이 편치 않고 속이 타고 아니꼽고 불만투성이다. 마음이 타니 얼굴이 타서 새까맣다. 무엇을 해도 마음이 편치 않고 지글지글 부글부글하며, 바람 소리와 문이 쾅 닫히는 소리에도 성이 나고 누가 웃는 듯해도 성이 난다.

이 고통은 진심이 많지 않은 사람에게는 이해가 되지 않을 것이다. 같은 땅 위에, 같은 환경 조건 속에 살아도 극락 중생과 지옥 중생이 그 마음에 따라 구별이 된다. 한 부류는 즐겁게 살고 한 부류는 늘 불평, 증오, 원망으로 산다.

성나는 마음을 사생결단의 마음으로 닦은 적이 있다. 농사일하다 성내는 마음이 일어나면 그 자리에 주저앉아 땅을 향해 시선을 모으고 호흡을 멈추었다. 서 있으면 바람이 불 때 머리, 몸통, 다리 등에 감촉을 느끼는 부분이 많아 마음을 집중하여 바치는 데 장애가 될까봐, 또 시야에 많은 것이 보여서 바치는 데 정신이 집중되지 않을까봐 주저앉아 땅을 내려다보고 바친 것이다.

또 호흡 소리가 바치는 데 장애가 될까봐 한 호흡으로 숨을 모으고 온 몸과 마음을 모아 속에서 올라오는 진심에다가 집중적으로

'미륵존여래불' 하며 바쳤다. 염불 소리가 울려서 시끄러워 바치는 데 방해가 될까봐, 소리 내지 않고 이것을 꼭 해결해야 하겠다는 결심으로 정진하면 대개 두 번, 세 번의 호흡으로 해결되었다. 한 호흡 안에 10번 이상, 마치 돋보기에 햇빛을 모아 종이를 태우듯 집중적으로 미륵존여래불 정진하였던 것이다.

이렇게 정진하면 성내는 마음의 뿌리가 닦이면서 속이 시원해지고, 더 나아가 부처님 광명의 세계가 느껴지면서 혜안이 열려 알아진다. 성내는 마음의 뿌리를 항복 받고 난 뒤에는 지혜의 세계가 열리는 것이다. 그러면서 그 밝고 상쾌한 법락法樂은 그윽한 공경심으로 이어진다.

당신이 내신 마음 닦는 법 아니면, 그 마음을 어떻게 항복 받을 수 있었을까? 부처님, 선생님, 감사합니다!

타오르는 불길

부처님께서 제자들을 데리고 어떤 산을 지나시는 중 산불이 났다. 이글거리며 벌겋게 타오르는 불길은 일행에게 뜨거움을 선사하였다.
부처님께서 법문하셨다.
"비구들이여, 저 불길보다 더 뜨거운 것이 있는데 그것은 바로 너희들 마음 속 욕정慾精의 불길이니라. 저 무섭게 타는 불길은 너희들의 육신만 태우지만, 미인을 그리워하며 솟구쳐 오르는 음욕淫慾의 불길은 너희들의 마음까지 태워 버리느니라."
부처님께서 사자후獅子吼를 토하시자, 어떤 이들은 그 자리에서 크게 깨치고, 어떤 이들은 피를 토하고, 어떤 이들은 도망쳤다.
이와 같은 것이 둘만 되어도 성불할 사람 아무도 없을 것이라고 부처님께서 말씀하셨듯이, 욕정을 조복 받는 것은 예나 지금이나 난사難事가 아닐 수 없다. 그러나 결국 마음이 일어나서 욕정이 생기는 것이므로 그 마음 또한 부처님 전에 바치면 해탈된다.
지나치게 억누르거나 참으면 마음이나 신체에 부작용을 초래할 수 있고, 또 수행인들이 그 마음 올라오는 것을 감당하지 못해 신체적 자해 행위를 한다면 한마음에 증한 미안함 때문에 밝아지기 힘들다고 한다. 올라오는 그 마음 정성껏 바칠 뿐이다.
공경심을 내고 기도를 할 때는 음욕을 일으키는 호르몬이 급감한다는 과학자들의 연구 결과가 있다. 즉, 음욕은 안일하고 방심할 때 일어나는데, 마음에서 일어나고 나서 육신이 동한다. 마음이 일어나지 않으면 육신이 동하지 않는다. 그러니 거꾸로 동한 육신 부위에 집중적으로 정진하면 그 부위 육신이 언제 그랬냐는 듯이 가라앉는다. 그 다음에 그 마음에다 대고 바친다. 이렇게 하면 음욕도 결국 항복받을 수 있다.

 음욕이 많이 일어난다면 영양 과잉이 원인이 되어 그런 현상이 일어날 수 있으니 음식 양을 줄여서 먹고, 음욕이 일어날 때 두 손으로 양쪽 귀를 만져서 몸과 마음을 쉬는 방법도 있다. 법당에 사는 이들은 법당을 향해 합장하고 법당을 돌며 정진을 하여 쉬는 방법이 있고, 줄넘기를 하거나 운동장을 뛰어다니거나 열심히 몸을 움직이는 일을 하여 쉬는 방법, 찬물로 목욕을 해서 쉬는 방법이 있다. 무료한 시간이 많을 때에는 취미 생활을 하는 것도 좋다. 어떻게 해서든 그 고비를 넘기고 닦아야 할 것이다.

야반삼경에 문빗장을 만져 보라

도량의 대문이나 담장은 닦는 이들의 마음 단속에 도움이 된다. 탐진치를 연습하는 마음은 늘 도량 바깥으로 향하는데, 담장과 대문이 있어 눈에 보이지 않는 제동을 거는 것이다. 닫혀 있다는 한 생각은 업력業力을 약화시키고 차단시킨다.

'야반삼경에 문빗장을 만져 보라.'는 말도 마음 단속을 위해 나왔다. 선생님께서는 저녁에는 대문 빗장을 지르고 꼭 자물쇠까지 채우셨다. 더운 여름에도 방문을 닫고 나가셨다. 우리에게도 그렇게 하라고 일러 주셨다. 마음 닦는 데 꼭 필요한 일이기에 시키신 것이다.

공부에 있어서 계율이란 대문이나 담장의 역할을 한다. 계율은 사람을 속박하기 위해서가 아니라, 공부를 방해하는 업장심을 단속하기 위해 필요하다. 계를 지켜야 안정이 오고, 안정이 되어야 지혜가 난다.

계율을 벗어나고자 하는 마음이 일어나면 얼른 부처님 전에 바치고, 계율을 지킨다는 그 마음도 또한 바쳐야 건강한 마음이 되어 계율 앞에서도 자유로운 가운데 행동에 질서가 잡힐 것이다.

마음의 빗장이 열리면 그 틈으로 유혹과 재앙의 불씨들이 밀려들어 온다. 바늘구멍만한 틈이 생겨도 황소만 한 업장이 밀어닥치며, 순간의 방심은 영원한 후회를 가져온다. 단속을 잘할 일이다.

공부하는 시간에 대해

우주의 밝은 기운은 새벽 3시부터 일어나기 시작하여 오후 3시까지 간다. 그래서 새벽 3시는 어둡지만 밝고, 오후 3시는 밝지만 어둡다. 낮에 바짝 마른 빨래가 오후 3시부터 오히려 축축해지는 것은 이 때문이다. 사람들의 마음도 우주의 기운 따라 변하니, 마음이 오전에는 맑다가 오후부터는 흐려진다.

밤 9시가 되면 음기陰氣가 돌기 시작한다. 그래서 제사도 저녁 9시 이후에 지내고, 절의 스님들도 저녁 9시 전후에 취침에 든다.

새벽 3시경이 되면 음기는 사라진다. 새벽 3시부터 5시까지는 기운이 참 밝고 맑은데, 이때가 문수보살께서 법문하시는 시간이라고 한다. 이 시간에 일어나 공부를 하면 우주의 생기生氣를 듬뿍 받는다.

새벽에 일찍 일어나는 사람치고 골치가 밝지 않은 사람이 드물며, 저녁 늦게 활동하는 사람치고 재앙이 없는 사람은 드물다고 한다. 우주의 기운에 순응하여 밝은 기운일 때 활동하고 어두운 기운일 때 잠을 자면 몸과 마음이 건강해지는 것이다.

또 마음 닦는 이들은 잠들기 직전까지 미륵존여래불 정진을 놓치지 않는 것이 좋다. 그렇게 하면 밤새도록 공부가 지속되어 깨어나는 순간까지 공부가 된다. 방심하다 잠이 들면 자는 시간 내내 방심하니, 자고 일어나도 정신이 개운치가 않다.

분별은 3자 단위로 일어난다

마음속에 일어나는 분별로 3초 만에 다시 일어나는 것, 3분 만에 일어나는 것, 30분 만에 일어나는 것, 3시간 만에, 3일 만에, 3주 만에, 3개월 만에, 3년 만에, 3백 년 만에, 어떤 분별은 심지어 3천 년 만에 한 번 일어나는 것이 있다.

3천 년 만에 다시 일어나는 분별을 놓쳐 버리고 닦지 못하면 밝음이 3천 년 늦어진다. 3백 년 만에 일어나는 마음도 놓쳐 버리면 큰일이다. 몇생 만에 한 번 일어나는 귀한 공양물을 얼른 부처님 전에 드릴 수 있도록 평소에 방심치 않아야 할 것이다.

3자 단위로 계속 일어났다 잠겼다 하는 그 분별을 놓치지 않고 닦는 것은 공부의 생명이다. 한 생각 일어난 것은 한 공부거리다. 이 생각 지금 닦지 못하면 다음 생에 또 닦아야 하기 때문이다.

소사에서 공부하다 업장이 올라와 몸부림칠 때 선생님으로부터 "그렇게 하면 내생來生 일이야." 하는 경책을 귀 아프게 들었다. 뒤집어 말하면 '그렇지만 않으면 이 생 일이다.'란 뜻이다. 이 생에 일대사一大事를 해결하란 말씀이시다.

자신의 얼굴을 보고 모자라는 점을 닦는다

　부처님의 눈은 청련목靑蓮目이라 한다. 남의 허물을 내 허물처럼 덮어 주고 내 허물을 남의 허물처럼 파 뒤집는 마음이면, 가운데는 감은 듯하고 양 옆으로는 뜨는 듯한 부처님 눈을 닮는다고 한다. 반대로 남의 허물을 밝히려는 마음이 많으면 사탕처럼 눈이 동그랗다. 마치 고양이가 쥐를 찾을 때의 눈 모양처럼.
　콧날이 날카로운 사람은 마음이 칼날과 같아 마음을 일으킬 때 남을 치지 못하면 자신을 치므로 폐가 나쁜 경우가 많다.
　남을 용서하는 마음이 적으면 눈썹과 눈썹 사이가 좁다고 한다. 이럴 때에는 마음을 부드럽고 원만하게 쓰고 남을 용서하고 이해하는 마음을 늘 연습해야 할 것이다.
　그 밖에 광대뼈가 나온 사람은 자기 주장이 강하고, 콧대가 바르면 성질이 곧고, 눈이 짝눈이면 마음이 한길로 모이지 못하고, 얼굴빛이 검으면 탐심이 많은 편이며……, 등등의 말이 있다.
　관상觀相은 골상骨相에서 나오고, 골상은 심상心相에서 나온다고 한다. 얼굴이 달라지려면 마음 씀씀이가 달라져야 할 것이다. 결국 사람들은 '저는 이런 마음씨로 살아갑니다.' 하고 얼굴로 광고를 하면서 살고 있는 셈이다.
　에이브러햄 링컨이 미국의 대통령으로 있을 때 어떤 사람이 험상궂게 생긴 젊은이 하나를 데리고 와서 소개를 했다.
　"이 사람이 나이는 서른두 살인데 모습은 좀 험하게 생겼지만 심성은 아주 착합니다."
　그러자 링컨이 말했다.
　"나이가 서른둘이면서도 얼굴이 그러면 부모 책임은 아니지요.

누구든지 나이가 서른이 넘으면 자기 얼굴에 자신이 책임질 줄 알아야 할 것입니다."

　27살이 되면 신진대사로 뇌세포까지 교체되어, 태어날 때 가지고 온 육신과는 전혀 상관이 없는 몸을 이루어 부모로부터 완전히 독립한다. 그러므로 27살 이후의 얼굴은 부모 탓은 아닌 것이다. 자신의 용심用心이 자신의 얼굴을 만들어 나간다.

옷매무새는 마음 매무새

옷을 입은 것을 보면 그 사람의 개성과 닦는 정도를 가늠할 수 있다.

옷을 입는 사람이 있고, 반대로 옷이 사람을 입는 경우가 있다. 부처님 공경하는 밝은 마음의 사람은 누더기를 입혀 놓아도 그 밝은 분위기에 옷이 어울리지만, 꾀죄죄한 얼굴에 입힌 옷은 고급 옷일지라도 분위기가 나지 않는다. 한마음의 표현됨은 행동과 일상생활용품, 집, 옷, 가구 등 어디나 적용되지 않는 곳이 없는 것이다.

색상을 고르는 것도 마찬가지이다. 자기 눈에 안경이라고, 자기 닦은 정도만큼밖에 눈에 보이지 않는다. 더 좋은 것을 권해도 그게 좋아 보이지 않는다.

탐심이 많은 사람은 대체로 얼굴이 검은 편으로, 마음이 어두우면 옷도 어두운 색깔을 입는다. 마음이 난하면 옷 색깔도 난하고, 마음이 단정하면 옷매무새도 단정하다.

마음이 고적한 사람은 붉은 색깔의 옷을 찾는다. 유심히 관찰하면 그런 면을 발견할 수 있을 것이다. 붉은 색깔의 옷은 남의 마음에 자극과 불안정을 준다. 만나는 사람에게 강렬한 자극과 불안정을 주는 과보로 자기 마음이 덜 안정되는 결과를 얻게 된다.

먹물옷 색깔인 회색은 가장 마음의 안정을 주는 색깔이다. 박영효 선생은 철종의 부마였기에 비단옷을 입었지만 안감은 반드시 회색을 대어 입었다고 한다. 여러 생 닦던 스님이었기에 회색옷을 입어야 마음이 편안하기 때문이었다.

옷을 차려 입는 것은 자기 마음의 정돈이다. 옷매무새는 마음 매무새이기도 하다.

다섯

현재 현재 진실하라

현재 현재 진실하라

과거는 지나간 것이고, 미래는 아직 오지 않은 것이며, 현재라고 말하면 벌써 과거가 되니, 현재라고 이름 붙일 수도 없는 지금, 이 순간순간에 진실해야 할 것이다.

노인들은 '과거에는 이러했으며 그때는 참으로 좋았다.' 면서 과거에 집착하여 추억 속에 살아가니 죽은 마음 연습하고, 젊은이들은 미래에 대한 훌륭한 청사진만 있지 그것을 하나하나 이루어 나갈 현재가 부실하니 허한 마음을 연습한다.

지금 이 순간 올라오는 분별을 방심치 않고 바치고, 자기 코앞에 놓인 일에서 비켜나지 않고 하나하나 해결하는 사람이 현실에서 현실을 활용하는 능력자일 것이다. 현재 현재에 진실하면 미래 미래 진실해지고, 미래 미래 진실해지면 과거 과거도 진실해진다.

오늘의 일 내일로 미루지 않으며, 어제의 일 다시 붙들고 시비하지 않으며, 내일의 일 오늘로 당겨 바쁘지 않다면, 그 마음에 생겨나는 여유와 푸른 생기는 현재를 더욱 알차게 만들어 줄 것이다.

하루 백 년을 사는 것은 어리석은 사람들의 특징이다. 오늘에 앉아 5년 전을 후회하고 5년 후를 걱정하는 미련함은 닦는 집안에서 취할 바가 아니다. 하루 24시간에 24시간만 살면 얼마나 행복할까. 하루 24시간 다 살려고 해도 벅차니, 하루 12시간 정도 산다면 그 마음이 얼마나 여유롭고 한적할까.

마음 닦는 집안에서는 기쁜 일이라도 일 있는 것이 없느니만 못하다는 말씀이 있다. 기쁜 일도 바쳐 해탈시키면 마음 밭의 한적함은 더욱 풍요로울 것이다.

현재 현재 진실해서 밝아지는 일은 한적함의 극치이다.

방심치 않는 마음

　무수히 지나가는 시계 바늘 소리를 들으면서 사라져가는 이 순간을 영원히 돌이킬 수 없다는 심각성을 인식할 수 있는 사람이 얼마나 될까?
　그러기에 현재 현재에 진실하라. 현재는 역사의 근본이다. 인류의 역사는 이 현재에서 출발하였고, 미래 또한 이 현재에서 만들어진다. 삼천 년 전의 현재나 지금 이 순간의 뿌리는 하나, 한마음이다.
　영겁永劫의 역사를 보는 분별의 관점을 쉬면서 나타나는 밝은 마음에는 오직 현재 하나뿐이고, 큰 현재 속에 사는 현재가 우주 전체이고 시작과 끝이란 역사성도 해탈된 현재 그뿐이다. 그러기에 현재는 생명체의 전 덩어리고, 현재를 깨친 순간 그냥 밝음이다. 현재는 바로 진리 그 자체이다.
　현재는 바로 부처님인지도 모른다. 손오공이 부처님 세계를 벗어나고 싶어 허공을 날아 도망간 곳이 결국 부처님의 손바닥이듯. 우리가 부처님의 배 속에서 살 듯 현재 속에서 살 수밖에 없다.
　그러기에 현재를 깨치라. 현재에 진실하라. 진실한 마음이란 부처님이 머무는 순간이다. 부처님을 모신 마음에는 말과 행동이 공경스럽다. 행동은 진중하고 정신은 깨어 있다.
　장사하는 이는 장사가 안 될 때 손님이 없다고 짜증스러워 할 것이 아니라, 손님이 없다는 마음과 짜증스러운 마음을 바쳐야 할 것이다. 그 마음을 안고 있는 한, 그 마음이 일으킨 파장은 가게 안팎을 모두 짜증스러운 분위기로 가득 채우기 때문이다. 손님이 오고 싶어지다가도 바로 그 파장을 느끼면, 예민한 것이 사람의 마음이라 싫어져서 그 가게에 오지 않게 된다. 또 왔더라도 얼른 나가 버리는 결과로 된다.

짜증스러운 마음이나 궁리를 바치는 것이 손님을 부르는 실행이다. 궁리가 없으면 총명하여 먼지도 떨고 물건도 정리할 것이다. 그 순간 일하는 마음은 바로 살아 있는 마음이고, 산 마음의 파장은 싱싱한 생기를 불러일으켜 손님에게 오고 싶은 충동을 일으킬 것이다. 설혹 손님이 당장 오지는 않더라도 싱싱하게 살아 있는 마음에는 문제점을 개선하고 새로운 가능성을 검토할 수 있는 지혜와 여유가 생겨날 것이다.

산 마음은 바로 현실적 성공을 이룩하는 것이다. 인간세계는 무수한 산 마음의 결과들로 이룩된다. 그리고 온갖 생기로 넘친 색깔들이 현실이라는 세상을 밝게 이끌어 간다.

가령 쌀장사하는 이는 손님이 없다고 앉아서 궁리만 할 게 아니라, 쌀의 뉘를 고르고 쌀이 담겨진 모양을 바꾸어 다른 멍석에 옮기기도 하여 쌀과 쌀가게에 관심을 불러일으키면 좋지 않을까. 실지로 행동하는 알뜰한 쌀가게의 분위기가 살아 있을 때 손님은 그 성실성에 매력을 느껴 찾아올 것이다. 이것이 현재에 진실을 실천하는 상인의 마음이다.

또 장사가 안 된다는 생각은 금물이다. 그런 말을 입 밖에 뱉지도 말고 누가 물을 때도 장사가 잘된다고 대답하는 것이 좋다. 그리고 실제로 장사가 잘된다는 마음을 가지고 있어야 한다. 결국 잘된다는 것은 자기 마음 연습이기 때문이다.

며칠 전 어떤 사람이 술에 취해 주머니에 손을 넣은 채 계단을 내려오다 머리를 다쳐 죽었다는 이야기를 들었다. 이렇듯 방심은 금물인 것이다.

현재에 진실하기 위해 노력하는 이는 계단을 오를 때와 마찬가지로 내려올 때에도 정신이 깨어 있다. 한 계단 디딜 때마다 미륵존여래불 바치는 마음을 놓치지 않고 만약의 경우에 대비해 손을 먼저 짚을 준비가 늘 되어 있다. 공부는 되고 위험은 없다.

또 누구를 만나기 전에 그 사람을 만나서 이렇게 물으면 이렇게 대답하고 같이 어디를 가야 되겠다고 궁리를 하는 경우가 많다. 그러나 막상 만나 보면 상황이 전혀 달라 만나기 전 생각이 쓸데없었다는 것을 알게 될 때가 자주 있다.

그 궁리가 일어날 때마다 궁리를 따라가는 대신 자꾸 바쳐 분별없는 순간이 되었더라면 가서 있을 일이 알아지기도 할 터이고, 마음이 밝아져서 가서 적절한 대답을 할 수도 있었을 것이다. 또 마음의 힘이 맑고 크게 되어 상대를 편안하게 해줄 수도 있었을 것이다.

현재 현재 진실한 마음, 그것이 공경심의 실천이다.

네! 하는 마음

우리는 상대가 무엇을 요구할 때, 그 자리에서 '네!', '아닙니다!' 를 분명히 밝힌다. 물론 그렇게 처리해야 할 일도 있지만, 입이 그렇게 가벼우면 손해를 보는 경우도 있고, 남의 마음을 아프게 하는 경우도 많다.

그릇이 큰 사람은 상대의 마음을 일단 받아들이는 일부터 한다. 네! 하는 대답이다. 그러나 부정적인 마음이 많은 이는 무엇이든 부정부터 하고 본다. 상대의 오는 마음을 받아들이지 않는다.

그렇게 부정부터 하는 것은 자기가 잘나서 남에게 배울 생각을 안 하기 때문일 수도 있고, 마음의 그릇이 좁아서 상대를 수용할 수 없기 때문일 수도 있다. 또 화가 잔뜩 나 있어 정서가 불안하면 남의 말을 받아들일 여유가 없을 것이다.

이렇게 여러 가지 조건이 안 갖추어진 상태에서는 선뜻 상대의 마음을 받아 주지 못한다. 그러나 일단 네! 하는 마음가짐을 부단히 연습하다 보면 네! 하는 실행이 저절로 되어진다.

마음을 보내는 사람은 그 일을 상대가 해주고 안 해주고보다, 보내는 마음을 받아 주기만 하면 마음이 흡족해서 일단 풀어져 버린다. 그러나 약한 마음이기에 거부당하면 마음속에서 독심毒心이 일어난다. 그 독심을 건드려서 모두들 얼마나 괴로워하는가? 능력 있는 이는 그걸 감싸 줄 수 있어야 할 것이다. 설득도 할 수 있어야 하고, 좋은 아이디어도 줄 수 있어야 할 것이다.

받아 주는 마음은 상대를 흡족하게 만드는 마음이기에, 여러 가지 장점이 오고갈 수 있을 것이다. 일단 네! 하는 마음으로 받아 주고 나서 '한번 생각해 봅시다.' 라고 하면 상대도 좋아할 것이다.

가능성이 있으면 일이 될 것이고, 불가능한 일일 경우에도 '한번 생각해 봅시다.' 하고 말하고, 다시 찾아올 때 '제가 이런 경우에 처해 있고 이런 점이 곤란한데 어떻게 했으면 좋겠습니까?' 하고 상대에게 자기 입장의 해답을 구하면 상대가 가부간의 결정을 내릴 것이다. 그러면 서로 마음이 상하지 않고 일이 잘될 것이다.

어디까지나 겸손한 바탕 위에서 이런 일을 해결하는 것을 칭하여 '마음 살림살이'라고 한다.

준비하는 마음

도통道通도 사전에 충분한 준비가 있어야 이루어지듯, 세상 모든 일이 준비성 있는 원願과 행동에 의해 이룩되는 것이기에 선생님께서는 우리에게 철두철미하게 사전 준비를 시키셨다.

예를 들어, 부엌 아궁이에 땔 연료인 석유를 드럼째 사 왔을 때 일이다. 선생님께서는 하나하나 몸소 시범을 보이시면서 석유 드럼 한 통을 펌프를 이용하여 5갤런 짜리 통 다섯 개에 옮겨 담고, 다시 됫병 서른 개에 나누어 담아 두도록 하셨다. 버너에 기름을 보충하기 쉽게 미리 준비시키는 것이다.

또 소사 도량 마당에 서서 맥아더 장군의 철저한 준비성에 관한 법문을 들은 적이 있다. 장군은 아이젠하워를 부관으로 데리고 있으면서 그에게 상륙 작전을 계획하고 지휘 감독하는 책임을 맡겼었다. 한 번 상륙 훈련을 하는데 비행기, 군함 등 병력이 엄청나게 동원되기 때문에 준비 기간이 6개월씩이나 필요한데, 이 훈련을 매년 2회씩, 그것도 9년 동안이나 반복해 시키자, 하도 지겨워 아이젠하워가 중도에 도망치려고 하는 것을 타일러 붙잡아 가면서 연습시켰다는 것이다.

이렇게 철저히 준비시킨 덕분에 노르망디 상륙 작전의 성공으로 제2차 세계대전을 연합국의 승리로 이끌 수 있었다고 한다. 그 공덕으로 아이젠하워가 대통령이 된 것은 후일의 이야기다.

아무리 어려운 일이라도 그에 상응하는 준비를 철저히 해두면 그 일에 임하여 여유가 있고, 또 그 일을 성공시킬 수 있는 것이다.

불가능이 없는 마음

어떤 분의 집에서 정미소를 했다. 힘이 센 일꾼들이 쌀가마를 번쩍 들어올리는 것을 보고 '나도 저렇게 할 수 있어야 할 터인데.' 하고 부러운 마음이 일어났다. 현재 자신의 힘으로는 어림도 없다는 것을 알고 쌀가마니를 볼 때마다 무겁다는 마음에다 대고 수없이 미륵존여래불 정진했다.

그러다가 하루는 쌀가마니를 보니 아주 작아 보여 그냥 들어서 획 집어 던졌더니, 멀리 가서 떨어졌다. 주위에 있는 사람들이 모두 놀란 눈으로 쳐다보았다. 무겁다는 생각을 바치니 바친 만큼 법력法力이 서서 그 법력으로 쌀가마니를 집어 던진 것이다.

어떤 면을 못한다는 한 생각을 가지고 다음 생에 몸 받으면 그 면은 또 못한다. 다음 생까지 갈 것도 없이, 이생에서도 불가능하다는 마음을 연습하면 가능한 일도 불가능해진다.

된다, 안 된다는 생각을 부처님 전에 바치고 선입주견 없이 일에 임할 때 되는 일은 자연스럽게 되어질 뿐이다.

선입주견을 해탈해야

어떤 사람이 소사에 와서 선생님을 찾아뵙고
"저는 숨을 잘 못 쉽니다." 하고 말씀드리니, 선생님께서는
"숨 못 쉰다는 그 생각을 부처님 전에 바치고 너는 마음껏 숨을 쉬려무나." 하셨다.

그 사람은 결핵을 오래 앓아서 늘 천식으로 숨이 찼는데, 선생님을 뵌 이후론 좋아졌다. 숨이 차다는 한 생각에 늘 숨을 잘 쉬지 못했던 것이다.

이와 같이 한 생각이 외로운 이는 늘 고독하고, 한 생각이 가난한 이는 늘 없다는 마음으로 한 생을 살아가고, 한 생각이 거지 마음이면 평생을 거지로 살며, 한 생각이 잘난 이는 자신이 늘 잘난 줄 알고 자기보다 많이 아는 이에게 또 세상에 대해 배우는 마음이 없으니 낭패 보는 일이 많다.

3학년은 그 정도의 지혜와 지식, 마음의 폭, 용심으로 살아가면서 4학년이 될 생각은 아니한다. 자신의 생각이 옳은 줄 알기에 마음의 손에 쥔 3학년 정도를 놓지 못한다. 그리고 자신이 3학년 정도 수준인 줄 모르고 6학년인 양 자기를 과시하다가 냉엄한 현실에 부딪힐 때 절망하는 것이다. 절망하면서 운명이 불행하다고 단정 지어 버린다.

자신의 굽어진 마음을 바르게, 얕은 마음을 깊게, 좁은 생각을 넓게, 모난 생각은 원만하게, 어두운 생각을 밝게 바꾸어 나가려면 자신의 부족함을 깨치는 지혜가 앞서야 할 것이다. 인간적인 모든 선입주견은 옳지 않은 줄 알고 그것을 바치는 데서 지혜는 크게 자란다.

우리는 어떤 사람을 두고 몇 년 전의 고정 관념으로 평가한다. 얼마나 무모한 생각이랴. 그 사람은 시간과 공간의 변화에 이미 옛 사람이 아닌데, 몇 년 전의 관념으로 판단하려 드니 현재의 그 삶을 전혀 모른다. 그러나 선입주견을 바치고, 또 보는 현실 순간도 바치면 역력한 그의 실체가 알아진다. 바치는 법을 통해서.

자기를 주장하는 마음이 강할 때는 지옥이다

아랫사람들 앞에 설 때 자아自我가 강한 사람은 인사 받기를 원하고, 인사 받지 못했을 때에는 창피를 느낀다. 그리고 먼저 공부했는데도 공부가 남보다 앞서지 못하다고 생각될 때, 아상我相이 강한 사람은 창피를 느낀다.

자기라는 생각이 강한 사람일수록 잘난 사람 앞에서 열등감을 심하게 느끼고 얼굴이 붉어진다. 그들을 아랫사람이라고 생각하지 않고 그들에게 배울 마음을 내고, 먼저 공부했다고 생각하지 않고 부처님 앞에선 누구나 평등하다고 생각하면 얼굴이 붉어질 일도 창피할 일도 없다.

밝은 광명체光明體 앞에 설 때, 공부를 1년, 10년 먼저 했다고 하더라도 그 빛은 30촉, 500촉 전구와 같다. 태양이 솟은 아침이면 30촉이나 500촉이나 모두 빛을 잃어 버린다. 먼저 했다는 생각도 바쳐야 할 것이다. 태양빛 앞에서는 어떤 불빛도 평등한 것이다.

부처님 모시는 마음이면 '나'라는 고통이 없다. 시봉侍奉에는 '나'란 것이 용납되지 않기 때문에 그 순간만큼은 모두가 극락이고 밝은 일뿐이다. '나'란 것은 몸뚱이면서 고통이기 때문이다.

나만의 어머니

　어머니 한 분을 두고 아버지의 부인도 되지 말고, 형제의 어머니도 되지 말고, 할머니의 딸도 되지 말고, 이모의 동생도 되지 말고, 나만의 어머니가 되어 나만 보살펴 달라고 바랄 때 어머니는 불행해질 것이다. 다른 식구들에게 소홀한 어머니는 미안하고 불편해 하실 것이다.
　아기들이 혼자 사랑을 독차지하다가 동생이 태어나 그 사랑을 뺏기고 말 때 무척 괴로워한다. 그것은 아기들뿐만 아니라 스승의 사랑을 독차지하려는 제자나, 주인의 신임을 독차지하려는 종업원이나 모두 마찬가지다.
　모두의 스승이고, 모두의 어른이고, 모두의 부처님인 줄 알고 나만의 것이라는 애착을 닦아 대중과 더불어 평등하다는 생각이 들 때, 지혜의 나무는 자랄 것이다.
　어머니가 아버지의 부인으로서, 할머니의 딸로서, 형님과 아우의 어머니로서 역할을 손색없이 잘할 수 있도록 뒷바라지 해드리는 마음이라야 보다 큰 나만의 어머니가 될 수 있을 것이다.

모든 이들이 나를 도와주는 사람

　사람들은 남이 자기를 도와준다는 생각보다는 자기가 남을 위해 희생한다는 마음으로 세상을 살아간다.
　가족을 위해 크고 작은 일을 뒷바라지하고, 국가와 사회를 위해 세금을 내고 기부금을 내고, 귀찮은 반상회에 나간다고 생각한다. 이렇게 생각할 때 대개의 부인들은 나이가 들면 원통한 마음이 나온다. 내 청춘을 보상하라고 하며, 자신 혼자 집안과 식구들을 위해 희생된 줄 알고 불행하다고 생각한다.
　남편과 자식이 없었다면 자신의 삶이 얼마나 외롭고 무료하고 힘들었을까 하고 돌이켜 보라. 남편은 내 고달픈 인생의 길잡이가 되어 주었고, 정신적 어려움의 대화자가 되어 주었다. 또 자식들은 내게 부담을 안겨 준 존재들이 아니라, 그들이 있음으로 해서 내 삶이 얼마나 보람되고 풍요롭게 되었는가.
　보통 부모들은 자신들이 벌어야 자녀들이 살 수 있다고 생각하며 '내가 애써 키우고 공부시켰다.' 고 하는데, 성현의 말씀에 '하늘은 풀을 낼 때 이름을 주었고 사람을 낼 때 양식을 주었다.' 고 한다.
　사람은 태어날 때 자기 복을 가지고 오기 때문에 어떤 집에 태어나든 부모 복이 아닌 자신의 복으로 살아간다. 요즘은 복 지은 자녀들이 너무 많이 태어나 부모들이 복 지은 자녀들 심부름하기 바쁜 세상이다. 자식 복에 잘 사는 부모들도 많을 것이다.
　나라가 없어진 월남민들이 조그마한 보트에 매달려 기진맥진하다 바다에서 죽어 가는 비참한 현실은, 국가의 도움을 상기시켜 준다. 그러므로 내가 세금을 내어 국가 살림이 꾸려진다고 생각하기 전에, 국가가 있으므로 이렇게 보호받는다고 생각하면 얼마나 감사

할까.

　모든 사람들이 나를 도와준다고 생각해 보자. 그리고 그렇게 도와주는 세상에 대해 감사한 마음을 연습해 보자.

오는 사람 막지 않고 가는 사람 붙잡지 않는다

어떤 보살님 한 분이 금강경 읽은 지 얼마 되지 않았을 때의 일이다. 명문 대학에 다니는 아들이 운동권에 휩싸여 데모를 주동하는 일에 넋이 빠져 공부도 하지 않고 돌아다닌다.

보살님이 그걸 보고는 고민하여 밥도 잘 먹지 못하고 위병이 나서 고생이다. 사남매 중에 아들이 하나이고 온 가족이 이 아들 하나에 기대를 걸고 있는데, 데모 주동자로 잡혀갈지도 모른다는 불안감에 집안은 초상집과 같이 되었다. 평소 잘 따르던 누나가 설득해도 듣지 않으며, 어머니가 설득해도 소용이 없었다.

"법사님, 어떻게 하면 좋겠습니까?" 하고 보살님이 물어 왔다. 그 아들 얼굴을 떠올려 거기에다 대고 '미륵존여래불' 하고 바치고 원 세우며 금강경을 하루 7독 하라고 했더니 그대로 실행하였다. 공부한 지 사흘째 되던 날 밤새워 용맹 정진하는데, 새벽 3시 30분경 비몽사몽간에 텁수룩한 머리에 초라한 옷을 입은 아들이 손에 조그마한 가방을 하나 들고 서울역 앞에서 서성거리는 모습이 보였다.

다음날 오후, 연락도 없이 불현듯 아들이 서울에서 내려왔다. 온 집안이 별안간 잔칫집이 되었다. 그 후 아들은 다시 마음을 잡고 공부 잘하여 장학생이 되었다고 한다.

몇 달 후에 보살님이 또 찾아왔다. 큰딸이 29살이고 작은딸이 27살인데, 혼사 문제가 걱정이라며 태산 같은 한숨을 쉰다. 그래서 '좋은 배필 만나 부처님 잘 모시길 발원' 하고 원 세우라고 했더니, 보살님이 또 열심히 원 세우고 바치고 경 읽었다. 그렇게 한 지 한 달 만에 전격적인 결혼이 성립되었다. 보살님이 전생과 금생에 세운 서원의 힘이 크게 현실에 나타난 것이다.

원 세우는 분의 원력願力이 삼백 볼트의 힘을 가졌을 때, 원 세우라고 결정해 주는 이의 능력이 천 볼트이면 두 사람의 뜻이 합해지면서 스파크를 일으켜 천삼백 볼트의 능력으로 나타난다.

이런 능력이면 성사되지 않는 일은 별로 없을 것이다. 결과가 '부처님 잘 모시길 발원'이니 아니 될 일은 없다. 다만 원 세우는 이가 이끌어 주는 말을 꼭 믿고 실행할 때 부처님 전에 세우는 서원은 성취된다.

그러나 그렇게 딸을 시집보내고 나니 공허하고 허전한 마음은 이루 측량할 수 없어 삼 일간 일어나지 못한다. 영감님과는 너무나 사이가 나빠, 늘 큰딸을 친구 삼아, 가장家長 삼아 친히 지내고 어려운 일도 의논하며 지냈는데 짝을 만나니 미련 없이 가버린다.

떠나 버린 딸에 대해 배신감을 느낀다. 내 빼앗긴 청춘을 무엇으로 보상하랴. 차라리 이럴 줄 알았으면 자신의 생사 문제를 해결하기 위한 수도 생활이나 했을 것을……. 살아온 인생 모두가 허무하고 무상한 것을 뼈저리게 느꼈다.

공부는 마음이 건강해지기 위해서다. 자신이 서고 남을 마음으로 밀어 주면 든든하나, 약한 입장에서 밀어 주면 대가를 바라고 밀어 준다는 데 마음이 빠져나가니 자신은 없는 것이다. 건강한 자신이 있은 연후에 가족이 있고 국가가 있는 것이다.

오는 사람 막지 않고 가는 사람 붙잡지 않을 때, 오고감에 내 마음이 초연한 경지가 될 때, 공부는 가히 섰다고 할 것이다.

여섯

복 많이 지으십시오

잘살기를 바라지만 말고 잘살 원인을 짓는다

모든 사람들은 잘살기를 원한다. 그러나 잘살 원인을 지어야 잘 사는 결과로 된다. 부단히 복 짓길 원 세우고 실제로 복 짓는 실행이 이어지면 그 결과로서 잘살게 되는 것이다.

1. 복 짓길 원 세우면 복 그릇이 커진다

하늘은 비를 고루 내리지만, 컵에는 컵만큼 담기고, 사발에는 사발만큼, 대야에는 대야만큼 담기고, 그 이상은 모두 넘쳐 버린다. 복 짓길 원 세우면 복을 담을 그릇을 크게 키운다. 부처님 전에 복 많이 짓기를 발원하는 것은, 복 지을 계기를 자신이 만들어 실지로 복 짓는 일을 해서 부처님 시봉하겠다는 원이다.

2. 물질을 소중히 여기는 마음이 바로 복이 된다

귀한 노동의 대가이며 그 자체가 귀한 가치를 지니고 있는 물질을 소중히 여기는 마음을 통해서 복이 지어진다. 물, 식량, 가재도구 등 어떤 물건이든 낭비치 않고 부서진 것은 고쳐 쓰고 남은 물건은 잘 보관해 두었다가 필요한 사람에게 주는 마음을 연습하여야 한다.

월급을 타서도 낭비치 않고 차곡차곡 저금하면 복이 되므로 차츰 복의 그릇이 커진다. 헤프게 쓴다는 것은 복 짓는 행동이 아니다. 돈을 헤프게 쓰면 돈의 신神이 나간다.

밥알이나 음식을 함부로 버리지 말아야 한다. 주부들은 흔히 가족들 공양해 올리는 복을 지어서 그 복을 음식 버리는 것으로 탕진해 버리는 경우가 많다. 물도 마찬가지고, 전기도 마찬가지이고 무엇이든 중하게 여겨 절약하는 마음이면 복이 된다.

3. 복은 적극적으로 지어야 한다

복은 누구에게 달라고 비는 것이 아니고 적극적으로 지어야 한다. 자기가 지은 만큼 받을 뿐이다. 자기의 복 남 주지 못하고, 남의 복 자신이 하지 못한다.

자기라는 울타리를 벗어나 가족을 위해, 이웃을 위해, 사회를 위해 봉사하고 희사하는 마음과 실천을 통해 복이 지어진다. 베푸는 마음으로 많은 이들을 유익케 하려는 하루하루의 실천이 그대로 복이 된다.

부처님 시봉하는 불사佛事를 일으키거나 거기에 동참하는 일을 통해 큰 복이 지어짐은 말할 나위도 없다. 어떤 형태로든지 부처님께 직접 공덕을 지은 일이 있는 사람은, 많은 생 후에도 그 일을 시작하면 전생의 선근善根이 찾아져서 그 일이 크게 성공한다고 한다.

또 마음을 일으키면 그냥 복이 되는 경우도 있다. 부처님을 정성으로 공경하는 마음, 부처님의 밝은 법이 이 중생계에 영원히 이어지기를 바라는 마음, 모든 공부하는 이들을 공경하고 그들이 밝음을 이루기를 바라는 마음 등이 그런 경우이다. 자기 마음을 닦아 그 밝음의 광명으로 남들을 유익하게 하는 일 또한 부처님을 기쁘게 해 드리는 큰 복이 된다.

4. 재앙을 막아야 복이 새 나가지 않는다

정신적으로 물질적으로 복을 짓는 것 못지않게 재앙을 막는 것도 중요하다. 재앙이 닥치면 복 그릇에 구멍이 뚫린다. 깨진 그릇 틈으로 물이 새듯 재앙이란 구멍이 나면 복이 새어 버린다.

재앙으로 돈이 다 탕진되어 버리는 경우를 예를 들면 병원비, 소송비, 도난, 화재, 돈을 떼여 버림 등등이 있을 것이고, 정신적 재앙으로는 밝음으로 나아가는 것을 방해하는 여러 가지 장애를 들 수 있다. 이런 재앙은 선세죄업先世罪業과 업보업연業報業緣으로 생기므로, 아침저녁 금강경 잘 읽고 방심치 않는 마음으로 잘 바치면 조금씩 업이 녹아내리고 결국은 다 닦인다.

한량없는 큰 복無量大福

 많은 생필품을 쌓아 놓고 돈을 물 쓰듯 쓰면서 온갖 진귀한 물건으로 주택과 몸을 치장하며 만족하게 사는 사람을 두고 복이 많은 사람이라고 하겠지만, 그 사람의 복이 무량대복無量大福이라 할 수는 없다.
 무량대복은 평소에는 없다가도 그때그때 필요한 것은 무엇이든 생기는 것을 말한다. 좋은 물건을 많이 가지고 있으면 그걸 관리하느라 또 도둑맞을까 걱정이지만, 필요한 때 그 양만큼 생기는 무량대복은 뒷걱정이 없다.
 겨울에 겨울옷이 필요하다고 생각되면 며칠 내로 필요로 한 옷이 생기고, 음식도 필요로 하는 것을 마음으로 요구할 때 저절로 생긴다. 생필품도 필요하다는 생각을 일으키면, 며칠 내로 누가 그 물건이 있는 곳을 알려 주거나 갖게 된다.
 어떤 이는 병으로 몸이 허약해져서 '약병아리에 인삼을 넣고 고아 먹어야겠다.' 는 생각을 내자 며칠 내로 어떤 사람이 약병아리를 10마리나 가지고 왔다.
 어떤 자녀에게는 부모들이 무엇을 해주려 해도 일이 잘 안 되는데, 어떤 자녀는 해주겠다는 마음을 내기가 무섭게 그 일이 되는 경우가 있다. 복 지은 것이 있는 자녀들의 것은, 해주겠다는 마음을 내면 그냥 이루어진다.
 마음에 '없다' 는 생각이 없으면 그 얼굴이 온통 복스럽다. 무량대복은, 없다는 생각을 닦고 궁기(궁한 기색)를 해탈했으며, 부처님 전에 큰 복을 지은 사람이 아무리 받아도 바닥이 나지 않는 복을 말한다.

부처님에 대한 그윽한 공경심, 부처님의 은혜에 보답하려는 지극한 시봉심, 부처님 광명의 세계에 대한 환희심, 부처님을 기쁘게 해드리기 위해 몸과 마음을 다 드리는 마음, 부처님을 기쁘게 해드리기 위해 남의 성리性理를 밝혀 주려는 마음 등을 연습할 때 무량대복이 지어지는 것이다.

복도 바친다 不受福德

 마음 닦는 이는 자신이 지은 복福을 탐하지 않는다. 지은 복은 끈에 묶인 장난감처럼 당기면 언제든지 끌려온다. 시간에 관계없이.
 그 복을 자신이 받을 마음을 내면 줄어들고, 부처님 전에 드리면 더 큰 복을 짓게 되어 마음에 부처님을 가득 중하게 된다. 이때 마음은 밝아지고 아상我相은 녹아내린다.
 자기가 지은 공과 복을 찾으려는 생각은 부처님 전에 바치고, 복을 짓고 지혜를 닦을 뿐이다.

자기 복 남 주지 못하고
남의 복 자기가 하지 못한다

부처님께서 어떤 나라 국왕의 초청으로 공양을 받으러 가셨다.

욕심 많은 국왕은 자기 혼자 공양을 올리려고 훌륭한 요리사를 시켜 대중들의 음식 수백 명분을 매일 만들게 하였다. 그러면서 부처님 오신 날부터 어떤 사람이든 내 앞에 나타나는 사람은 국법國法으로 다스리겠다고 명을 내렸다.

부처님께서 그날 대중과 함께 그 나라에 도착하셨으나 국법을 어기는 것이 두려워 아무도 국왕에게 보고하지 못했다. 음식을 만드는 요리사조차 국왕 앞에 보고를 못한 채, 매일 새 음식을 만들었다가 버리고 만들었다가 버렸다.

부처님과 대중들은 많은 날을 굶을 수밖에 없었다. 지나가던 대상大商이 딱한 사정을 듣고 500필 말 먹이로 준비해 둔 귀리를 반 나누어 공양 올렸다. 아난[1] 존자가 그 귀리를 가지고 마을로 가서

"이 귀리를 절구에다 빻아다 주는 처녀는 다음 생에 공주가 되리라."고 하였다.

가루가 된 귀리를 부처님께 공양 올렸을 때 부처님께서는,

"너는 왜 다음 생에 부처가 되리라고 하지 않았느냐. 공주가 되는 것은 한 생 복 받는 것뿐이지만, 영원히 성불할 것이라고 했다면 성불할 분이 되었을 것인데……." 하며 깨우쳐 주셨다.

---

1) 아난(阿難) : 석가모니 부처님의 10대 제자 중 한 분. 다문제일(多聞第一).

부처님께서 잡수시던 귀리를 입 속에서 꺼내어 아난 존자에게 먹어 보라고 주셨다. 아난이 먹어 보니 침이 묻어 씹힌 귀리가 감미가 나면서 너무나 맛있었다. 아난이

"부처님, 귀리가 어찌 이리 맛있습니까?" 하고 여쭈니

"복 지은 자의 입에 들어오는 음식은 이렇게 감미와 향이 나느니라." 하시면서 복력 있는 자의 일이라고 설명해 주셨다.

자기 복 남 주지 못하고 남의 복 자신이 하지 못한다. 여러 형제 중에서도 한 사람에게 유독 물건과 사랑이 치우치는 경우가 있다. 다른 형제들보다 복을 많이 짓고 온 사람이기 때문이다.

'수양산 그늘이 강동 팔십 리'라는 말이 있듯이, 가족 중에 한 사람이라도 복 지은이가 있으면 그 복력의 혜택을 여러 사람이 입는다. 그러나 복을 남에게 줄 수는 없다. 아버지가 돌아가시고 집안이 내리막을 걷는 경우, 누나가 시집가고 나자 살림이 줄고 시집간 집이 잘 살게 되는 경우 등을 보면 알 수 있다.

언젠가 한 도인이 어느 집을 방문했는데, 그 집 식구들이 모두 박복한 상相인 데도 불구하고 집이 잘사는 것을 보고 의아하게 여겼는데, 그 집에서 키우는 개를 보니 그 개가 복을 많이 짓고 온 개였다. 그 식구들의 복력이 아니라 개의 복력으로 그 집이 잘사는 것이었다.

짓지 않은 복은 있을 수 없다. 남을 배려하고 복은 늘 지어야 한다.

장래 무얼 먹고 사느냐

사람이나 짐승이나 모두가 장래 무얼 먹고 사느냐란 고민을 안고 있다. 잘사는 사람조차 정신적인 그 문제를 해결하지 못한 채 마음은 헐벗고 산다.

먹는 것이 모두 문제이다. 가축이 주인에게 절대 충복이 되는 것도 먹을 것을 주기 때문이다. 얻어먹는 빚은 큰 것이다. 소가 도살장에 들어가지 않으려고 발버둥을 치다가도 주인이 들어가라고 하면 어쩔 수 없이 들어간다. 빚진 마음 때문이다. 음식으로 기른 육신은 음식을 준 사람에게 바쳐지고 만다. 그 주고받는 것은 모두 마음에 기록한 것들이다.

밤중에 음식을 먹는 마음도 살펴보면 내일 아침에 배고플까 봐 과식을 한다. 사람들은 이 한마음의 문제를 영원히 안고 산다. 그러니 두려움이 끝날 날이 없다. 직장에서 상사에게 아부하는 것도, 재산을 가진 자나 권력을 가진 자에게 굽실거리는 것도, 장래 무얼 먹고 사느냐 하는 문제를 해결 못한 사람들의 행동이다. 사람이 높아지려고 하는 것도 근본 욕망인 식색食色을 마음대로 하자는 것이다.

장래 무얼 먹고 사느냐 하는 고민은 실제로 먹고 살 길이 없어서라기보다 마음이 궁해서 생겨나는 것이다.

궁한 마음 닦고 넉넉한 마음 연습한다

살림하는 사람들의 마음에는 한 달에 얼마란 액수로 살아야 한다는 강박 관념이 자리를 잡는다. 월급의 액수에 눌리는 마음으로 가계를 짜고 자신이 적게 가졌다는 한마음으로 세상을 대한다. 많은 사람들이 없다는 마음으로 살아가니 얼마나 마음이 절박한가.

흔히들 있는 거지, 없는 거지란 말들을 하는데, 먹고살기에 넉넉해도 늘 없는 마음인 사람을 두고 '있는 거지' 라 한다. 물질이 있건 없건 '없는 마음' 이면 늘 모자라고 부족하다는 것을 마음에 증하게 된다. 증하고 닦지 않으면 궁하게 되고 다음 생에도 궁한 생활을 하게 된다. 설혹 당장에 물건은 없더라도 '있는 마음' 이면 마음에 넉넉한 여유가 있어 그 마음 따라 물질이 풍족해진다.

보통 궁한 마음을 백 일 연습한 뒤의 얼굴과 만족한 마음을 백 일 연습한 뒤의 얼굴은 전연 다르다. 후복한 이의 얼굴에 풍기는 복력과 귀티는, 궁한 이와는 외형적으로도 너무나 다른 것이다.

사소한 생각들이 하나하나 쌓여서 내 안정의 바탕을 가꾸어 간다. 궁한 마음은 절대 바치고, 넉넉한 마음을 연습할 일이다.

가난을 중하지 않는다

빌린 돈이라도 주머니에 있으면 외출 때 든든하고, 주머니가 비었으면 친구를 만나 별안간 대접할 일이 생기면 어떻게 하나 하고 마음이 옥죄인다. 외출 때 돈을 넉넉히 갖고 다니는 것이 마음 밝히는 데도 도움이 되는 것이다. 선생님께서 물건을 사오라고 심부름을 시키실 때는 언제나 시가보다 넉넉하게 돈을 주셨다.

또 선생님께서는 필요치 않은 못도 여러 가지 준비해 두시고 망치, 스패너, 해머, 멍키 렌치, 전지가위 등 없는 것이 없게끔 준비해 두셨다. 그래서 누구든지 찾을 때 선뜻 줄 수 있도록 하셨다.

그리고 어떤 물건이든 여유 있게 사 두어 모자란다는 생각이 나지 않도록 하고, 필요한 생필품은 눈에 보이는 데다 가지런히 정돈해 놓고 부족함이 없도록 갖추라고 하셨다.

항상 넉넉하고 윤택한 마음을 연습하도록 배려해 주셨고, 또 그렇게 연습하라고 하셨다.

검정 강아지

백 선생님께서는 일찍이 양친 부모님과 사별하시고 할머니와 함께 사셨다. 어릴 때부터 독립운동을 하시다 보니 요시찰 인물로 지목되어 늘 일본 경찰의 추격을 받으셨다. 그래서 집에 있는 날은 거의 없으셨고 바깥으로 떠도시다, 급기야 상해로 망명 가셨다.

집에는 할머니와 백 선생님의 누이동생만이 남아 있었으니, 식구가 여자들뿐이라 할머니는 늘 불안해 하셨다. 그래서 항상 빨랫줄에 집에 계시지도 않는 백 선생님의 빨래를 널어놓고 남자 신발을 댓돌 위에 올려놓았다. 여자들만 사는 집이라 인식되면 도둑들이 넘보고 남들이 얕볼까 봐 그러신 것이다.

하루는 할머니가 가난한 이웃집에 쌀을 반 가마 정도 갖다 주셨다. 평소에 없던 일이라 왜 그러시냐고 물어 보니, 장정도 없는 부잣집이라고 넘보면 곤란하니 미리 인심을 쓰는 것이라고 대답하셨다. 그때 청년인 백 선생님 생각에, 피해를 입지 않기 위해 주는 마음보다 그 사람들 따뜻이 밥 지어 먹으라는 용심으로 베풀어 주면 얼마나 복 지을까 하셨다고 한다.

그 후 선생님께서 독일에 유학 다녀오신 뒤 10년을 작정하고 금강산에서 수도 생활에 드셨다. 수도 생활하신 지 8년이 조금 지났을 때, 할머니가 갑자기 돌아가셨으니 재산을 인수받으라는 전보가 왔다. 엄청난 재산이었으나 기도 기간이라 가시지 않으셨다.

10년 기도가 끝나는 바로 다음날 서울 집에 가 보니 할머니가 검정 강아지 몸을 받아 집을 지키고 계셨다. 재산을 지키려는 마음으로 개 몸을 받아 다시 그 집에 왔고, 탐심을 가득 품은 채 몸을 바꾸었기에 검정색을 타고났다고 백 선생님께서 법문해 주셨다.

늘 남이 자신에게 해를 끼칠까 봐 불안해 하며 평생 자신의 집과 재산을 껴안고 지킨 결과가 기껏 검정 강아지 몸이다. 껴안지 않고 부처님 전에 바치고 베푼다면 내가 더욱 잘될 것인데 흔히들 그렇게 하지 못한다.

대궐 할머니

백 선생님께 이모님이 한 분 계셨는데, 궁중에서 나인으로 지내셨기 때문에 친척들이 모두 '대궐 할머니'라 불렀다. 그 대궐 할머니께서 임종이 가까워 오자 당신의 엄청나게 많은 재산을 조카이신 선생님께 물려주기 위해 계속 사람을 보냈다. 아무리 사람이 찾아와도 백 선생님께서는 한사코 상속을 거부하시고 찾아가지 않으셨다.

그것을 본 한 보살님(전경린 보살님)이 어떤 밝으신 분(손혜정 선생님)께 여쭙기를,

"백 선생님께 평소에 오지 않던 친척 분들이 요즘 들어 계속 찾아와 상속을 권하는데 백 선생님께서는 꼼짝도 안 하시는 이유가 무엇입니까?" 하니

"참 재미있는 일이야." 하시며, 당신께서 당신 이모님 마음 제도하기 위해 저러신다고 하셨다.

다시 여쭙기를,

"어떻게 제도하십니까?" 하니, 이모님이 아껴가며 재물을 모으느라고 평생 동안 껴안는 마음을 연습하였는데, 이제 몸 바꾸기 전에 남에게 베푸는 마음 연습시키려고 가시지 않는다고 설명해 주셨다. 백 선생님께 다 상속시키려고 아무리 해도 백 선생님께서 가시지 않을 것이니, 그 이모님이 어떻게 하는지 보자고 하셨다. 물론 백 선생님이 그런 말씀을 하신 적이 없었지만, 그분은 생불生佛이시니 백 선생님 마음을 꿰뚫어 보고 하는 법문이시다.

대부분의 사람들은 '나'를 위해 평생 동안 재물을 축적하다가 그 재물을 더 이상 가져갈 수 없는 죽음의 순간이 오면 '나'의 자식, '나'와 가까운 핏줄에게라도 물려주어야 직성이 풀리고 덜 아까워

한다. 그게 닦지 못한 이들의 탐심인데, 그 이모님도 마찬가지여서 자식이라곤 없으니 그래도 당신과 가장 가까운 핏줄인 백 선생님께 상속하려 애썼던 것이다.

얼마 후 찾아오던 친척들의 발길이 끊어졌다. 전 보살님이 손 선생님께 왜 이제 사람들이 찾아오지 않느냐고 여쭈니, 백 선생님께서 한사코 안 받겠다고 하니 이모님은 당신의 엄청난 재산을 가까운 친척, 먼 친척, 아는 사람 할 것 없이, 심지어 부엌일 하는 사람, 방 청소 하는 아이들에게까지 다 베풀어 주었다고 하셨다. 이제 백 선생님께 물려 줄 재산도 없으니 사람 보낼 필요도 없어졌고, 이모님은 한 푼도 없는 처지가 되었다고 하셨다.

하루는 백 선생님께서 고액권을 큰 보따리에 하나 가득 싸서 들고 나가셨다. 그 돈을 이모님께 갖다 드리기 위해서다. 돈을 껴안는 마음을 평생 연습하다 그 돈을 다 베풀고 나니 이제 한 푼도 없다는 가난한 마음이 되어 있기에, 그 궁한 마음을 제도하려고 돈을 갖다 드린 것이다. 이모님이 한사코 안 받겠다는 것을 무조건 가지고 계시라면서 억지로 맡겨 놓다시피 하고 돌아오셨다. 돈이 있다는 한 생각을 증하고 몸을 바꾸면 다음 생에도 돈이 많다.

노인을 모신 분들은 늘 용돈을 넉넉히 드려서 돈 없다는 생각을 증하지 않도록 하는 것이 밝은 일이다. 또 노인에게 병이 있을 때도 그 병을 꼭 낫게 해 드려야 한다. 왜냐하면, 그 병이 낫지 않았다는 한 생각으로 몸을 바꾸면 다음 생에도 그 병으로 고생하기 때문이다.

그 후 몇 년이 지난 뒤 전 보살님이 그 이모님이 어떻게 되었나 하는 궁금한 마음이 일어나

"그때 그 이모님 몸 받으셨습니까?" 하고 손 선생님께 여쭈니,

"그럼, 지금 일곱 살 난 남자 아이로 있는데 어린애인데도 통장에 돈이 많아."라고 하셨다.

밝은이께서는 그 사람의 정도에 따라 그때그때 용심에 맞추어 밝게 제도하기 위해 여러 가지 방편을 펴신다. 그분의 행동의 척도는 내가 무엇을 얻고 성취할 수 있느냐 하는 것이 아니라, 어떻게 해야 부처님 기쁘게 해 드리고 많은 중생을 유익케 할 수 있느냐는 것이다.

보수의 3배 버는 마음 연습

정신과 육체의 건강함을 노동으로 표현한다는 것은 푸른 잔디처럼 싱싱한 생의 기쁨이다.

봉급을 받을 때마다, 봉급의 3배를 그 회사에 벌어 주는 마음으로 일했나 하고 되돌아볼 수 있는 이는 현명한 사람이다. 모두 원인을 지은 대로 결과를 받기 때문이다.

철공소 직공들이나 막노동하는 이들이 평생 동안 그 굴레를 벗어나지 못하고 가난한 것을 많이 보는데, 그것은 빚지는 생활을 하기 때문이 아닐까 싶다. 용접을 할 때 흔한 철판 조각을 주워서 해도 되는데 큰 원자재 철판을 잘라 쓰는 등 너무나 비경제적인 행동을 할 때가 있다. 물건이 내 것이 아니라며 마구 써 버리는 경우가 많은 것이다. 또 집 짓는 인부들이 슬래브를 칠 때, 참이 좋지 않고 대접이 나쁘면 비가 새도록 슬래브를 치는 경우가 있다. 그래서 어떻게 복福을 받자는 것인지……. 빚이 늘어 가난을 벗어나지 못하는 악순환을 자초하는 것이 아닐까?

인과의 도리는 엄연하다. 자유당 때, 충실히 일하지도 않고 뇌물이나 받던 공무원들이 정년퇴직한 후 퇴직금으로 사업을 시작하면 망하는 경우가 많았다. 30년 공무원 생활 동안 빚진 생활을 했으니, 물이 웅덩이로 흘러 들어가듯 빚을 메우는 일로 사업이 끝나 버리는 것이다. 반면에 어떤 사람이 30년 동안 열심히 복을 지었다면 지은 복이 사업을 크게 번창시킬 것이다.

그러므로 자기 봉급의 3배를 회사에 벌어 주는 마음으로 일하는 사람은 현명하다. 50만 원을 받는 이의 경우, 150만 원을 벌어 50만 원은 사장에게 주고, 50만 원은 세금 등 운영비로 쓰도록 주고, 50

만 원은 자신이 가지는 마음으로 일한다면 그 직장에서 성공하고 어느 사회에서든 성공할 것이다.

   일을 꼭 그렇게 한다기보다, 마음을 그렇게 가지면 일 하나하나에 세심한 신경을 베풀어 철저를 기할 수 있을 것이다. 그러한 태도는 주위의 분위기에도 영향을 미쳐 본인과 함께 여러 사람들을 복 짓게 할 것이다.

   바로 주인의 마음을 가지고 일하는 것이다. 주인의 마음을 가진 자는 누가 알아주건 알아주지 않건 복 짓는 일에 충실하다. 그리고 그렇게 복 지은 것은 자신이 받지 남이 받지 못한다. 그러니 남에게 복 지었다고 생색낼 필요도 없는 것이다.

돈은 왜 필요한가

현대는 경제 사회이기에 경제적 여유란 사람에게 비유하면 혈액 순환과 같다. 돈이 있어야 차도 타고, 음식도 먹고, 사람을 만나고, 옷도 사 입고, 집도 구하고, 커피도 마시고, 돈이 없으면 생활 자체가 정지되는 것이 요즘 세상이다.

그래서 경제적 자립은 정신적 자립의 큰 바탕이 된다. 소사에서 공부할 때도 목장에서 나오는 수입으로 자급자족할 수 있다는 떳떳한 마음이 닦아 가는 데 결정적인 도움이 되었다.

'돈에는 눈이 있다.'는 말이 있다. 자기가 복 지은 정도만큼밖에 벌지 못한다는 소리이다. 평소 물질을 낭비치 않는 알뜰한 마음으로 복을 짓고 부처님 시봉하는 마음으로 부지런히 일하여 복을 지을 일이다. 무엇을 위해? 부처님 시봉할 육신에게 의식주를 제공하기 위해. 그리고 부처님 시봉하는 밝은 일에 쓰기 위해.

돈은 버는 것도 중요하지만 쓰는 것도 중요하다. 어렵게 복 지어 번 돈을 낭비와 향락으로 탕진해 버려서야 곤란하지 않을까? 또 돈이란 사람이 사람답게 살아가는 도구이지 그 이상도 그 이하도 아닌데, 돈이 곧 행복이고 신앙이라는 위험한 사고방식을 가져서야 곤란하지 않을까. 어디까지나 겸손한 마음으로, 부처님 시봉한다는 마음으로 그 재물을 벌고 쓴다면, 그분의 복 그릇은 자꾸 커질 것이다.

어떤 기업주는 막대한 재산을 사회에 모두 환원하고 돌아가셨다. 그 아들이

"아버지, 저희들에게도 기업을 물려 주십시오." 하고 말하니,

"내가 너희들 대학 공부까지 시켰고 이제 너희들이 직장에서 돈

을 벌어 사는데, 무슨 아버지 재산을 넘보느냐." 하시며 일언지하에 거절하셨다. 그분이 가족에게 남겨 준 재산은 너무나 가난하게 사는 조카에게 사준 집 한 채뿐이라고 한다.

돈이 왜 필요한가를 깨치고 실행하신 분이다. 죽을 때 가져갈 수 없으니 자식에게 주고 갈 수밖에 없는 것이 닦지 못한 사람들의 탐심貪心이라면, 그분은 1950년대 가난했던 시절에 많은 이들의 생계를 위해 기업을 일으키신 분인데, 이런 분을 육신보살肉身菩薩이라 부를 수 있을 것이다.

불교에서는 무량대복無量大福의 세계가 앞으로 전개될 세계라고 한다. 미륵존여래불이 출현하시는 세계는, 첨단 과학 문명의 극단적인 발달로 물질이 한없이 풍부하고 모든 것이 안락하게 설비된다고 한다. 모든 사람들이 가난을 해탈하고 물질이 구족해져서, 부처님 시봉 잘하기를 원 세워야겠다.

마음 닦는 한 사람 밥 먹이는 공덕

소사 도량 맞은편에 연흥사란 절이 있었다. 그 절을 처음 창건한 이가 월광거사란 분인데 절을 세우려고 애를 썼으나 잘 되지 않아 오랫동안 고생한 적이 있다.

이를 보고 선생님께서 법문하시길, 너희 집 문전에 들어서는 사람이면 누구를 막론하고 무조건 3년간 밥 먹여 보내면 절이 세워질 것이라고 하셨다. 과연 실천한 대로 3년이 지나 절이 지어졌다.

중생의 마음은 먹는 데 있다. 먹는 것을 대접하는 예의는 손님을 대접하는 기본이기 이전에 사람을 대하는 기본이다. 어떤 사람이든 음식을 대접받으면 마음이 누그러져 버린다. 대접하는 이의 푸근한 마음과 음식, 두 가지를 함께 대접받는 것이 된다. 그때 주인의 마음에는 복이 지어지는 것이다.

그런데 도둑놈 천 명 밥 먹이는 공덕보다 착한 사람 한 사람 밥 먹이는 공덕이 크고, 착한 사람 천 명 밥 먹이는 공덕보다 마음 닦는 한 사람 밥 먹이는 공덕이 더 크다는 말이 있다. 마음 닦는 사람의 귀함을 나타낸 말이다.

마음 닦는 이들은 부처님의 분신과 같은 역할을 한다. 밝은 서원과 법력으로 주위를 밝히고 재앙을 소멸시키며, 행동과 법문으로 많은 이들의 길잡이가 되어 허덕이는 마음들을 안정시킨다. 그분들에게 자신의 공경심을 표현하는 길이 물질을 통해서이기에, 공양 올리는 밥 한 그릇은 마음의 표현이다.

마하가섭[1] 존자께서 수백 생을 부잣집에 태어나게 된 데는 연유가 있다. 오랜 과거생 전에 흉년이 심하게 들어 며칠 굶다가 겨우 피밥 한 그릇을 얻어서 먹으려고 하는데, 마침 벽지불[2]께서 탁발을 오셨다.

그때 피밥 반 그릇을 덜어 드리니 잘 잡수시고,

"너는 몸 받을 때마다 이 공덕으로 부자 장자가 되리라." 하고 결정하시고 하늘로 날아가셨다. 이 공덕으로 가섭 존자는 석가여래 당시에도 부잣집 아들로 태어났다.

또 도인에게는 무작정 빚을 지어 놓으란 말이 있다. 어느 생에든지, 어떤 곳에 있든지 도인이 계실 때 제일 먼저 제도 받게 된다고 한다.

---

1) 마하가섭(摩訶迦葉) : 석가모니 부처님 10대 제자 중 한 분. 두타제일(頭陀第一).
2) 벽지불(辟支佛) : 연각(緣覺), 독각(獨覺) 등으로 번역된다. 꽃이 피고 잎이 지는 등의 외연(外緣)에 의해, 스승 없이 혼자 깨달은 이.

정성을 올리고 정성을 받으시고

　소사 도량에 여름이 오면 오전에 한 리어카, 오후에 한 리어카씩 도량 주변의 풀을 베어 소에게 먹였다. 어떤 때에는 신앙촌 밑에도 가고, 경인로 변에도 가고, 또 그 너머로도 갔다. 풀을 베다 보면 산딸기가 많이 있는 곳을 알게 된다.
　나무숲에 가린 실개천 언덕에 먹음직스럽게 달린 붉은 산딸기를 발견하는 순간은 그렇게 기쁠 수가 없다. 사람 손이 닿지 않은 그윽한 냇가, 푸른 풀 속에 오직 붉은 색깔을 발하는 먹음직스러운 모습은 선생님께 공양 올려야겠다는 기쁨에 더욱 반가운 것이다.
　비가 오는 날이면 밭일을 못하니 약간의 시간이 생긴다. 그러면 우의를 입고 이 골짝 저 골짝 며칠 전부터 봐 둔 곳을 찾아다니며 산딸기 하나하나로 빈 바가지를 채운다. 공양 올린다는 기쁨에 온몸과 마음이 그렇게 즐거울 수가 없다. 오직 스승께 드리는 소박한 정성이다. 내 영생永生을 밝혀 주시는 당신께 나의 전부를 드리는 마음의 작은 표현인 것이다.
　소사 도량에 들어온 지 만 4년 후 처음 집으로 가게 되었을 때의 일이다. 집에서 한 보름 정도 머문 뒤 다시 소사로 올라가는 길에 해인사에 들렀다.
　가을이라 절 들어가는 길목에서 행상들이 다래를 팔고 있기에, 선생님 전에 올릴 마음으로 사서 종이 상자에 넣어 가지고 왔다. 당시는 고속 도로가 없는 때라 비포장도로를 장시간 동안 달려 소사에 와서 펴 보니, 눌려서 물이 다 빠지고 볼품이 없었다. 그래서 공양주 보살님께 공양 올리기 죄송스러우니 버리자고 하였다. 그러나 그 보살님은 다래를 아깝다며 쟁반에 담아 공양 올렸는데 선생님께서는 맛있게 다 드셨다. 오랜 시간 짐칸에서 다 눌려 터진 것이 아닌가! 터질까 봐 조마조마 마음 졸이며 가져온 정성을 달게 공양 받으신 것이다.

밝은이들은 물건을 공양 받는 것이 아니라, 그 공양 올리는 정성을 공양 받으신다. 정성이 든 물건과 공경심으로 올리는 물건은 흔쾌히 받으시나, 그렇지 않은 물건은 잘 드시질 않으신다.

한 가난한 보살님이 시장비에서 하루 50원씩 떼어 그 돈을 모아 과일 공양을 올리셨는데, 과일이 별로 좋지 않고 맛이 없었는 데도 그 과일을 전부 드셨다.

빚지지 않는 마음

　노름하는 이들이 처음엔 2만 원으로 시작하여 20만 원을 따면 그 돈이 손에 들어오는 순간, 자기 돈이 되어 버리기에 악착같은 애착이 붙어 몇만 원씩 잃을 때마다 가슴이 무너져 내린다. 2만 원 외에 20만 원은 공짜이기에 잃어도 가슴이 아프지 않아야 할 터인데, 사람들은 그것이 정당한 노력의 대가인 양 내 것이라고 생각하고 안타까워한다.
　노력하지 않고 대가를 바라는 마음은 세상 사람들의 습성이 아닐까? 어느 때쯤엔가 동쪽에서 귀인貴人이 나타나 도와줄 것만 기다린다. 감나무 밑에서 누워 땡감이 홍시가 될 때까지 입 벌리고 누워 있는 사람처럼. 그러나 세상에 공짜란 없는 법이다. 주면 주었다는 애착이 있어 마음속에 사진 박아 두고, 받으면 공짜로 받았다는 그 순간을 깊이 인식해 둔다. 그러니 다음 생엔 갚는 결과로 된다.
　경전에 의하면, 말리 왕비의 가마꾼 다섯 사람은 전생에 말리 왕비가 모시는 비구 스님들이었다. 공양을 받은 빚을 갚느라고 평생을 말리 왕비의 가마꾼 노릇을 하였다고 한다.
　또 옛날 인도에서 스님들이 좌선을 하고 있으면 원숭이들이 과일을 따다가 매일 공양 올렸다. 그 결과로 원숭이가 사람 몸 받으면 공양 받은 사람은 그 부하가 되는 경우가 많다고 한다.
　얻어먹는 마음, 공짜를 좋아하는 마음은 거지 마음이고 빚지는 마음이다. 감자 농사일망정 지어 먹이는 마음이면 부자 마음이고, 쌀밥일망정 얻어먹는 마음이면 거지 마음이라는 말이 있다. 경제 생활과 정신 생활에서 주인이 되어 주는 마음, 베푸는 마음으로 살아야 성리性理가 밝아질 수 있다.

밥 한 그릇

밥 한 그릇이 밥상에 오르기까지—.

하늘은 해를 비추어 벼가 자라게 했고, 알맞게 비를 뿌려 벼뿌리를 적시게 했으며, 땅은 가슴을 열어 뿌리를 내리게 했고, 바람은 서늘히 불어 벼를 영글게 했으리라.

봄에 모내기 하고 여름에 김매고 가을에 추수하는 농부의 땀방울과, 물로 불리고 불로 때어서 뜨끈한 밥 한 그릇을 밥상에 올리는 아낙네의 정성이 어렸으리라.

그뿐이랴. 지금의 벼농사와 여기에 있는 식탁이 이루어지기까지는 종縱으로는 선조들의 무수한 기술 축적과 문화 전통이 있어야 할 것이고, 횡橫으로는 농기구, 비료, 탈곡기, 정미소, 주방 기구, 연료 등을 만들어 내는 동시대인들의 귀한 노동이 있어야 하리라. 그러므로 어찌 자기가 돈 주고 구입했다고 자기 밥이겠는가?

소급해 들어가면 밥 한 그릇에는 인류 전체, 우주 전체의 은혜가 깃들여져 있는 것이다. 마땅히 인류와 자연의 등불이신 부처님께 공양 올리고, 또 이 물건을 주신 이들의 은혜를 고마워하며, 이 밥을 감사히 먹고 부처님 잘 모시겠다는 원願을 세우고 밥 한 그릇을 대해야 할 것이다.

음식뿐만 아니라 옷, 책, 신발 등 어떤 물건이든 감사한 마음으로 부처님께 공양을 올리고 자신이 받으면 법法답게 사는 길이 아닐까.

일곱

영원의 향기, 공경심

법당 앞의 나무

먹구름이 몰려들고 비바람이 치면 벌레나 짐승들이 모두 땅 구멍 속으로 들어가서 나오지 않고 나무 잎사귀조차 움츠러드는데, 햇빛이 환한 날은 벌레나 짐승들이 밖으로 나와 태양을 향한다. 태양을 부처님에 비유할 수 있는데, 이것은 어쩌면 밝음을 향한 신앙심의 발로인지도 모른다.

한번은 속이 다 텅 빈 것 같은 한적한 마음으로 무심히 아래채 법당 담 밖에 서 있는 나무들을 보니, 나무들이 법당을 향해 약간 윗부분을 숙인 채 합장하는 경건한 마음으로 서 있었다. 초목조차 밝은 법당을 향해 엄숙히 귀의하는 순간의 모습을 본 것이다.

공경심이 지극한 위에 무분별이 되어야

대자유인이 되기 위해 부처도 죽이고 조사도 죽인다는 살불살조 殺不殺祖의 정신이 있어야 한다고 하는데, 그것은 달마 스님 정도에서나 도움이 되는 말이 아닐까 한다. 달마 스님께서 공부를 하던 중 부처님 형상이 자주 나타나, 그 생각으로 나타난 부처님 형상을 깨뜨려 버리기 위해 그렇게 말씀하신 것이라고 선생님께서 법문하신 적이 있다.

살불살조한다는 것은 생불生佛과 같이 선근善根이 깊으신 그분의 정도에서, 그분의 공부 중에 나타나는 특수한 경계에 대해 하신 말씀이기에 일반 사람들에게 그대로 적용되기는 어렵지 않을까. 그것은 결국 부처님 계신 곳에도 머물지 않는다는 무분별의 경지를 위해 하신 말씀일 터인데, 무분별도 공경심이 지극한 위에 분별이 없어야 밝을 것이다.

아상我相이 그득한 마음에 아무리 무분별이라고 해보아야 한갓 말에 불과하고 업장에 불과할 것이다. 그러나 절대공경에는 나[我]란 것이 없으므로 하는 일마다 저절로 무분별이 된다.

절대 부처님 공경하는 마음이라야 공부가 된다. '부처님' 하는 소리만 들어도 합장하고 무조건 절하는 마음이어야 복도 짓고 밝아질 수 있다. 공경심은 없이 제가 공부해서 도통하겠다는 것은 오히려 아상 연습이 아닐까? 아상으로 공부를 성취하겠다는 것은 모래로 밥을 짓겠다는 것과 같지 않을까?

그러나 공경 받는 대상인 '부처님' 따로, 공경하는 주체인 '나' 따로 그렇게 보아서는 안 된다. 절대 공경의 자리에는 '나'란 것이 없으므로 따로 갈라질 것이 없다. 그러므로 부처님을 대상으로 그리지 말고 그저 부처님- 하는 그 마음을 향해 절하고, 부처님- 하는 그 마음을 향하여 부처님 친견하는 용심으로 공부해야 하지 않을까.

공경심으로 바쳐라

　소사에서 28살 되던 때 경험했던 일이다. 한번은 새벽공부를 마치고 우사牛舍로 올라왔다가 선생님께 여쭐 것이 있어서 다시 내려가는 중 하늘에 꽉 찬, 너무나 엄숙하고 밝은 기운을 친견했다. 그때는 아직 동이 트기 전이었다.
　온통 환한 그 기운이 그렇게 엄숙하고 육중할 수가 없었다. 그 기운을 친견하는 순간 마치 가위에 눌린 양, 가슴에 우주가 내려앉는 양, '헉-' 소리가 났다. '헉-' 소리가 날 정도로 무얼 느꼈는데 느끼는 순간 무거웠다. 그리고 멍하니 하늘을 쳐다보면서 아마 속으로 '미륵존여래불' 하였을 것이다.
　그리고는 바로 내려가 선생님께 그 일을 여쭈니,
　"네가 법신불法身佛을 친견했구나. 그건 아상我相이 녹았다는 증거야. 그때는 바로 합장을 하고 공경스럽게 허리를 굽히고 '시봉侍奉 잘하겠습니다.' 해야 해. 그렇게 하였니?" 하셨다. 안 했다고 말씀 드리니, 지금 당장 하라고 하시며 당신이 손수 시범을 보이셨다.
　평소 공경심을 연습하지 않은 경우, 그런 때를 당해 문제가 생긴다고 한다. 법신불을 친견했을 때 '시봉 잘하겠습니다.' 하고 공경심을 내면 더욱 밝아지지만, 공경심은 안 내고 나도 부처고, 부처도 부처고, 살불살조殺佛殺祖한다는 마음으로 떡 버티고 서면 그 밝으신 기운이 버티는 아상我相이란 놈을 쳐 버리시는 것이다.
　그렇게 되면 3일 후에 몸 바꾸게 된다. 옛날 도인들이 그걸 알고는 '3일 후에 갈 것이다.' 고 예언하시곤 하였는데 기록에도 그런 이야기가 더러 나와 있다. 소사에서 공부하던 도반 한 분도 과거생에 참선을 하다가 법신불을 친견하게 되었는데, 그때 공경심을 못 내어 처벌받았다고 한다.

분별이 쉴 때마다 광명을 친견하는데, 그것은 바로 부처님을 친견하는 것이다. 미륵존여래불 당신께서는 이 지구 구석구석에 공덕을 아니 지은 곳이 없기 때문에 어법계於法界에 충만한 백색 광명으로 계신다고 한다.

그러나 '법신불', '광명' 하고 마음에 담아 두어서는 안 된다. 부처님 또한 나의 마음에 담아 두면 이미 부처님이 아니라 나의 분별에 불과하기 때문이다. 선지식善知識이셨던 한 스님께서는 도통하고도 밝은이를 만나지 못해 부처님이 환한 빛이라는 관념을 늘 가지고 계셨다. 그 분별을 바치지 못하고 평생을 그렇게 생각하시다가 열반에 드셨는데, 백 선생님께서 '이분이 어디로 가셨을까?' 하고 혜안으로 살펴보시니 흰 항아리와 같은 빛 속에 갇혀 계셨다. 광명을 부처님이라고 마음속에 그려 넣고 그것을 향하니 희뿌연 빛 속에 들어앉아 있을 수밖에.

이렇듯 무엇이든 마음에 그려서는 곤란하다. 부처님이 어떠하신 분이라는 분별 또한 바치며, 바친다는 것 또한 바쳐야 할 것이다. 어떤 분별도 '부처님-' 하는 그 짤막한 순간에, 분별과 궁리 없는 그 순간에 오직 공경심으로 바쳐야 할 것이다.

아쇼카 왕

부처님께서 사위국 기수급고독원에 계실 때 일이다. 평소와 다름없이 그날도 부처님께서는 아난을 데리고 성에 들어가 걸식하시던 중, 길 위에서 놀고 있는 아이들과 마주쳤다. 아이들은 흙으로 집도 만들고 창고도 만들고 또 흙을 보배다 곡식이다 하여 창고 속에 쌓기도 하면서 재미있게 놀고 있었다.

그중 한 아이는 조금 전부터 부처님께서 저만치서 걸어오시는 것을 보고는, 그 거룩한 모습에 환희심이 우러나와 부처님께 무엇이든 바치고 싶다고 생각하고 있었다. 그러나 아무것도 바칠 것이 없었다. 흙으로 된 보배나 곡식 외에는.

키가 워낙 작아 부처님께 미치지 못하기에, 아이는 다른 아이에게 부탁하여 그 등 위에 올라서서 부처님께 흙 창고에 쌓아 두었던 흙 곡식을 한 줌 받들어 올렸다. 그 정성스런 마음에 부처님께서는 곧 바리때를 내리어 공양을 받으셨다. 아난에게 그 흙을 건네주며 말씀하셨다.

"이 흙으로 나의 방을 발라라."

절로 돌아온 뒤 아난이 그 흙으로 부처님 계신 방의 한 구석을 바르니 워낙 적은 양이라 곧 없어졌다.

아난이 곧 부처님께 말씀 드렸다.

"아까 그 아이가 공양 올린 흙으로 부처님의 방 한 구석을 발랐습니다."

부처님께서 즐거운 표정을 지으시며 법문해 주셨다.

"아난아, 그 어린아이는 부처님을 공경하는 마음으로 한 줌의 흙을 보시하여 나의 방 한 구석을 발랐도다. 이 공덕으로 후세에 큰 나라의 임금이 될 것이니 이름을 '아쇼카'[1]라 하리라. 아까 같이 놀던 다른 아이들은 그의 대신이 되어 같이 나라를 다스리는데, 그들은 삼보(三寶: 불·법·승)를 받들고 널리 공양을 베풀며 부처의 사리를 곳곳에 봉안하고 팔만사천의 탑을 세워 불법佛法을 크게 일으키리라."

---

1) 아쇼카(B.C. 304~232) : 인도 마우리아 왕조의 제3대 왕. 인도 역사상 최초의 통일된 대제국을 완성시켰으며, 인도 전역에 불교를 널리 보급시켰다.

사리불 존자

석가여래께서 처음 법을 펴실 때 일이다. 어떤 스님이 법력을 나투어 시내를 걷고 있었는데, 마침 그곳을 지나던 사리불舍利佛[1] 존자께서 그 범상치 않은 모습과 걸음걸이를 보고 큰 감명을 받았다. 그래서 스님 곁으로 다가가 여쭈었다.

"당신의 스승은 누구입니까?"
"저의 스승은 고타마 싯다르타입니다."
"그분은 무엇을 가르치십니까?"
"모든 법은 인연因緣에서 나서 인연이 다하면 멸한다고 가르치십니다."

처음 들어보는 밝은 법문에 사리불 존자는 당장 이 스님의 스승에 대한 흠모의 마음이 일었다. 그래서 스님에게 안내해 줄 것을 청하여 친구인 목련目蓮[2] 존자와 함께 부처님을 찾아뵙고 그 자리에서 출가하였다.

그 뒤 사리불 존자께서는 항시 부처님을 만나게 해준 그 스님께 공경의 예를 갖추었다. 그 스님이 동쪽에서 공부하셨는데 평생 동안 그쪽으로 발을 두고 주무시지 않으셨다.

---

1) 사리불(舍利佛) : 석가모니 부처님의 십대 제자 중 한 분. 지혜제일(智慧第一).
2) 목련(目蓮) : 부처님 십대 제자 중 한 분. 신통제일(神通第一).

눈[雪]과 별

　소사에서 산을 개간한 적이 있다. 평소에 농사짓던 삼천오백 평의 밭 외에 젖소들을 위해 목초를 심을 삼천오백 평 정도의 산을 개간했다.
　다른 때는 짬이 없어 엄두도 못 내다가 그래도 조금 여유가 있는 겨울철에 그 일을 시작했다. 주위의 산과 들에 널려 있는 돌을 지게에 주워 담아 목초를 심은 사이사이의 골을 채웠다. 수은주가 떨어져서 영하 십오 도를 가리키는 혹한을 무릅쓰고, 또 폭설이 내리는 날도 눈보라를 맞으며 짬을 내어 혼자서 그 일을 하였다.
　추위와 눈과 바람 등 온갖 마음의 장애를 고성정진으로 바치면서 일을 하는데, 정진이 순일하게 끊임없이 이어질 때쯤이면 저 멀리서 시야를 가릴 만큼 펄펄 내리는 함박눈을 맞으며 팔십이 다 되어 가시는 노쇠하신 선생님이 올라오신다. 법이 서고 깨치는 그 순간을 놓치지 않고 그 순간에 결정을 주시고 닦는 법을 더욱 세워 주시려고 이곳까지 올라오시는 것이다.
　선생님께 그저 감사할 따름이다. 어려워 인사도 제대로 못 드리고 지게를 진 채 일하고 정진하는데, 그 모습을 말없이 지켜보시고는 원 세우고 천천히 내려가신다. 함박눈이 쏟아지는 비탈길을 조심조심 내려가시는 뒷모습에 합장을 올리며 '선생님 밝게 모시길 부처님 전에 발원' 하고 원을 세운다.

　소사에 눈이 하얗게 내린 날, 새벽 두 시경에 깨어 우사牛숨에서 내려와 눈을 치웠다. 선생님께서 변소 길을 내왕하시다 미끄러지기라도 하실까 염려되어서였다.

눈을 치우고 있노라니 수고하는 것을 알고 어느새 선생님께서 나오셨다. 그리고 새벽 네 시 반까지 그 자리에 서서 진기한 밝음의 세계에 대한 놀라운 법문을 들려 주셨다. 부처님 세계의 신비한 비밀경秘密境 등 감히 미루어 짐작할 수 없는 세계에 대한 당신의 깊은 체험을 당신의 육성으로 직접 듣게 되는 순간, 부처님에 대한 공경심과 사모의 서원은 흰 눈빛보다, 티 없는 새벽 기운보다, 새벽 하늘보다 더 크고 맑게 피어올랐다.

법문이 끝나갈 즈음 어느새 눈은 멎어 있었고, 파란 색깔의 새벽 하늘에 별이 총총히 빛났다.

이른 새벽 스승을 찾아뵙고

장사를 하면서 한 주일에 한 번씩, 서울역에서 새벽 4시 10분 인천행 첫 버스를 타고 소사에 가서 선생님을 뵙고 정진하였다. 법문을 듣고 선생님의 자비로움을 모시고 있는 순간은 경건함과 밝음이 가슴에 꽉 차도록 가득하였다.

특히 추운 겨울날, 선생님을 찾아뵙던 기억은 유난히 또렷하다. 찾아뵙기 전날에 청과 시장에 가서 제일 싱싱하고 가장 좋은 과일을 골라 선생님 전에 올릴 공양물을 마련한다. 그 과일들을 하나하나 멍들지 않게 조심스러운 손길로 물행주와 마른행주로 세 번씩 닦을 때 과향果香보다 더 진한 공경과 환희의 향내는 온 동네를 진동시키는 것 같았다.

경을 읽다가 새벽 4시에 통금 해제 사이렌이 울리면 영하 10도의 날씨에 과일이 얼까 봐 외투와 양복을 제치고 가슴이 시리도록 차가운 과일을 나의 체온으로 안고 가는 심정은 오직 부처님을 위해, 선생님을 향해 삶을 다 드리는 구도자의 마음이다.

상쾌한 머리, 아늑한 가슴으로 거리를 걸어가면, 뿌연 새벽 안개처럼 은은한 흰 광명은 한적한 마음 구석구석에 스며든다. 육신이 없는 밝은 마음만이 거리 위를 미끄러지듯 가는 귀의처는 오직 밝으신 스승이다. 이는 스승의 귀함에 눈뜬 한 나그네가 오랜 생 전부터 부처님 전에 세운 서원이 이루어진 것이리라.

새벽의 첫 버스는 어느덧 소사 삼거리까지 달려왔다. 버스에서 내리면 멀리 신앙촌 꼭대기의 하얀 십자가 불빛이 시야에 들어오고 새벽의 찬 공기가 온 몸에 스며든다. 아시는 분 슬기의 마음 자락에 비쳐질 자신의 모습을 생각하며 반가운 발걸음을 재촉한다. 잘 바쳐 자신이 서는 일과 못 바쳐 놓쳐 버린 사건들이 또렷또렷 떠오르며 그럴 때마다 긴장된 마음은 더욱 '미륵존여래불' 하며 바친다.

'응작여시관應作如是觀'이라 쓰인 대문 앞에 이르면 선생님께서는 내가 오는 것을 이미 알고 계신 듯 기다리고 계신다.

"네가 왔구나. 눈이 와서 문 열쇠가 얼었으니 더운물을 가지고 올 테다."

선생님의 목소리는 마치 굵은 체인을 시멘트 바닥에 끄는 소리같이 우렁차시다. 더운물을 바가지에 담아 오셔서 자물쇠를 녹여 손수 문을 열어 주신다. 차양이 있는 두터운 겨울 모자 아래 뵙는 당신의 환한 안광과 자비스러운 표정에 반가움이 인다. 두터운 겨울 점퍼에다 털실로 짠 회색 바지를 입으시고 털신을 신으신 모습이다.

희게 칠해진 콘크리트 벽의 긴 복도를 지나 법당에 들어서면, 흰 벽이 형광등에 반사된 밝은 색깔 외에 더 희고 큰 밝음의 기운이 가득 차 있다. 따뜻한 방 온기가 얼어붙은 볼과 손을 녹인다.

선생님이 뒤 복도로 들어오셔서 방석을 내게 내어 주시고 반기는 얼굴로 방석에 앉으신다. 삼배三拜를 드리면 원願 세워 주시는 정정한 법음法音에 지난 일주일간의 고달픔과 고뇌가 다 녹아내리고 온몸에서 힘이 솟는다.

장궤¹⁾하고 바치라고 말씀하시고 건넌방에 들어가시면 방석을 벽 앞 30센티미터 가량 떨어지게 놓고 면벽面壁하고 장궤하여 집중적으로 미륵존여래불 정진한다.

---

1) 장궤(長跪) : 두 무릎을 바닥에 꿇은 상태에서 엉덩이를 들어 상반신을 수직으로 일으켜 세우는 자세.

그때는 공부해야겠다는 생각에 앞서 선생님이 너무 반갑고 좋아 존안을 모시고 가까이서 이야기를 듣고 싶은 마음이 무척 많았으므로 건넌방으로 가시는 모습이 섭섭하게 느껴지기도 했다. 그 마음을 아시고는

"허, 그놈 참!" 하시며 다시 앉아서 법문해 주실 때도 있었다.

정진한 지 20분쯤 지나면 등허리의 땀구멍이 따끔거리며, 더 지나면 합장한 손바닥과 등이 훈훈해지며 온몸에 땀이 흠뻑 솟아난다. 몸과 마음이 그렇게 상쾌할 수 없다. 땀이 솟아난 뒤 선생님이 나오시면서 이제 앉으라고 하시면 공부를 마친다.

어떤 때는 방석을 깔지 않은 바닥에서 장궤를 하고 4시간가량 정진을 해도 나오시지 않으신다. 그때는 온몸이 땀투성이다. 또 고성정진高聲精進이니 목이 3시간쯤은 꽉 잡혀 소리가 나오지 않는다. 그러나 계속 정진하면 음성이 확 터지면서 목청이 더 맑아진다. 온몸이 지치고 무릎은 아픈 도를 지나 멍멍할 뿐이나, 몸과 마음은 날아갈 듯이 상쾌하다.

정진하는 동안 처음에는 근래에 괴로웠던 일, 원통했던 일 등이 그때 그 분위기 그대로 느껴져 가슴이 아프고 마음이 캄캄하다가, 계속 정진이 이어지면 그 괴로움이나 캄캄함이 하나하나 엷어지고 빛이 바래면서 마음이 가볍고 편안해진다.

닦여지지 않은 무거운 마음과 닦여진 가벼운 마음이 공존하면서 서로 교체되는 상태가 한참 이어지다가 점차 속이 편안해지면서 마음이 한 곳으로 총기 있게 모여든다. 이렇게 모여들면 저절로 무념무상이 되는데 그때에는 어떤 일의 결과를 알려고 마음먹고 그 생각에다 정진하면 해답이 나온다. 더 잘 바치면 백색 광명이 눈부시게 비치는 것을 친견하기도 한다.

선생님이 들어오시면 정진을 끝내고, 공부할 때 생긴 의문들을

여쭈면 하나하나 상세히 설명해 주시고, 못 알아듣는 것은 그 생각에다 자꾸 바쳐라 하신다.

여러 시간 법문이 계신다. 법문하시는 당신의 세계는 밝고 밝을 뿐이다. 선생님께서는 직접 과거, 현재, 미래, 그리고 그 이상을 꿰뚫어 보신다. 석가여래 회상에 계시던 인물들의 상세한 표정과 법문, 중국 곤륜산 속에 있는 어떤 골짜기의 굽어진 모양과 그 깊이 정도, 그 너머 골짜기에 서식하는 나무와 풀과 화초 등에 대해 마치 그곳에 가 보신 것처럼 소상히 실감나게 법문하신다.

그리고 우주의 생성 원리, 국가와 세계의 운명, 물리학의 어렵고 깊숙한 문제 등에 대해, 또 어떤 사람에 대해 여쭈었을 때 그 사람의 얼굴과 마음 그리고 미래에 대해 소상히 아신다.

당신은 모르는 것을 다 바쳐 그냥 아시는 마음이다. 글로 보지도 못했고, 말로 듣지도 못했던 사실들을 어떻게 그렇게 아시는지 감탄할 뿐이다. 소사에 들어가 공부할 때 매일매일 새로운 법문이 끊이지 않았다. 기억력으로 하시는 것이 아니라 그때그때 듣는 사람의 정도에 가장 알맞은 대답이 늘 새로운 표현으로 이어진다. 어떤 생소한 문제를 물어도 밝으신 지혜거울에 해답이 아니 나오는 것이 없었다. 당신은 모른다는 분별을 다 바쳐 그냥 아시는 마음인 것이다.

법문을 마주 앉아 들을 때 마음이 선생님을 향하니 그 광명을 흠뻑 받는다. 선생님을 친견하고 나면 그 기운이 일주일은 간다.

오전 10시경에 겸상을 하여 같이 식사를 드신다. 어떤 때에 밥 짓는 분이 없으면

"내가 아침을 해올 터이니 너는 여기서 공부를 더 해라."고 하신다. 황송해서

"제가 밥 지어 올리겠습니다." 하면

"아니다. 부엌 내용을 모르니 내가 지어 오지." 하시며 나가신다.

간소한 반찬이다. 선생님은 김치를 드실 때에도 늘 맛이 나간 푸른 겉김치부터 드신다. 고요한 마음에 수저 소리만 간간히 들리는 식사. 맛도 바쳐진 순간이니, 맛있다는 생각도 없이 식사를 끝내고 나면 그냥 배만 부르다.

12시경에

"선생님, 연탄불이 걱정되어서 가게에 이만 가봐야겠습니다." 하며 자리에서 일어나면

"응, 여기 불붙은 연탄을 가지고 가렴." 하시며 유쾌히 웃으신다. 자꾸 바치라고 하신다. 삼배를 올리고 나올 때, 언제나 대문 밖까지 나와 배웅해 주시면서 천진하게 웃으시는 모습은 할아버지와 같이 자상하시다.

금강경을 전할 때

　금강경은 꼭 읽을 사람에게 전해 주어야 한다. 가령 경經을 전해 받은 사람이 밝은 경을 천대하여 밟거나 타 넘는다면 그 과보로 남에게 짓밟히게 된다. 그렇게 되면 그 보복을 경을 준 사람에게 하려고 든다고 하니 어찌 조심스럽지 않으랴.
　한번은 타종교를 믿는 친척집 조카들에게 금강경을 한 권씩 주었다. 중학생, 고등학생인 어린 조카들이 경의 중요성을 알 길이 없다. 주고 싶다는 내 생각으로 주었을 뿐이다.
　그 후 선생님께 우연히 그 일을 말씀 드렸더니 걔네들이 너의 머리를 밟을 것이라 하셨다.
　"왜 그렇습니까?" 하고 여쭈었더니, 경을 천시한 과보를 그들이 받을 것인데 그 과보를 너 때문에 받게 된 것이니 네 머리를 밟을 것이라 하셨다. 경을 전할 때는 두 번 내지 세 번쯤 달라는 이에게만 다짐하고 주라고 일러주셨다.
　또 한 번은 중간 크기의 경을 4백 권 가량 신도님 집에 모셔 둔 적이 있다. 경을 모셔 놓을 곳이 없어 걱정을 했더니, 그 신도님이 자기 집에 모셔 놓자고 해서 한 일이다. 모셔 놓은 지 얼마 후에 그 집의 말썽꾸러기 아들이 그 경을 몽땅 엿장수에게 주고 엿을 사먹어 버렸다. 그 사실을 알고는 얼마나 충격을 받았는지 눈앞이 캄캄해졌다.
　포항 시내 고물상을 다 뒤지고 또 대구, 부산의 고물상을 다 뒤져도 없었다. 다시 포항 시내 고물상을 샅샅이 뒤져 보니 세 뭉텅이가 나왔다. 그러나 나머지 백 권은 결국 찾지 못했다.
　며칠 후 그 아이는 철도 사고를 당했다. 여름이라 철길에 앉아 자다가 그 위로 기차가 지나갔던 것이다. 많이 다쳤으나 다행히 사지가 잘리지는 않았다. 얼마나 혼이 났는지 모른다. 선생님께 말씀 드리고 또 혼이 났다.

　인과경因果經에 보면 경을 바닥에 내던진 과보로 꼽추가 된다는 구절이 있다. 또 부처님 법문에 금강경을 잘 모시고 읽으면, 부처님께서는 이를 다 보시고 주위의 밝은 기운이 금강경 계신 장소를 옹호하고 받든다고 하셨다.

　금강경은 부처님의 마음을 담은 경으로 우리로 하여금 당신의 밝음을 향하게 하고 그 밝음을 배워 알고 실천하게 하는 귀한 스승이시다. 과보를 헤아리기 이전에 공경심으로 잘 모시고 밝게 전하는 것이 부처님 법을 공부하는 사람의 도리가 아닐까.

여덟

부처님 시봉 잘하길 발원!

부처님 시봉 잘하길 발원!

흔히들 불전에 공양물을 올리고 나와 가족의 건강과 행복, 학업 성취, 사업 성공, 병고 해탈 등을 부처님께 빌곤 한다. 간절히 빌면 성취되는 수도 있겠지만, 마음 닦아 나가는 측면에서는 문제가 있을 수도 있다. 부처님께 바라고 구걸하는 마음을 자꾸 연습하면 자신이 약체화되는 결과를 빚기 쉽기 때문이다. 바란 만큼 거지 마음이 되며, 의지하는 만큼 나약한 마음이 된다.

그러나 똑같은 내용일지라도 '부처님, 제발 누가 시험에 합격하게 해 주십시오!' 하는 것하고 '누가 시험에 합격하여 부처님 시봉 잘하길 발원!' 하는 것은 그 마음 내는 것이 다르고 결과 또한 다르다.

전자는 그저 부처님께 나 좋은 것을 얻겠다는 마음이고 이루어지지 않으면 원망이라도 하겠다는 자세이지만, 후자는 부처님 잘 모시기 위해 그 일이 이루어지길 바라는 마음이니 그 마음이 떳떳하고 씩씩하다.

더 적극적으로 '부처님, 올라오는 마음을 지극한 공경심으로 모두 바쳐 이 한마음을 영원히 밝혀 부처님 기쁘게 해드리길 발원!', '지금은 당신을 기쁘게 해드릴 능력이 별반 없지만 열심히 노력하여 부처님 잘 모시기를 발원!', '부처님의 밝은 법이 많은 이들에게 전해질 수 있도록 뒷바라지를 잘해 올려 부처님 시봉 잘하길 발원!' 하는 식으로 마음을 낸다면, 그이는 참으로 밝고 씩씩한 마음을 연습하고 있는 셈이다.

우주에 가득하시다는 큰 능력의 부처님까지도 이 마음으로 시봉해 올리겠다는 마음이니 그 바탕이 얼마나 크고 씩씩한가! 결국 그 공덕으로 자기 마음에 복이 쌓이고 지혜가 밝아질 것이다. 우주까지 마음으로 받들어 모실 수 있는 능력이 될 때 그이 성리가 밝아질 것이다.

그러므로 우리가 세울 수 있는 가장 밝고 큰 원願은 부처님 시봉하겠다는 서원일 것이다. 시봉의 원과 하나가 되어 부단히 시봉하는 길이 바로 밝음에 이르는 대로일 것이다.

부단히 원을 세우자.

부딪히는 사람마다, 이 사람이 신심발심信心發心하여 부처님 시봉 잘하길 발원!

부딪히는 일마다, 이 일을 밝게 해결하여 부처님 잘 모시길 발원!

심지어 하늘을 보고 나무를 보고, 저 자연이 신심발심하여 부처님 시봉 밝은 날과 같이 복 많이 짓길 발원!

원願의 바탕 위에
저절로 이루어지는 것이 불사

　일은 억지로 인위적으로 하는 것보다 자연스러운 흐름을 타야 하는데, 저절로 되어지는 배후에는 부단한 서원의 힘이 있다. 분위기는 성숙되지 않았는데 내가 하겠다고 나서면 기존의 분위기에 부딪혀 갈등과 잡음이 일어나는 데 반해, 자꾸 원을 세워 원력願力이 무르익으면 그 원력 따라 분위기가 자연스럽게 밝은 쪽으로 흘러가는 것을 볼 수 있게 된다.
　'내가 이렇게 하겠다.'고 하며 행동하는 것은 자기를 향하는 것이지만, '이렇게 되어 부처님 잘 모시기를 발원' 하며 행동하는 것은 부처님 밝음을 향하는 것이다.

시시각각 소원 성취, 시시각각 불평불만

한 보살님이 원願을 세우기를, 아무것도 없어도 좋으니 머리가 총명하고 착한 사위를 얻기를 발원하였다. 만 3년 동안 세운 지극한 원의 결실로 바라던 혼사가 이루어졌다. 공교롭게도 사위가 되는 총각도 만 3년 동안 원을 세우기를, 불심이 돈독한 부잣집 딸을 아내로 맞기를 발원해 왔다.

처녀의 집은 시에서 몇째 가는 부잣집이었고, 총각의 집은 텔레비전도 없는 가난한 집인데, 서울대 법대를 고학으로 나와서 지금 고시 준비를 하고 있다.

딸의 어머니가 영감에게 우겨서 결혼을 시키는 입장이니 영감에게는 사위가 괜찮게 산다고 속인지라, 결혼 비용 중 사위가 감당해야 할 돈을 장모가 몰래 부담하고 사법 고시를 3년째 뒷바라지하자니 죽을 지경이다.

하루는 나를 찾아와서 왜 이렇게 고생하게 되었는지 모르겠다며 팔자타령이다. 사람들은 시시각각 소원 성취하고 시시각각 불평들이다. 원을 세울 때 '아무것도 없어도 좋으니'를 빼고 '잘살면서 머리가 좋은' 총각을 사위 삼기를 원 세웠다면 지금과 반대 입장이 되었을 것인데, 밝지 못해서 그런 원을 세웠고 원대로 성취하고서는 불평이다.

석가여래께서 연등 부처님께 수기授記를 받으실 때 일이다. 부처님께 공양 올릴 연꽃 7송이를 오랜 생 전의 야수다라 비妃로부터 어렵게 구해 사는 조건으로

"다음에 당신이 부처님이 되실 때 나를 부인으로 삼아야 합니

다." 하는 무거운 요구에 응낙을 하시었다.

　연등 부처님께 공양 올릴 꽃이 전국 어느 곳에도 없었으나 꼭 공양 올릴 한마음이셨기 때문이다. 밝으셨기 때문에 약속을 하면서 단서를 붙이길,

　"나는 결혼해도 공부를 하여야 하기 때문에 당신과 늘 함께 있을 수는 없습니다."라고 하셨다. 이렇게 못 박은 것은 선혜 비구의 지혜였다.

　부처님이 성도成道하시어 고향에 오실 때 야수다라 비는 눈물을 흘리며 맞이하였다. 옷도 신발도 고행하시는 남편을 생각하여 헐벗고 지내면서 오직 남편이 돌아올 것만 고대하고 있던 야수다라에게 부처님은,

　"많은 생 전에 연꽃을 살 때 당신 원대로 결혼은 하되 당신과 함께 있을 수는 없다고 분명히 밝히지 않았느냐"고 다시 상기시키셨다. 이것은 미래의 속박을 초월한 지혜일 것이다.

경상 감사

조선시대, 안동에 경상 감영監營이 있을 때 일이다.
안동의 어느 마을에 젊은 부부가 6살짜리 아들과 살았는데, 하루는 경상 감사가 부임해 오느라고 나팔을 불며 화려한 행차를 한다. 6살짜리가 그 행차를 구경하고 나서 아버지에게 말했다.
"아버지, 저도 이다음에 커서 경상 감사가 되겠어요."
"너는 상놈의 자식이기 때문에 벼슬을 할 수 없느니라."
이 말을 들은 아이는 그만 충격을 받고 시들시들 앓다가 죽고 말았다. 아버지의 심정은 기가 막혀 매년 죽은 날 밤에 아들의 제사를 지내 주었다.
그 후 14년이 지나 12살짜리 어린 경상 감사가 부임해 왔다. 안동 곳곳을 구경하다가 어딘지 낯익은 동네를 발견했다. 여러 해 전부터 동짓달 열이렛날이면 꿈을 꾸기를, 노송老松이 우거진 산 밑에 작은 개울이 흐르는데 개울에 놓인 돌다리를 지나면 동네 어귀에 초가집이 한 채 있다. 사립문 안에 대추나무 두 그루가 우물 앞에 서 있는 집인데 그 집 사립문을 열고 들어가 음식을 잔뜩 대접받고 돌아오곤 하였다. 어제도 그 꿈을 꾸는데 영락없이 이 동네다.
대추나무 두 그루가 우물 앞에 서 있는 집의 사립문을 삐걱 열었다. 사십이 좀 못 된 듯한 남자 분이 방에서 나와 감사와 마주치고, 아주머니 한 분이 사립문 열리는 소리를 듣고 부엌에서 나왔다.
12살 먹은 경상 감사가 먼저 입을 열었다.
"혹시 이 집에서 어제 저녁에 제사를 지내지 않으셨습니까?"
두 내외가 놀라며 서로 얼굴을 쳐다보았다. 바깥양반이 대답하였다.

"예! 어제 제사가 있었습니다만……. 그런데 어떻게 알고 오셨습니까?"

"지난밤에 이 집에 와서 음식을 잔뜩 먹는 꿈을 꾸었지요. 그런데 도대체 누구의 제사인지요?"

"아들의 제사입니다만……."

"어떻게 해서 아들의 제사를 다 지내십니까?"

어린 경상 감사가 의아해 하니, 14년 전에 있었던 일을 자세히 이야기해 주었다. 그 이야기를 듣던 경상 감사, 가슴이 꽉 막혀 두 분의 손을 잡고 말했다.

"전생前生의 우리 어머니, 아버지시네요."

그리고는 그 자리에 주저앉더니 유언도 없이 죽어 버렸다.

14년 전, 6살짜리 아이는 경상 감사가 못 된다는 말에 충격을 받아 한恨을 안고 죽었는데, 그 혼은 경상 감사가 되기 위해 공주님 몸에 태어났다. 12살 때에 외할아버지인 임금님을 졸라 경상 감사로 부임하였고, 이렇게 소원 성취하자 바로 몸을 바꾸었던 것이다.

소원 성취 하면 가는 것이 중생사

가난하게 살다가 고생고생하여 겨우 재산을 이루어 놓고 이제 여생을 좀 즐길 만한 여유가 있을 때 그만 죽어 버리는 경우가 있다. 친척들은 그런 사람을 보고 이제 허리 펼 만하니 호강도 못해 보고 죽었다고 안타까워한다. 이분은 오직 잘살아 보는 것이 소원이었기에 그 소원이 뭉쳐서 실제로 잘살게 되자 마음이 풀어져 죽어 버린 것이다. 기대하던 큰 행사를 다 치르고 나면 맥이 빠져 허탈 상태에서 못 일어나는 것과 같은 현상이다.

또 독일에서 10년 만에 박사 학위를 받아 고국으로 돌아오려다 독일의 비행장에서 죽은 유학생이 있다. 박사 학위가 소원이어서 고생 끝에 성취하고 나니 '이까짓 종잇장 하나 받으려고 이 고생했나.' 하는 허탈감으로 마음을 놓아 버려 그렇게 된 것이다.

그때 오래 사는 방법이 있다. '가난을 벗어나 잘살게 되어 부처님 잘 모시기를 발원', '박사 학위를 받아 부처님 시봉 잘하기를 발원' 하며 평소에 원 세웠다면 부처님 시봉하느라 오래 살게 되고 잘살게 되는데, 마음에 박사 학위 받는 이상의 원이 없었기에 거기에서 끝이 난 것이다. 원 세울 줄 모르면 성취 후에 그것을 바탕으로 더 보람된 일을 할 마음을 일으켜야 할 것이다.

소원 성취 하면 가는 것이 중생사의 이치다. 부처님 심부름 잘하고 갈 수 있는 이는 행복한 사람이다.

제도는 부처님께서나 하실 일,
우리는 오직 부처님 시봉을 할 따름

선생님께서 법문하시길, 팔만사천 분별을 다 닦으신 이가 바로 부처님이신데 그분에게는 중생을 제도하겠다는 한 분별이 남으셨다. 그 한 분별마저 바치고 나면 영원히 몸을 받지 않는 법신불法身佛의 광명으로 계신다. 그 세계를 여래如來라 하는데, 그때는 무엇을 하시겠다는 것은 없고 단지 응하실 따름이라고 한다.

부처님께서야 '나' 란 것을 다 닦으신 분이기에 당신 원대로 중생들을 제도하셔도 흙탕물 위에 핀 연꽃처럼 늘 청초하고 밝으시겠지만, '나' 라는 것이 닦이지 않은 입장에서 중생 제도 하겠다고 나서면 오히려 문제가 될 경우도 있다.

부처님 시봉하기 위해 사람들을 만나고 돕는다면 부처님 밝음을 증하지, 사람들의 어두운 그늘을 증하지 않는다. 그러나 자기가 사람을 돕고 제도하겠다고 나서면 자기 마음에 그 사람을 가득 증하게 되어 이생 아니면 다음 생에 자기가 그 모양이 되기 쉽다. 가령 거지나 불량배나 나병 환자를 가득 증해 자기가 그렇게 불쌍하게 되어 간다면 그런 걸 두고 보살행이라 하기는 힘들지 않을까?

또 내가 도와주었다면 도와주었다는 애착이 남아 대가를 바라는 마음으로 상대에게 얽매이게 되고, 심지어 준 것을 받기 위해 그 집에 태어나는 수도 있다. 반면에, 부처님 시봉하는 마음이면 주고받는 인과의 그늘로부터 자유롭다.

그리고 내가 널 이렇게 도와준다고 하면 나란 아상我相의 독한 기운이 상대에게 자극을 주어 그 사람 마음에 거부감과 수치심을 일으키기도 하지만, 부처님 마음 즐겁게 해드리기 위한 시봉의 마음에는 아상이 없기에 상대에게 파장을 일으키지 않는다.
　제도는 부처님이 하실 일이고, 우리는 제도하시는 부처님 시봉을 할 따름이다.

아홉

절대 자유는 고적이다

절대 자유는 고적이다

어떤 사람이 먹을 것을 잔뜩 마련해서 배를 타고 혼자서 망망대해 위에 떠 있다고 하자.

윗사람의 꾸지람이나 아랫사람의 눈 거슬리는 행동이 없으니 얼마간은 조용할지 모르나, 내면에서 올라오는 외로움과 고적孤寂의 깊은 수렁은 너무나 깊고 어두워서 헤어 나오질 못하고 죽는 것처럼 괴롭다.

내면의 세계는 외로움으로 찌들어 죽는 것만 같고 망망한 바다 위에 홀로 있다는 쓸쓸함은 그야말로 정신적 고문이다. 이 고통을 볼 때 인간은 혼자서 살지 못하는 사회적 동물임에 틀림없다. 중죄인은 독방에 넣는다고 한다. 이것은 학대의 상처가 없는 정신적 고문이다.

이 외로움은 생명 가진 자가 해결해야 할 가장 큰 과제다. 마음 닦는 이들의 제일 큰 짐은 외로움을 해탈하는 일이다.

일이 바쁘면 마음이 일에 빠져 외로움이 일어날 틈이 없다. 생生과 사死가 끊임없이 이어지는 것은 중생이 외롭지 않으려고 발버둥치는 데서 비롯된 것인지도 모른다. 넓은 사막을 끝없이 홀로 걷는 나그네가 있다면 얼마나 사람이 그립고 대화가 간절하랴.

인간은 영원한 고독의 하늘 아래서 '밝지 못함'이란 빗줄기를 맞으며 틈틈이 태양을 향해 합장하는 한 그루의 전나무인지도 모른다. 푸른 하늘을 향해 성큼 뻗은 가지며, 바람에 흔들림이 없는 굳건한 뿌리며, 숲 사이로 비추어진 빛일망정 고마워하며 구함은 마치 미지의 성불을 향한 구도자와 같다.

공부는 바로 외로움과 어둠이라는 그늘에 가린 씨앗을 고르고 청소하자는 것이다. 고독이 닦여지는 아픔과 해탈된 상쾌함은 닦아 본 이밖에 모르는 깊은 비밀경秘密境이다.

  대중 속에서 외롭지 않고 깊은 산중에서 외롭지 않은 이는 진실로 절대 자유를 음미할 줄 아는 능력자다.

고독을 다 닦으면

소사에 처음 들어갔을 당시, 그때는 아직 도반들이 들어오기 전이라서 나 혼자 그 넓은 도량에서 지내니 고독한 마음 투성이었다.

그때 선생님께서 아침 공부 점검 시간에 여러 번 법문하시길, 공직 생활을 할 때 백화점에 들르면 점원들이

"할아버지는 손자가 많으시죠?" 하며 아이들 줄 것 많이 사가라고들 하는데, 그렇게 보는 것은 선생님에게서 외로움이 전혀 느껴지지 않기 때문이라고 하셨다. 또 공부는 고독을 다 닦으면 다 된 것이라고 평소에 법문하셨다.

그때 나는 26살이었고 공부한 지도 얼마 되지 않아 이해가 되지 않았다. 왜 저런 법문을 여러 번 하시나 하고.

음탐심 등 남녀 관계의 마음을 다 닦은 이들은 몸에 냄새가 전혀 없다고 하셨다. 해탈이 된 이들은 향내가 날 것이다.

문학, 음악, 미술 등 예술 작품 중 고독을 소재로 한 작품이 많다. 고독한 마음은 바로 육신의 애착에 뿌리를 둔 감정이다. 몸뚱이 애착을 다 닦지 못한 이들의 작품에는 탐심과 성내는 마음, 잘난 마음 등이 엉켜 있다.

그러나 부처님이 마음에 계신 동안은 고독이 없다. 고독의 뿌리를 다 닦은 이들에게는 외로움이 없다. 백 선생님께선 헨델과 바흐의 음악엔 몸착(몸뚱이에 대한 애착)이 적다고 하셨다. 신의 영광을 향한 밝음이, 성현을 향한 기도의 마음이 있기 때문이라 생각된다.

괴테의 작품에서도 육신의 애착인 고독함 등을 볼 수가 없다고 하셨다. 그래서 여쭈옵기를, 말년에 어린 소녀를 데려다 기르면서 그 소녀에게 사랑을 하소연하는 시를 많이 쓰지 않았느냐고 하였더

니, 괴테는 육신의 착을 닦은 분인데 마음이 모이질 않아 어디 마음을 집중하려는 방편으로 그 처녀를 대상으로 시를 썼다고 하셨다. 천한 애정 놀음이 아니란 법문이시다.

유행가 가사 내용도 거의 대부분이 못 이룰 사랑, 그리움, 고독, 원망 등인 것을 보면, 몸뚱이 애착인 고독은 모든 생명 가진 자가 성불할 때까지 반드시 뿌리까지 바쳐야 할 대상인가 보다.

몇 달 전 유럽을 방문하게 되어 동독의 바이마르 시市에 있는 괴테의 옛집을 찾은 적이 있다. 관직을 맡았을 때 살던 관저와 처음 그곳에 초청되어 왔을 때 6년 동안 살던 전원의 주택을 찾았다.

평소 부인과 별거한 채 살던 방에는 작은 침대와 의자가 놓여 있었다. 괴테는 당신이 태어난 날 11시 27분에 선승처럼 의자에 앉은 채 숨을 거두었다. 문학의 영역에서 불후의 명작을 남겼으며 다방면의 학문을 연구하고 공직 생활을 하여 직접 농민이나 국민들에게 실익을 끼쳤다. 수도 생활과 중생 제도를 함께 한 것이다.

괴테 최대의 걸작으로 평가되는 〈파우스트〉 같은 작품에서는 우주의 소리를 하였다고 백 선생님께서 말씀하신 적이 있다. 작품 중에 이런 내용이 있다.

눈이 네 개 달린 강아지의 탈을 쓰고 악마가 들어왔을 때 파우스트 박사가 문 위에 부적을 붙이니 못 나가고 쩔쩔 맨다. 귀신은 들창이나 굴뚝으로도 나간다는데 왜 못 나가느냐고 물으니, 귀신도 반드시 들어온 곳으로 나가야 하는 우주의 질서를 벗어날 수 없다고 했다.

모든 것은 원인 지어 결과 받는다는 부처님의 인과법因果法을 강조한 것이다.

오늘도 괴테 하우스에는 사람들의 발길이 끊이지 않는다.

사람을 사귈 때는 쇠고삐 길이만큼
사이를 두고 사귄다

　소에게 너무 가까이 가면, 날카로운 뿔에 상처를 입거나 좋다고 몸을 비비고 혓바닥으로 핥는 바람에 몸에 오물이나 침이 묻는다. 반면에 너무 멀면 고삐를 놓쳐 도망간다. 도망간 소는 채소밭을 망치고, 잡으려 하면 손길이 닿기 전에 다시 도망가 버린다. 쇠고삐 길이만큼의 간격은 소를 다스리는 데 최적의 거리이다.
　사람을 사귀는 것도 마찬가지이다. 너무 가까우면 탐진치를 닦지 못한지라 상대에게서 결점을 먼저 발견한다. 상대의 결점이 내 마음 속에 든 나의 결점인 줄 모르고 상대만 나무란다. 상대도 마찬가지로 자신의 결점으로 나를 평가한다.
　아이들이 너무 친해서 까불면 눈청에 눈물 난다는 말이 있다. 내 마음을 다스리지 못한 입장에서 남을 너무 가까이 사귀면, 약한 마음인지라 좋을 때는 모든 것을 다 주고도 모자라 살점이라도 베어주고 싶으나, 싫큼해서 미워질 때는 죽이고 싶도록 미운 독毒이 올라온다. 좋아한다는 미명 아래 바라는 마음을 연습하며 결과를 요구하게 되는 것이다.
　너무 가까우면 등잔 밑이 어둡듯이 장점이 보이지 않고, 너무 멀면 장단점이 함께 보이지 않는다. 닦는 이는 오직 상대가 부처님으로 보여야 한다. 저이가 석가여래불의 화신化身이라고 생각하고 각오하면 실제로 내 마음에 공경심이 나면서 상대가 부처님으로 보이며 환희심이 일어난다.

따뜻한 곳은 부처님의 품

부모가 자식을 키우다 보면 사춘기쯤 되어서는 부모 말을 듣지 않고 반항을 한다. 특히 어머니 입장으로서는 온 심신을 다 바쳐 자식을 키웠는데 반항을 하니 몹시 괴롭다. 그런데 자식의 입장에서는 당연하다. 어릴 때는 부모가 없으면 살 수가 없었기에 말을 잘 들었으나, 이제 다 컸으니 부모가 필요 없다는 본능심이 올라오기 때문이다.

이때 현명한 이들은 '응, 네가 다 컸다는 표시로군.' 하며 섭섭해하지 않는데, 보통은 '내가 너를 어떻게 낳아 키웠는데 이럴 수가 있느냐?' 하고 내 공을 알아 달라는 마음이 나오게 되어 여간 괴롭지 않다.

어떤 도인이 화장터에 가서 보니 아홉 살짜리와 열 살짜리가 홀어머니를 화장한 뒤 통곡하고 있다. 그 마음을 살펴보니 '이제 우리는 어떻게 살아가나?' 하는 심정이다. 어머니에 대한 그리운 정情보다 자신들이 앞으로 살아나갈 것이 하도 막막하고 기가 막혀 울고 있는 것이다. 사람은 대부분 그렇다.

부모와 자식이 재산권 때문에 소송을 하고 칼부림을 하며, 형제끼리 다투고, 부부끼리도 갈라서면 원수가 되고, 친한 친구끼리도 이해관계 때문에 등을 돌리고 살아가는 것을 보면 사람과 사람 사이의 관계는 모두 차고 냉담하다. 따뜻한 곳은 부처님 품밖에 없다. 그것은 각각 자신이 살아야겠다는 생각 때문이다.

사람들은 부모보다 내가 먼저이고, 형제보다 내가 먼저이고, 부인보다 내가 먼저이고, 이웃보다 국가보다 내 이해관계가 먼저라는 철두철미한 아상我相을 연습하고 살아왔기 때문에 이는 나무랄 수 없는 중생의 본성이다.

고슴도치가 사랑한다고 껴안고 있으면 서로 침으로 찌른다. 그러니 누굴 믿고 누굴 의지하랴. '나'란 것이 닦여지지 않은 중생들의 관계는 으레 그런 것인 줄 알아야 할 것이다.

그러므로 차라리 자신의 마음을 크고 넉넉하게 연습하여 나를 괴롭히는 사람들을 안아줄 수 있도록 하고, 배신 등의 충격을 받더라도 감내할 수 있도록 마음을 건강하게 연습해야 할 것이다.

금강경 마지막에 '모든 조작이 있는 것은 꿈과 같고 이슬 같고 번개 같고 탈바가지 같고 물거품 같다.' 고 하셨듯이 원래 세상이 그렇고 사는 것이 그렇지 않을까? 마음이 사람에도 빠지지 말고 일에도 빠지지 말아야 할 것이다. 오직 부처님을 향하여 올라오는바 모든 마음을 닦아야 할 것이다.

수놓은 봉황은 보일지언정
바늘 끝은 보이지 않는다

 '수놓은 봉황은 보일지언정 바늘 끝은 보이지 않는다.'는 말이 있다. 하품 나는 바느질로 얼마나 지겨운 날들을 노력했겠는가? 피눈물 나는 고생은 드러내지 않고 남에게는 찬란한 봉황의 멋을 보여 주는 미덕이랄까?
 이와 같이 남에게 걱정 끼칠 일은 보이지 않는 것이 보살행菩薩行이다. 세파에 찌든 군상들에게 닦는 이마저 아픔을 주어서는 안 된다. 마음의 고통이 많은 이들에게 감로수를 베풀려는 자비는 늘 연습되어야 한다.

느티나무

　공원 마당 느티나무 아래 소풍객들이 잠시 쉬었다가 목적지로 떠난다. 그 빈 나무 그늘을 아랫마을 조무래기들이 다시 차지하고 왁자지껄 떠들며 더위를 식히곤 산 계곡으로 물놀이를 떠난다. 한낮이 좀 지나 동네 영감님들 몇 분이 모여 세상 이야기를 하다가 저녁이 가까워지자 하나둘 자리를 뜬다.

　해가 진 빈 마당에 이번에는 생쥐들이 등장한다. 객홈들이 먹다 흘린 과자 조각을 찾아 돌아다니다가 제 집을 찾아 들어가 버린다. 밤이 깊어 가면 이슬이 내린 빈 마당에 보름달이 둥실 떠 세상사의 덧없음을 이야기한다.

　느티나무 아래 그늘진 마당 터가 소풍객들에게는 미지의 자연 경관을 탐색하려는 흥분과 설렘의 자리가 되고, 동네 조무래기들에게는 발랄한 생기와 천진한 동심이 어우러진 놀이터가 된다. 동네 노인들에게는 땅거미 지는 석양으로 밀려가는 인생에 대한 한탄과 소외의 애수가 어린 장소가 되고, 생쥐들에게는 먹이를 찾아 경쟁하는 장터가 되어 버린다.

　그렇게 넓지도 않은 이 마당은 누구의 말마따나 무대인가 보다. 제각기 맡은 역을 하다가 퇴장하는 배우들은 또 숙명적으로 이 무대를 거쳐야 하나 보다. 그리고 이 마당을 지켜보는 늙은 느티나무는 수없이 이 마당을 거쳐 간 무대 배우들의 기쁘고 슬펐던, 한 많은 사연들을 이백 개가 넘는 나이테에다 소중히 녹음하는 것이 취미인가 보다.

　눈을 들면 시야에 성큼 들어오는 청잣빛 푸른 하늘, 저 멀리 시원하게 펼쳐진 푸른 바다, 울창한 산림과 깎아지른 듯 묘한 산봉우리,

질펀한 벌판……. 이 아름다운 국토 또한 우리가 잠시 머물렀다가 소중히 남겨 두고 떠나야 할 무대인가 보다.

   사랑하는 가족, 사랑하는 친구, 사랑하는 민족. 모두 시간이 기울면 인연이 다해 새벽 하늘의 참새 떼처럼 뿔뿔이 제 갈 길로 흩어지리라.

   이 각본은 누가 썼기에 우리는 그 각본에 따라 울고 웃다가 퇴장해야 하는가. 신神이 쓸 수도 없고 부처님이 쓸 수도 없다. 오직 자신의 마음이 쓸 뿐이다.

물의 덕德

　물은 모든 생명의 근원이며 물 흐름같이 사는 것을 진리인 법法이라고 표현하였다.
　물은 암석이 있으면 투쟁하여 뚫으려 하지 않고 돌아간다. 사각형의 다리 밑을 지날 때는 다리 모양에 맞추어 주며, 둥근 관 속을 통과할 때는 둥근 모양이 되어 준다.
　물은 부지런히 쉬지 않고 노력한다.
　사람들은 자신을 높이려 하지만, 물은 항상 자신을 낮춘다. 냇물은 더욱 자신을 낮추어 강물로 되고, 강물은 더욱 하심下心하여 더 이상 낮출 곳이 없는 바다에 이른다.
　물은 자신의 빛깔을 고수하지 않는다.
　물은 모든 더러운 빨래와 걸레를 씻어 깨끗하게 해준다.
　물은 '나' 라는 고집이 없기에 무심하며, 졸졸 흐르는 냇물 소리를 들으면 사람들은 누구나 다 편안해진다.
　물은 경쟁하여 앞다투어 빨리 가려고 하지 않는다.
　물은 또 때를 기다릴 줄도 안다.
　마음 닦는 이들은 물 흐르듯 살며 물로부터 많은 것을 배워야 할 것이다.

나의 마음 나무

 나무는 바람이 불 때 흔들리고 바람이 지난 뒤에는 가만히 서있는데, 우리들의 마음 나무는 충격적인 이야기를 들을 때는 그 자리에서는 멍하니 아무 생각이 없다가 그 사람이 간 뒤에 그 이야기로 몇 시간씩, 며칠씩 궁리를 하고 괴로워하며, 이렇게 대답할 걸 저렇게 대답할 걸 한다.
 마음 나무가 한번 바람을 맞으면 며칠씩 흔들리는 까닭은 무엇일까? 닦여지지 않은 티끌들이 마음에 남아 있기 때문이리라.
 바람이 지난 뒤 모든 삼라만상은 그저 고요할 뿐인데, 달빛을 흠뻑 받는 밤중에도 햇볕을 쨍쨍 받는 대낮에도 저 혼자 거세게 흔들리는 나의 마음 나무를 보고 저기 흐르는 냇물이나 그 옆에 있는 바윗돌이나 하늘을 나는 새떼들은 무엇이라고 할까?

카사파여, 마음이란 무엇인가

부처님이 카사파[1]에게 말씀하셨다.

애욕에 물들고 분노에 떨고 어리석음으로 아득하게 되는 것은 어떤 마음인가?

과거인가? 미래인가? 현재인가?

만약 과거의 마음이라면 이미 사라진 것이고, 미래의 마음이라면 아직 오지 않은 것이고, 현재의 마음이라면 머무르는 일이 없다.

마음은 안에 있는 것도 아니고, 밖에 있는 것도 아니며, 또 다른 곳에 있는 것도 아니다.

마음은 형체가 없어 눈으로 볼 수도 없고 만질 수도 없고, 나타나지도 않고 인식할 수도 없고, 이름 붙일 수도 없는 것이다.

마음은 어떠한 여래如來도 일찍이 본 일이 없고, 지금도 보지 못하고 장차도 볼 수 없을 것이다.

그와 같은 마음의 작용은 어떠할까?

마음은 환상과 같아 허망한 분별에 의해 여러 가지 형태로 나타난다.

마음은 바람과 같아 멀리 가고 붙잡히지 않으며 모양을 보이지 않는다.

마음은 흐르는 강물과 같아 멈추는 일 없이 지나간다.

마음은 등불의 불꽃과 같아 연이 있어 닿으면 불이 붙어 비춘다.

마음은 번개와 같아 잠시도 머물지 않고 순간에 소멸한다.

---

1) 카사파[迦葉] : 마하가섭 존자. 석가모니 부처님의 십대 제자 중 한 분. 두타제일(頭陀第一).

마음은 허공과 같아 뜻밖의 연기로 더럽혀진다.
마음은 원숭이와 같아 잠시도 그대로 있지 못하고 여러 가지로 움직인다.
마음은 화가와 같아 여러 가지 모양을 나타낸다.
마음은 한곳에 머물지 않고 서로 다른 의혹을 불러일으킨다.
마음은 혼자서 간다. 두 번째 마음과 결합되어 함께 있는 것은 아니다.
마음은 왕과 같아 모든 것을 통솔한다.
마음은 원수와 같아 온갖 고뇌를 불러일으킨다.
마음은 모래로 쌓아올린 집과 같다. 무상無常한 것을 영원한 것으로 생각한다.
마음은 쇠파리와 같아 더러운 것을 깨끗한 것으로 생각한다.
마음은 낚싯바늘과 같아 괴로움인 것을 즐거움으로 생각한다.
마음은 꿈과 같아 내 것이 아닌 것을 내 것처럼 생각한다.
마음은 적敵과 같아 항상 약점을 기뻐하며 노리고 있다.
마음은 존경에 의해, 분노에 의해 흔들리면서, 교만해지기도 하고 비굴해지기도 한다.
마음은 도둑과 같아 모든 선근善根을 훔쳐 간다.
마음은 불에 뛰어든 불나방처럼 아름다운 빛깔을 좋아한다.
마음은 싸움터의 북처럼 소리를 좋아한다.
마음은 썩은 시체의 냄새를 탐하는 멧돼지처럼 타락의 냄새를 좋아한다.
마음은 음식을 보고 침을 흘리는 개처럼 맛을 좋아한다.
마음은 기름 접시에 달라붙은 파리처럼 감촉을 좋아한다.
이와 같이 남김없이 관찰해도 마음의 정체는 알 수 없다. 찾을 수 없는 것이다. 얻을 수 없는 그것은 과거에도 없고 미래에도 없고 현재에도 없다.

　과거나 미래나 현재에 없는 것은 삼세三世를 초월해 있다.

　삼세를 초월해 있는 것은 유有도 아니고 무無도 아니다.

　유도 아니고 무도 아닌 것은 생기는 일이 없다.

　생기는 일이 없는 것에는 그 자성自性이 없다.

　자성이 없는 것은 일어나는 일이 없다.

　일어나는 일이 없는 것에는 사라지는 일도 없다.

　사라지는 일이 없는 것에는 지나가 버리는 일이 없다.

　지나가 버리지 않는다면 거기에는 가는 일도 없고 오는 일도 없다. 죽는 일도 없고 태어나는 일도 없다.

　가고 오고 죽고 나는 일이 없는 것에는 어떠한 인과因果의 생성도 없다.

　인과의 생성이 없는 것은 변화와 작위作爲 없는 무위無爲다. 그것은 성인聖人이 지니고 있는 타고난 본성인 것이다.

　허공이 어디에 있건 평등하듯이, 타고난 본성은 누구에게나 평등하다. 타고난 본성은 모든 존재가 마침내는 하나의 본질이라는 점에서 차별이 없는 것이다.

　그 본성은 몸이라든가 마음이라는 차별에서 아주 떠나 있으므로 한적하여 열반의 길로 향해 있다.

　그 본성은 어떠한 번뇌로도 더럽힐 수 없으므로 무구無垢하다.

　그 본성은 자기가 무엇인가를 한다는 집착, 자기 것이라는 집착이 없어졌기 때문에 내 것이 아니다.

　마음의 본성은 진실한 것도 아니고 진실하지 않은 것도 아니다. 결국 어디에도 치우치지 않는 점에서 평등하다.

　그 본성은 가장 뛰어난 진리이므로, 이 세상을 초월한 것이고 참된 것이다.

그 본성은 본질적으로 생겨난 것이 아니므로 없어지는 일도 없다.

그 본성은 존재의 여실성如實性으로서 항상 있으므로 영원한 것이다.

그 본성은 가장 수승殊勝한 열반이므로 즐거움이다.

그 본성은 온갖 더러움이 제거되었으므로 맑은 것이다.

그 본성은 찾아보아도 자아가 있지 않기 때문에 무아無我다.

그 본성은 절대 청정淸淨한 것이다.

그러므로 안으로 진리를 구할 것이고 밖으로 흩어져서는 안 된다. 누가 내게 성내더라도 마주 성내지 말고, 두들겨 맞더라도 마주 두들기지 않고, 비난을 받더라도 마주 비난하지 말며, 비웃음을 당하더라도 비웃음으로 대하지 않는다. 그러면서 자기 마음을 들여다보고 도대체 누가 성냄을 받고 누가 두들겨 맞으며 누가 비난받고 누가 비웃음을 당하는가 되살핀다.

수행인은 이와 같이 마음을 거두어 어떠한 환경에서라도 흔들림이 없어야 한다.

〈보적경 가섭품寶積經 迦葉品〉

열

길가는 이[道人]

달마 대사

달마[1] 대사는 남부 인도의 왕자로, 불문佛門에 귀의한 뒤 인도와 중국을 내왕하며 제자들을 가르치셨다. 인도에서 제자를 가르치시고는 또 중국에 가서 제도하셨다.

대사께서 인도에서 중국으로 가시던 중 길목에 커다란 구렁이가 죽어 있는 것을 발견하셨다. 아삼 지방에는 코끼리를 잡아먹는 구렁이가 사는데 바로 그것이다. 그게 썩으면 냄새를 맡고 먹으러 오는 독한 벌레가 꾀어 3년간 교통이 두절되니 다른 사람들도 다닐 수 없고 대사도 다닐 수가 없었다. 그렇다고 수백 명이 달라붙어 치울 수 있는 여건도 안 된다.

가만 보니 죽은 지 며칠 되지 않아 완전히 상하지 않았길래 당신 육신을 벗어 놓고 마음이 그 물건 속에 들어가 운전을 해 움직여 기어갔다.

일주일 동안 억지로 그것을 멀리 치워놓고 육신을 벗어 놓았던 자리에 마음이 와 보니 당신의 육신이 없어졌다. 그 대신 대머리에다가 불량하게 생긴 험상궂은 인상의 육신이 놓여 있다. 곤륜산에서 산山공부 하는 분이 보니 조촐한 육신이 누워 있어 자기 몸 벗어 놓고 좋은 것 쓰고 가 버린 것이다.

달마 대사께서 선방禪房을 차려 놓고 제자들을 지도하시던 차에, 그 흉한 육신이라도 아니 쓰면 새로 몸 받아 법문할 수 있을 때까지 20년 가까이 기다려야 하니 그 속에 들어가 그 모습이 되셨다.

---

1) 달마(菩提達磨, ?~528?): 서천(西天) 28조인 동시에 중국 선종(禪宗)의 초조(初祖). 남인도 향지국(香至國)의 셋째 왕자로 태어나 서천 27조 반야다라의 법을 이으셨다.

중국에 오니 제자들이 아는 척을 하지 않는다. 몇 달을 같이 지내다가 한 제자가 모습은 불량한데 마음 씀씀이는 달마 대사 같다고 말하자, 자초지종을 말씀하시게 되었다. 그래서 제자들에게 인정을 받은 것이다. 이것이 오늘의 달마상達磨像이 생기게 된 동기다.

육신을 벗을 수도 있고 쓸 수도 있는 스님의 법력法力은 참으로 높다. 육신의 착을 벗지 못한 사람들은 평생 육신의 노예가 되어 그 심부름만 하다 마음속에 잡초를 석 자나 키워 놓는다. 육신이 부처님 심부름을 할 수 있도록 육신을 조복調伏받고 부릴 수 있어야 할 것이다.

육신을 조복 받고 부려야 몸착을 해탈한 이다.

묘향산 금선대의 두 도인

 묘향산 금선대金仙臺란 조그마한 암자에 육십이 좀 지난 두 스님이 열심히 정진하고 있었다. 그러던 중 한 분이 서울 구경을 하겠다며 바랑을 짊어지고 나섰다. 절을 벗어나 안주, 박천 쪽으로 내려오다 푸줏간에서 백정이 열심히 일하고 있는 모습을 보았다.
 백정이 뼈와 살코기를 따로 나누고 뼛속 깊이 붙어 있는 살점까지 다 발라내는 모습을 보고 '우리 마음속에 있는 분별도 저렇게 샅샅이 닦아야 하는데……. 공부하는 사람은 백정도 한번 해보아야 하겠구나.' 라는 생각이 들었다.
 생각이 여기에 미치자 스님은 그날 밤에 당장 몸을 벗어 버렸다. 법法이 선만큼 마음에 일으킨 생각도 즉각 실현된다.
 얼마 후 젊은 백정 부인이 아기를 낳았는데, 아기는 너무나 총명하고 일하는 소견이 보통이 아니었다. 스님이 몸 받아 오신 것이다. 백정이 되어 보겠다는 원으로 태어났기에 그 일에 너무 열심이어서 그 집은 부자가 되었고, 어느덧 그의 나이 19세가 되었다.
 한편 묘향산에 혼자 남아 공부하던 도인의 나이도 팔십이 넘어 몸 바꿀 때가 되었다. 그때 비로소 20년 전에 서울 간다는 도반이 어디에 갔는가 살펴보니, 가까운 박천 땅에서 백정 노릇을 하고 있었다. 암자를 친구에게 맡기고 다시 몸 받아 오셔야 되겠기에 그가 스스로 찾아올 수 있을까 하고 혜안으로 보니, 혼자 힘으로는 도저히 올 수 없는 것을 아시고 데리러 박천으로 가셨다.
 백정의 집 앞에 가서 안을 들여다보니 스무 살 남짓한 기골이 장대한 젊은이가 푸줏간 일에 열중하고 있다. 목탁을 쳐도 쳐다보지 않고 자기 일에 열중이다.

좀 지나 다시 목탁을 치니, 그 젊은 백정은 설마 자기같이 천한 사람을 점잖은 도인이 찾을 리 있을까 하고 의심하면서도 '나를 찾느냐'는 뜻으로 일하는 칼끝으로 자기를 가리켰다. 도인이 고개를 끄덕이신다.

순간 '내가 여기서 무엇을 하고 있는가?' 하는 마음이 일어났다. '이 집에 무슨 인연으로 태어나 내가 이 일을 하고 있나. 내가 본래 가는 길은 이게 아닌데…….' 하는 생각이 순식간에 일면서, 일할 때 입던 앞치마를 벗어 놓고 스님 쪽으로 걸어갔다.

마치 아이들이 동무들과 어울려 내 것이니 네 것이니 하며 애착을 가지고 흙장난을 정신없이 하다가 해가 져서 어머니가 저녁 먹으러 가자고 부르시면 모든 것을 다 팽개쳐 두고 아무 미련도 없이 어머니 뒤를 따라가듯, 도인이 '그렇소, 당신을 찾소.' 하는 뜻으로 고개를 끄덕이는 모습을 보는 순간 백정 일은 다 잊어버리고 저이를 따라가 본래 내가 하는 일을 해야 한다는 마음이 일어났다.

친구를 데리고 가려는 도인의 법력이 미쳐서일까? 아니면 수많은 생을 부처님 향해 닦던 이라 도인을 보는 순간 홀연히 자기 모습이 깨쳐진 것일까?

마침 목탁 소리를 듣고 아버지, 어머니, 동생들이 밖으로 나왔다. 젊은 백정은 가족들을 한번 죽 훑어보고는 아무 말도 없이 저만큼 걸어가는 도인을 따라갔다. 그러나 가족들은 아무도 그를 잡지 못한다.

그 집에 주고받을 인연이 있어서 태어난 것이 아니라 공부하는 데 도움이 될까 봐 백정질을 잠깐 해보려 태어났기 때문에, 출가하려는 강력한 서원이 서는 순간 아무도 그 서원을 거스르지 못하는 것이다.

여러 시간을 '어디로 가십니까?', '왜 따라오느냐?' 라는 말도 없이 묵묵히 걸어갔다. 수많은 생을 태어나 출가하여 부처님 찾는 일이 너무나 몸에 배인 수행자이기에 이미 습관에 달해 있었다. 어느 산기슭을 지나 계곡을 계속 오르는데, 생전 처음 오는데도 낯익은 모습들이다.

암자에 도착하니 포근하기 그지없다. 마당과 절구, 부엌 등이 모두 보던 것이다. 배가 고프니 부엌에 들어가 밥을 지어 먹고 저녁에는 깊이 잠이 들었다. 아침에 일어나 보니 종성과 목탁 소리가 그저 좋기만 하다. 삼 일이 지났을 때 마음이 안정되고 조용하더니 숙명통宿命通이 열렸다.

그때 그 젊은이는 팔십 된 노인 보고 반말로 친구에게 하듯 이야기한다.

"너 왜 이제야 날 데리러 왔니?"

백정질은 마음 닦는 데 도움이 되라고 한 것인데 과연 도움이 되었는지는 모르겠지만, 보통 13살이 되면 스승과 도량을 찾아 출가를 하는데 7년을 더 허송세월하게 내버려 두었다는 원망과 같은 이야기다.

팔십 노인은 웃으며 대답했다.

"내 마음 들여다보고 내 공부하기 바빠서 널 생각할 틈이 없었단다."

얼마나 자기의 마음 살림살이에 철두철미하고 진실한 태도들인가? 우리들은 마음을 부모, 형제, 친구에 붙여 보내고 돈, 명예, 물질에 붙여 보내는데, 이 도인은 공부에 충실하다 보니 친구의 일엔 신경 쓸 틈이 없었다는 것이다.

19살 청년과 팔십 노인이 친구들처럼 반말을 한다. 전생의 친구인 것에 조금의 의심도 없으니 말이다. 그 젊은이는 공부 잘하고, 그 노인은 새 몸을 받아 금선대에 출가했을 것엔 의심이 없다.

백은 대사

일본에 백은[1] 대사라고 생불生佛로 추앙받는 도인이 있었는데 도인을 따르는 신도분의 딸이 시집도 가기 전에 아기를 배었다. 아버지가 노발대발하며 딸을 추궁했다.
"어느 놈의 자식이냐?"
위기에 몰린 딸은 그만 엉뚱한 이름을 말하였다.
"백은 스님과……."
아버지는 기가 찼다. 그러나 평소 깊이 존경하는 도인의 아이라니 더 이상 어찌할 수가 없어 딸을 용서하고 말았다. 그리고는 아들을 낳자 스님에게 갖다 드렸다.
동네 사람들과 신도들이
"정말 스님의 아기입니까?" 하고 물으면, 늘 웃으시며 그렇다고 대답하셨다. 그리고는 그 아기를 귀여워하시고 정성을 들여 키우셨다. 그렇게 되니 도인의 평은 말이 아니었다. 도인이 아니라 땡추로 보는 사람도 있었다. 신도들의 발길도 점차 드물어져 갔다.
그러나 백은 대사는 한마디의 변명도 없이 어렵게 탁발하여 아기를 잘 키웠는데, 하루는 젊은 남녀가 찾아와 엎드려 절하면서 참회의 눈물을 쏟는다.
"실은 저희들 사이에서 생긴 아기인데도 그 사실이 밝혀지면 아버님 손에 당장 죽음을 면치 못할 것 같아 스님의 아기라고 거짓말을 하였습니다. 그래서 제 한 몸의 위기는 면했지만, 스님의 인품에 너무 큰 상처를 입혔으니 이 죄를 어떻게 용서받을 수 있을까요."

---

1) 백은(白隱 慧鶴, 1685~1768): 일본의 선사(禪師). 일본 선문(禪門)을 중흥시킨 조사로서 높이 평가된다. 일본의 임제종은 모두 대사의 맥을 잇고 있다.

그때 스님은 아기를 내어 주시며 별말 없이 빙그레 웃으셨다고 한다.

우리들이 그런 입장에 처했을 때 그 도인처럼 빙그레 웃을 수 있을까? 너무나 부러운 일이다. 아상我相이 없는 이는 '나'란 것이 없어 창피를 당할 자리가 없다.

또 한편으로 볼 때 그런 봉변은 전생에 그런 인식이 있으면 그 인식을 가지고 이생에도 당하는 경우가 있으며, 그런 업장이 있기에 당하는 일일 수도 있다. 그러므로 변명한들 믿어 주는 사람 없을 때에는 올라오는 마음 바치고 담담히 받아들이는 것이 지혜로울 수도 있다.

열하나

우리 함께 더불어 가는 길

세 개의 수레

공부하는 사람에는 세 가지 부류가 있다고 한다. 양羊의 수레를 타고 가는 사람, 사슴의 수레를 타고 가는 사람, 흰 소의 수레를 타고 가는 사람.

첫 번째, 양의 수레를 타고 가는 사람들은 자기 몸뚱이의 고통이 싫어서 공부하는 부류이다. 가족들이 건강하고 돈을 많이 벌고 행복하게 해달라고 부처님께 매달리고 조른다. 한 끼 시장비 정도의 돈을 공양 올리고 10년 생활비를 벌게 해달라고 부처님께 요구하는 경우들이다.

장사하는 사람들이 이윤을 남기듯 부처님과 장사하는 마음이다. 잘살 원인을 지어야 잘살고 행복할 원인을 지어야 행복해지는데, 잘살 원인은 아니 짓고 부처님께 잘해 달라고만 한다.

잘살 마음으로 바꾸어 가고 행복한 마음으로 길들여 가는 것이 수행이고 신앙이다. 모두가 마음으로 이루어지기 때문이다.

두 번째, 사슴의 수레를 타고 가는 사람은 양의 수레를 타고 가는 사람들보다 지혜 있는 경우다. 이 사람들은 이 우주는 모두 원인 결과로 이루어졌으니 밝은 원인을 부지런히 지어 밝은 결과를 얻으려는 부류이다. 마음 씀씀이를 그렇게 연습하고, 대인 관계에 처세도 그렇게 하고, 자녀 교육에도 정성을 들이고, 사업 투자도 넉넉히 하고, 건강도 미리미리 보살피며 매사를 용의주도하게 준비하며 살아간다. 현실을 밝고 성공적으로 사는 사람들이다.

세 번째, 흰 소 수레를 타고 가는 사람들은 자기 마음에 일어나는 현상이 곧 우주에 일어나는 현상이라는 걸 알고 우주의 현상을 그대로 자기 마음에 받아서 밝히는 경우이다. 이 사람들의 깨침은 우주 전반에 그대로 통하니 대승이고 최상승最上乘이다.

중생계의 어려운 문제를 자신의 문제와 똑같이 보고 해결하여 많은 중생들을 이익하게 한다. 밝은이의 서원과 능력으로 전쟁과 재난을 방지할 수 있고 민심民心을 안정시킬 수 있다. 이는 중생계를 밝히는 불보살님들의 길이다.

우리들은 모두 흰 소 수레를 타고 가는 대승大乘의 길을 가야 할 것이다.

한 사람이 공부하면 구족이 밝아진다

　방송국 안테나에서 전파가 퍼지듯, 사람의 마음에서는 심파心波가 일어난다. 마음의 파장은 온 허공을 향해 넓게 퍼져 나간다. 멀리 서울에 있는 아들이 몸이 아프다거나 걱정거리가 있으면 어머니 예감에 느껴진다. 또 꿈으로 알아지기도 한다. 이것은 마음으로 염파念波를 띄우면서 동시에 수신을 하는 현상이다.
　한 사람의 밝은 광명을 향한 공덕이 사방 구족九族에까지 전달된다. 위로 아버지, 할아버지, …… 해서 9대까지, 아래로 자식, 손자,…… 해서 9대까지, 옆으로 삼촌, 사촌, …… 해서 9촌까지 아래, 위, 좌우, 사방에 서로 마음을 보내고, 오는 마음을 그대로 받아 느낀다. 이렇게 종횡으로 얽힌 인연은 수천 명 이상이 될 것이다.
　본인의 마음 닦은 정도가 모자라 화를 잘 내고 욕심이 많으며 정신이 불안정하고 남의 허물을 잘 밝히는 덕德이 없는 마음이면 그 정도의 파장을 구족권九族圈에 든 수천 명에게 띄운다. 그 인연들은 마음에 그런 파장을 받고 답답하고 괴로워한다.
　그러나 본인이 마음을 잘 닦아 높은 경지의 마음을 쓰면 밝고 건강한 파장을 띄우니 수천 명이 그 사람으로 인해 행복감을 느낀다. 또 그네들에게서 전해 오는 어두운 파장을 부처님 전에 바쳐 해탈시켜 줄 수 있는 정도로 공부가 되었다면 그네들의 어두운 그늘을 씻어 주고 마음을 밝혀 줄 수 있다.
　그런데 구九란 말에는 무한無限하다는 뜻이 있다. 구중궁궐이니 구만리장천이니 구천 세계니 하는 말이 있듯이, 불법에서도 구족九族이란 수없이 많은 조상과 인연을 말한다. 그러므로 구족이란 엄청나게 많은 사람들 또는 온 법계의 중생 전체를 말할 수도 있다.

석가여래 부처님께서 성불하시니 많은 사람들이 밝아졌다. 온 인류가 한 부처님의 감화를 영원히 입고 있다.

예부터 '집안에 출가하는 스님이 나오면 그 집안을 밝힌다.'는 말이 있다. 법력法力이 선 이면 온 집안과 그 지역이 혜택을 입고, 밝은이가 나면 온 국민이 혜택을 입는 것이다. 한 사람이 숙명통宿命通이 나면 수천 명이 숙명통이 나고, 한 사람이 밝아지면 법계法界가 밝아진다.

불법佛法은 현상계에 나타나는 일 이상이다. 내면적 밝음이 전 정신계를 알게 모르게 밝히고 있는 것이다.

베푸는 일에 대하여

1. 마음부터 주는 마음을 연습한다

관직이나 사무직에 오래 몸담아 있던 이들은 담배를 피울 때도 혼자 꺼내 피우는 경우가 많다. 그러나 사업하는 이들은 일단 결재를 얻어내고 교제를 하려면 베풀고 주는 일을 해야 성사되기 때문에 늘 주는 마음을 어쩔 수 없이라도 연습하였는지라 잘 베풀게 된다. 몇십 년 연습한 마음이 굳으면 으레 연습한 대로 되는 것이다.

주는 마음은 떳떳하고 즐겁다. 살아 있는 마음이다. 그러나 얻어먹는 마음은 꺾인 마음이고 죽은 마음이다. 커피 한 잔이라도 남에게 베푸는 마음을 내는 순간 든든하고 떳떳하다.

사람의 팔이 안쪽으로 굽어지듯, 이익된 것은 모두 나에게 끌어당긴다. 아상我相이 있는 이상은 어쩔 수 없을 것이다. 베푸는 마음은 내게로 끌어당기는 속성을 닦는 일이다.

우리는 가난한 친척이나 무엇을 달라는 사람이 오면 마음부터 경계를 한다. 안 주고 냉대하는 마음이다. 마음이 곧 물질은 아니다. 물질적으로 아니 주더라도 주는 마음이나마 왜 못 내는가. 물질은 내가 줄 수 있는 여건이 되어야 줄 수 있지만, 마음은 그렇지 않다.

마음으로 늘 주는 마음이면 그냥 복福이 된다.

2. 물질로도 베풀어 보아야 한다

받을 것을 예견하고 주는 것은 장사이지 베푸는 것이 아닐 것이다. 그러므로 베푸는 자에게는 받는 이의 기쁨이 유일한 대가라고나 할까. 모르는 사람이나 짐승들에게도 평등하게 베풀 수 있다면 그런 사람은 복을 짓게 된다.

그리고 돈을 빌려 줄 때는 아주 주어 버리는 마음으로 빌려 주면 어떨까? 그러면 돈을 빌려 준 사람에게 목이 묶이지 않을 것이다. 돈을 가져다 주면 공돈이 생긴 듯 기분이 좋을 것이고, 안 가져다 주어도 괴롭지 않으니 그 마음이 자유로울 것이다. 그러나 받을 것을 정하고 주면 경제파동이 날 때마다 그 돈 못 받으면 어떻게 하나 하고 마음이 불안하고 괴롭다. 이런 일들이 마음을 속박하는 일이다.

3. 법을 베푼다

금강경과 같은 부처님 말씀, 마음 닦는 방법론과 실행의 경험 등을 이야기나 책을 통해 대중들에게 전하는 것 등을 법시法施라고 한다.

4. 스승은 제자에게 생명을 베푼다

태양은 모든 생명체에게 빛을 베풀어 생장시킨다. 아무리 많은 생명체가 빛을 받아도 모자람이 없는 베풂을 태양은 주고 있다. 부처님도 태양과 같으셔서 일체 중생에게 생명을 베푸신다. 우리들이 부처님을 향하는 순간, 법신불法身佛의 광명의 기운을 받고서 새 힘을 얻는다. 독경을 통하여, 염불을 통하여, 다라니 주력을 통하여 힘을 받는다.

스승은 제자에게 자신의 닦은 생명의 기운을 송두리째 다 베푼다. 제자는 그 기운을 빼앗아 가니 정진精進을 통하여 보충하지 않으면 안 된다. 부처님께 부단히 바치면 곧 보충이 되고 또 약한 이에게 베풀게 된다.

어느 때 공부 안 하는 이를 만났는데 마음이 답답하고 괴롭다. 마음이 쉬는 때 상대의 마음을 그대로 느끼기 때문이다. 그 사람과 대화하는데 갓난아기 머리통만한 흰 광명 덩어리가 내 가슴에서 쏙 빠져 상대에게 나가 버린다. 그 자리에 큰 구멍이 나면서 내 몸엔 맥이 쭉 빠졌다. 그리고 마음이 억죄이고 불편했다. 중생들이 서로 정기精氣를 뽑아 먹고 사는 실지 현상을 본 것이다.

  이때 가슴이 아리고 아프다. 전생에 밝음을 누리던 그릇이 크면 클수록 흡기하려는 용량이 많다. 그 사람이 마음을 닦지 않아 업장을 가득 채웠을 때, 그 그릇 용량만큼 흡기하니 크게 괴로울 때도 있다. 환자가 건강한 사람을 좋아하는 것도 같은 원리다. 건강한 정기를 받아들일 수 있기 때문이다. 자꾸 바쳐야 곧 보충이 된다.

  닦는 이와 밝은이들은 제자에게 자신의 온 기운을 다 주신다. 생명까지 주신다. 그네들을 생육시키기 위해 주신다는 분별도 없이 주신다. 보통 사람들은 눈에 보이지 않는 일이기에 전혀 모른다. 스승의 은혜는 높은 경지의 지혜라야 이해한다. 법구경에서 말씀하시지 않았던가.

    어리석은 사람은 한평생 다하도록
    어진 사람을 가까이 섬기어도
    참다운 법을 알지 못하나니
    숟갈이 국 맛을 모르는 것처럼.
    지혜로운 사람은 잠깐이라도
    어진 사람을 가까이 섬기면
    곧 참다운 법을 바로 아나니
    혀가 국 맛을 아는 것처럼.

바라는 바 없이 베푼다

건강함이란 나[我]에 연연하여 안간힘을 쓰며 살아가는 사람들에게 나의 것을 기쁘게 베풀 수 있는 넉넉함이 아닐까?

사람의 마음은 팔이 안으로 굽듯 무엇이든 자신의 것으로 하고자 한다. 돈이든 물건이든 권력이든 지위든 사람의 마음이든 간에. 한정된 것을 서로 가지려고 하니 투쟁이 일어난다. 투쟁의 불길은 더욱 나, 나의 것, 나의 승리를 부채질한다.

그러나 나라는 것을 닦은 마음에는 집착이 없다. 빈 마음이다. 빈 마음에는 상대에게 구하는 바가 없기에 뺏기기 싫어하는 사람의 경계심을 불러일으키지 않는다. 구하는 마음에는 그 대상에 대한 집착이 있기에 행여 얻지 못하면 어쩌나, 잃으면 어쩌나 하는 두려움이 뒤따르지만, 베푸는 건강한 마음에는 상대가 받지 않으면 어쩌나 하는 조바심이 번지는 정도일까? 나중에는 그윽한 기쁨뿐일 것이다.

선생님께서 공부하는 분들과 함께 길을 가시다가 양잿물을 먹고 길바닥에서 신음하는 여인을 보셨다. 이를 보시고는 도량에 데려가 치료하라고 하시기에 한 보살님이 금강산 안양암에 업어다 놓고 약을 먹이고 뒷수발을 들었다.

이 여인은 자기 지옥고에 빠져 처음부터 고마워하는 마음이 전혀 없는 데다가 육신의 괴로움에 못 이겨 몇 날 며칠을 잠도 안 자고 소리를 질러댔고, 식도가 양잿물에 녹아 막혀 버려서 음식도 제대로 못 먹었다. 게다가 치료해 주려고 지어다 놓은 외국산 귀한 약도 먹으려 들지 않으니, 수발들었던 보살님은 '생판 모르는 사람 데려다 놓고 이게 무슨 고생인가, 내가 부처님 시봉하고 공부하러 왔지 이런 아귀를 시봉하러 왔나' 싶어 볼 때마다 나무라는 마음이 일어났다.

  선생님께서 그 마음을 아시고는 법문하셨다.

  "베푸는 건강한 마음은 받는 사람의 마음이 약하고 변변치 못하다고 이를 두고 시비하지 않느니라." 베푸는 마음에는 '나'란 것이 없어 상대에게 요구하는 바가 없는 것이다.

  백 일간 정성껏 간병하고 매일 기도를 올려 기적적으로 치유된 그 여인은 감사한 마음으로 도량을 떠나갔다.

  어느 날 그 보살님이 선생님을 모시고 대중들과 함께 중국 대사관 옆을 지나는데 '복순이'라고 하는 그 아팠던 여인이 남의집살이를 하는지 아이를 업고 길에 서 있었다. 간병했던 보살님이 반가워서

  "복순아!" 하고 부르며 가까이 가려고 하니, 그 여인은 1년 전에 있었던 일이 부끄럽고 남의 집 아이를 봐 주는 신세가 창피했던지 피해 도망간다.

  보살님이 따라가려고 하니 백 선생님께서

  "너의 성공한 마음 보았으면 흡족할 것이지, 고깃덩어리는 왜 따라가느냐?"고 법문하셨다.

  그 여인을 통해 한 생명을 살린 것은 자신의 마음이 성공한 것이고 자신이 공덕을 지은 것인데, 그걸로 흡족하고 고마워할 것이지 무슨 요공을 하려고 생색을 내느냐라는 뜻이시다. 그 법문을 듣는 순간 자신의 마음을 들여다보고 바치지 못하고 마음이 빠져나와 그 사람 따라간 것이 부끄러웠다고 한다.

자비심

소사에서 젖소를 기르다 보면, 어쩌다 죽어서 나오는 송아지가 있다. 이렇게 사산한 송아지가 있는 날, 알고 오는지 우연히 오는지 몰라도 동네 사람들이나 딴 동네 사람들이 용하게 찾아와 죽은 송아지 고기를 자기네들에게 달라고 한다.

당시 우리들은 순수 채식을 했고 또 송아지들이 보통 가까운 인연이 아니면 이 목장에 태어나지 않았을 것이기에 그 고기를 먹는다는 것은 생각조차 하기 힘들었다.

그래서 '송아지야, 네 고기로 복이나 흠뻑 지어라.' 하는 마음으로 죽은 송아지를 내주면 고마워하면서 가져간다. 그런데 간혹 사산이 되어 태어나도 동네 사람들이 찾아오지 않는 송아지가 있다. 보통 출산 두 시간 후에 용하게 알고 오던 사람들이 하루가 지나도 오지 않는다.

선생님께서 말씀하시길, 송아지로 태어난 고기 임자가 복을 짓고 왔을 때는 사람들이 찾아와서 그 고기를 얻어가 먹게 되니 자연히 또 복을 짓게 되는데 반해, 고기 임자가 복 지은 게 없을 때는 복 지어 줄 사람이 찾아오지 않는다고 하셨다.

또 소가 도살장에서 죽어 수천 명의 음식이 되면 수많은 사람들에게 자신의 고기를 먹게 한 복력으로 다시 사람으로 태어날 경우, 1년에 쌀을 200석에서 천 석까지 짓는 부자가 된다고 하셨다. 자신의 고기를 남에게 먹일 때 복이 된다는 법문이시다.

당시에 죽어서 나온 한 송아지가 있었는데 달라고 하는 사람이 없어서 결국 상하게 되었다. 선생님께서는 그걸 보시고는 송아지를 땅에 묻고 그 위에다 과일 나무를 심으라고 하셨다. 송아지가 거름이 되어 잘 영근 과일을 공부하는 사람들이 먹게 되면, 그 송아지가 복을 짓게 되기 때문이었다. 그러나 마침 그때가 여름이라 과일 묘목을 구할 수 없었고 묘목 관계에 대해 잘 아는 분도 없어서 무척 안타까운 심정이었다.

그래서 할 수 없이 버드나무라도 심을 수밖에 없었는데, 송아지 거름을 빨아먹은 버드나무는 4년쯤 지나자 엄청나게 큰 나무로 자랐다.

그해 겨울에 다른 땔감이 많았지만 일부러 그 버드나무를 베어 마음 닦는 이들의 방이 따뜻하도록 군불을 넣어 드렸다. 그리고 원을 세웠다.

"이 송아지 고기 임자가 마음 닦는 이들을 따뜻하게 해드린 공덕으로 세세생생 선지식 만나 법문 듣고 부처님 시봉 밝은 날과 같이 복 많이 짓길 제도 발원!"

그동안 내내 마음속에 한 보따리의 짐이 되어 있었던 것이 군불을 때고 천도 원을 세우고 나니 보따리를 내려놓는 심정이었다. 결국 선생님께서 자비심을 연습시키기 위해 내게 시키신 일인 줄을 뒤늦게 깨치게 되었다.

그 뒤로는 도량에 있던 고양이가 죽은 경우에도 정성스레 원을 세우고 묻어 주었다. 그리고 육신의 주인에게 복이 될 일을 찾아 복을 짓도록 꾸며 주었다.

원효 대사와 너구리 새끼

　신라 시대의 일이다. 대안[1] 대사께서 어미를 잃은 너구리 새끼들을 발견하시고 이들을 살리기 위해 동네 우물가로 가 젖 시주를 받으셨다.
　귀한 법문에 감화가 된 아낙네들의 기쁜 젖 시주를 바리때에 담아 들고 비탈진 산 계곡을 한없이 올라 너구리굴에 이르면 어린 새끼들이 먹을 것을 기다리고 있었다. 이들에게 안쓰러운 마음으로 자비롭게 젖을 먹여 여러 날을 키우셨다.
　꽤 또록또록 눈이 떨어지고 웬만큼 자라게 되었을 때 원효 스님이 찾아오시게 되었다. 대안 대사께서 원효 스님을 보고 급한 일이 있어 며칠 후에 올 터이니 이 너구리 새끼를 잘 키워 달라고 부탁하셨다.
　부탁을 받은 원효 스님은 젖 시주를 받아 정성껏 키웠으나 두 마리가 죽어 버렸다. 신라에서 제일가는 도인이라고 자만하던 원효 스님은 대안 스님 앞에서 머리를 들 수가 없게 되었다. 핏덩이를 보름 동안 어렵게 키워 살려 놓은 것을 자신의 업장이 두텁고 지혜가 어두워 이 모양으로 만들었다고 깊이 참회하시며 이를 계기로 다시 발심發心하게 되셨다.
　그때 대안 대사께서 오셨다. 오히려 원효 스님에게
　"인연이 다해 가는 것을 어떻게 붙잡겠습니까?" 하고 위로하면서 허물을 덮어 주셨다. 아무런 말도 못하고 서 있는 원효 스님 앞에 까마귀 울음소리가 유난하다.

---

1) 대안(大安 ; 571~644): 신라의 고승. 원효 대사의 스승이라 전해진다.

그때 대안 대사는

"까마귀에게는 배를 부르게 하고, 너구리 새끼들은 복을 짓게 합시다." 하면서 죽은 너구리 새끼를 허공에 던지니, 낌새를 알고 주위를 빙빙 돌던 까마귀가 쏜살같이 채어 갔다.

현충일

　많은 군인들이 조국을 지키다 전쟁터에서 산화하였다. 그 많은 혼들은 모두 어디에 계실까? 또 무엇을 하고 계실까? 영가들은 어떤 형태로 계시는가? 죽음 이후의 세계가 궁금하지 않을 수 없다.
　낙동강 강변에서 6·25사변 때 인민군만 20만 명이 죽었다고 한다. 전쟁이 끝나고 강변에 살았던 사람들의 이야기를 직접 들었는데, 밤에 울음소리 때문에 무서워서 잠을 설친 때가 한두 번이 아니었다고 한다. 많은 사람들이 들은 소리다. 3년 동안 매우 심하다가 그 다음부터 차츰 울음소리가 줄어들었다고 한다.
　하루는 밤 10시 경에 우현동 법당 뒤 개울에서 모자도 각이 지지 않고 허술한 교복을 입은 18세 가량 된 학생이 머리를 숙인 채 앞에 서 있는 모습을 보았다. 우현동 법당에서 400미터 지점에 6·25때 흥해에서 포항시로 넘어오는 인민군을 막으려고 김석원 장군의 지휘 하에 있던 학도병들이 용감히 싸우다 김춘식 외 48명이 산화한 장소가 옆에 있는데, 너무 어려서 죽었다는 한을 해탈하지 못한 채 울고 다니는 것이다. 천도되기를 바라는 간절한 마음이 느껴졌다.
　그 해 35살 되던 해부터 전국적으로 현충일에 금강경 독송을 권장하여 경을 모셔드리는 심부름을 하게 되었다. 단군 이전, 그리고 단군께서 나라를 세우신 이래 고조선의 치우천황을 비롯하여 고구려, 백제, 신라, 가야, 발해, 고려, 조선을 거치면서 나라와 겨레를 지키기 위해 싸운 수많은 조상들의 영혼을 천도하기 위해 현충일날 오전 10시에 금강경을 읽어 드리는 운동을 시작하였다.
　서울법당에 상주할 때, 서울법당 신도님들과 함께 동작동 국립묘지에 가서 금강경을 읽어 드렸는데, 한 보살님이 그날 밤 꿈을 꾸기를 국립묘지에 묻힌 사촌오빠가 찾아와서 오늘 경을 읽어 줘서 너무 기쁘고 좋았다고 하더란다. 영가가 안고 있는 한을 풀지 못하고 죽은 그곳에 머물러 있는 경우가 많은데, 금강경의 법력과 미륵존여래불 백색 광명에는 모든 한이 해탈한다.

이 국토가 생긴 이래 국토를 수호하다 몸 바꾼 유주무주 애혼고혼 등 모든 영가들이 사람 몸 받아 금강경 읽고 미륵존여래불 잘 바쳐 부처님 잘 모시기를.

남의 아이 버릇 고치다 잘못하여

조주[1] 스님께서 공부가 익으신 뒤 천하를 한 바퀴 돌면서 많은 가르침을 제자들에게 내리셨다. 그분의 제자들이 전국에 많이 있기 때문이다.

스님께서 중국 산동성의 어느 암자에 있는 친구를 찾아갔을 때 일이다. 친구의 12살 난 사미승이 밀떡 두 개 반을 쟁반에 받쳐 들고 들어왔다. 조주 스님이 손님이시니 밀떡을 먼저 올릴 줄 알았는데 자기 스님에게 먼저 한 개를 올린다. 조주 스님께서 다시 생각하시길, 이제 남은 한 개 반 중 한 개는 당신께 올리고 반 개는 사미승이 먹을 줄 알았는데, 조주 스님께는 드리지 않고 한 개 반을 자기 앞에 당겨 놓고 먹는다.

남을 가르치길 좋아하는 조주 스님인지라 친구에게 핀잔을 주었다.

"여보게, 자네 저 아이 잘 가르치게."

친구가 대답했다.

"남의 아이 버릇 고치다 잘못하여 아이 버리기 싫네."

그때 조주 스님은 크게 깨치셨다. 내가 수많은 사람을 제자로 두고 잘못 가르친 일이 얼마나 많을까 하고 뒤돌아보게 되었다. 그 어린 사미는 도인을 깨치게 한 공덕을 지었다.

남을 가르쳐야 할 입장이 되었을 때 부처님 마음 즐겁게 해드리기 위해 심부름하는 마음으로 그네들을 만지면 밝은 일이지만, 내

---

[1] 조주(趙州 ; 778~897): 중국 임제종(臨濟宗)의 대가로서 남천 보원(南泉 普願)의 법제자.

가 만지고 내가 가르친다면 내 아상我相이 작용하여 배우는 이들은 거부감을 느끼고 또 가르치는 이의 그림자를 받게 된다. 그때 서로 어두운 업보들이 충돌하면 밝은 일은 못된다.

흔히들 가르친다는 미명 아래 얼마나 남을 구속하고 자신의 닦지 못한 독심毒心으로 얼마나 남을 괴롭히는가! 완벽하신 부처님의 경우라면 삼세(三世: 과거·현재·미래)를 혜안으로 보시고 그 사람이 지어 온 바를 참작하여 밝게 이끌어 가시겠지만, 그렇지 못한 경우 아이는 영영 비뚠 길로 갈 수 있고 반항심으로 일관할 수 있을 것이다.

남이 와서 물을 때 성실하게 대답하고 묻지 않는데 억지로 가르치지 않는다. 꼭 가르치고 싶을 때, 가르치겠다는 그 마음을 닦고 가르치면 상대가 부담을 안 느끼지만, 가르치겠다는 마음으로 가르칠 때 그가 받아들이지 않으면 내 마음에 짜증이 일어난다. 짜증이 일어나면 이미 불사佛事는 아니다. 그때는 내 정도가 이 정도인 줄 알고 부지런히 그 짜증을 바쳐야 하겠다.

도인은 범인보다 한 걸음 앞선다

우리들은 흔히 자신이 해 보지 못한 일, 무리한 일들을 남에게 억지로 시키는 경우가 있다. 자신이 할 수 없는 일을 억지로 시킨다면 자신의 마음속에 증證한 결과로 다음에는 자신이 할 수 없는 무거운 일을 남으로부터 강요받게 된다. 그렇게 되면 얼마나 마음이 무겁고 괴로우랴.

자신이 옛날에는 할 수 있었으나 지금은 할 수 없는 일도 남에게 강요하지 않아야 한다. 무기력한 지금, 남에게 벅찬 일을 시켜도 마음에 미안을 중하게 되기 때문이다.

남을 가르치는 이도 배우는 이들에게 너무 벅찬 것을 안겨 주어서는 안 될 것이다. 남을 가르치는 이들은 배우는 사람보다 한 걸음만 앞서야 한다. 가까이서 이끌어 주어 따라올 수 있다는 희망을 주어야 한다. 그리고 너무 차이가 보이지 않도록 아상我相을 닦아야 한다.

한 가지 배우고 또 터득하고, 한 법문 듣고 또 실행하며 한 걸음씩 나아가도록 한 걸음밖에 앞서지 않으면 마치 손에 든 생선 토막을 따라오는 강아지처럼 한 걸음 한 걸음 쫓아온다. 냄새를 따라 여러 가지 이익을 얻기 위해 배우고 행하게 된다.

도인은 범인보다 늘 한 걸음 앞선다.

바치는 아이들

초등학교 1학년인 대우는 어머니가 경 읽는 것을 늘 듣고, 또 법문을 들어서 바치는 것이 어떤 것인지 어렴풋이나마 알고 있다.

반장이기 때문에 자주 교무실에 들어가야 하는데, 어려운 선생님들이 너무 많이 계시니 주눅이 들고 말도 안 나올 때가 많았으나 직책상 보고할 일 때문에 안 갈 수는 없어 늘 고민이었다. 어떤 때는 두근두근하는 마음을 억누를 길이 없어 온 얼굴이 빨개지고 말도 더듬거리고 조리가 없어진다.

하루는 교무실 문을 열려다 마음이 두근거려 잠시 멈추었다. 그리고는 옆으로 돌아서서 그 두근거리는 마음에다 대고 미륵존여래불 정진을 2분가량 하였다. 그랬더니 마음이 안정되어 교무실 문을 열고 들어가 무사히 볼일을 보았다.

초등학교 3학년인 초롱이는 저녁에 2시간 동안 숙제를 해서 마치고, 아침에 일어나 아침 먹고 학교 갈 준비를 하는데 5살짜리 동생이 숙제장에다가 크레용으로 환칠을 해버렸다.

화가 날 대로 나서 주먹을 들어 내려치려는 순간, 화내는 마음은 미륵존여래불 염불로 바치라는 법문이 머리를 스쳤고, 또 어머니가 잘 바치는 아이가 제일 착한 아이라고 하신 것이 생각이 났다. 들었던 주먹으로 동생을 내려치지는 못하고 대신 방바닥을 치면서

"미륵존여래불이다." 하며 앙- 하고 울어 버렸다.

어린이지만 벌써 마음 닦는 일을 실지로 하고 있다. 육신을 다스리면 현인賢人이고, 마음을 다스리면 성인聖人이라고 했다. 어릴 때부터 실질적으로 자신의 마음을 다스릴 수 있도록 교육시킨다면 이 나라의 장래는 얼마나 밝을 것인가.

이 아이들은 밥 먹을 때에도 자기 입에 먼저 넣지 않고 꼭 부처님
께 드리고 먹는 습관이 되어 있다. 어른들이 공양 올리지 않으면 꼭
올려야 된다고 야단들이다. 아이들을 통해서 또 어른들이 마음을
닦는다.

열둘

금강경 읽고
미륵존여래불 바치는 법

금강경은 부처님의 마음 살림살이

석가여래 부처님께서 처음에는 금강경이 일반 대중들에게 너무 어려워 말씀하지 않으셨다가, 아함부阿含部, 방등부方等部, 반야부般若部를 도합 사십여 년간 설하셔서 대중들의 근기가 성숙되고 교단이 안정된 다음 비로소 금강경을 설하셨다. 육백 부 반야법문 가운데서도 금강경이 당신이 가장 하고 싶었던 말씀이고 또 핵심이라고 선생님께서 말씀하셨다.

육조 혜능 대사께서 실천하시고 수지독송受持讀誦을 권했던 경도 부처님 마음자리인 금강경이었다. 그분이 발심하셨던 계기도 금강경으로 주어졌고, 제5조 홍인 화상으로부터 전해 받은 경전도 금강경이었다. 제5조 이후, 불립문자不立文字를 표방하는 선종禪宗에서도 소의경전所依經典으로 인정되어 널리 읽혔다.

선생님께서도 처음에는 여러 가지 방법을 실행해 보시다가 '금강경'과 금강경에서 터득하신 '바치는 법'에 대해 완전히 자신을 얻으셨다.

금강경은 수보리 존자가 부처님께
"이 마음을 어떻게 항복받고 어떻게 써야 합니까?" 하고 질문한 데 대한 부처님의 답변이시다.

3, 4, 5분이 그 직접적인 답변이신데, 3분을 뜻으로 살펴보면, 구류중생九類衆生의 몸 받을 원인이 되는 네 마음속의 모든 분별을 부처님 만들어 그 마음을 항복받으라고 하셨다. 마음을 항복 받기 위해서는 올라오는바 모든 분별이란 내 마음 속의 중생을 부처님 만들라[令入無餘涅槃]하셨는데, 분별을 가지고 어떻게 해야 부처님을 만들 수 있을까?

성내고 독심을 연습하면 독사 몸을 연습하고, 물질, 음욕, 명예를 껴안으면 구렁이 마음 연습이고, 마음 연습한 데로 구류중생이 영글어 간다. 그래서 그 몸을 받는다.

올라오는 무슨 생각이든 그것을 부처님께 바치면 그 망상이 없어진다. 무슨 생각이든 다 바쳐 마음이 텅 비도록 닦으라는 뜻이다. 그 생각에다 대고 미륵존여래불 정진하라는 뜻이다.

또 4분에 이르시기를 무주상보시無住相布施를 하라고 하셨는데, 상相에 머무는 바 없이 베푸는 마음을 쓰기 위해서는 어떻게 해야 할까? 아상我相이 있는 한 무주상無住相이 있을 수 없는 반면에, 아상을 닦으면 하는 일마다 무주상이 될 것이다. 아상을 닦기 위해서는 모든 일을 '나'를 위해 하지 말고 부처님 위해, 부처님 시봉하기 위해 하라. 또 사는 목적이 부처님 시봉하기 위해 살아라. 이렇게 닦아서 부처님 시봉하는 마음이 무르익으면 무주상보시가 될 것이고, 그렇게 마음을 쓰면 그 복덕福德은 허공을 헤아릴 수 없듯이 불가사량하게 클 것이다.

5분을 뜻으로 살펴보면, 지금 정도의 네 생각이 모두 옳지 않은 줄 알고 그 생각 분별들을 모두 부처님 전에 바쳐 마음이 다 비워질 때 우주의 밝은 광명인 여래如來를 친견하리라 하셨다.

이렇게 3, 4, 5분을 실천해 나가면, 어디든지 머물지 않고 마음을 내는[應無所住 而生其心] 경지가 무르익어 갈 것이다.

'금강金剛'은 다이아몬드를 말하는데, 그것은 모든 광물질 중 강도가 제1위다. 이렇듯 단단하여 부수어지지 않는 불변의 지혜를 '금강반야金剛般若'라 할 것이다. 이 금강반야로 생사의 이 언덕으로부터 열반의 저 언덕으로 이르게 해주시는 제도의 말씀이 '금강반야바라밀경金剛般若波羅蜜經'이다. 부처님께서 사십여 년간 사람들을 가르쳐 오신 후, 이런 방법으로 닦으면 꼭 밝아질 수 있겠다 자신하여 붙이신 이름이다.

금강경은 왜 읽는가

셰익스피어의 『햄릿』을 읽을 때 우리는 4백여 년 전 영국이란 시간과 공간을 초월해 그냥 셰익스피어의 정신과 통한다. 그의 원숙한 사상에 의해 계속해서 전개되는 들, 시내, 산, 바다를 따라 거닐면서 그 구석구석에 밴 정신적 체취를 맡는다.

괴테는 『파우스트』라는 작품 속에 자신의 사상, 예술, 인생을 모두 담았다. 괴테의 마음을 그 작품에 쏟아 넣은 것이다. 그러니 『파우스트』는 괴테의 마음 덩어리이다. 우리가 이 작품을 읽는 것은 괴테의 마음에 우리의 마음이 몰입되는 것이다. 정신과 정신이 통신되는 것이다. 2백여 년 전 독일이란 시공을 초월하여.

금강경은 부처님께서 제자들을 40여 년간 가르치신 후 제자들의 경지도 높았고 당신 또한 가장 완숙하실 때, 하루해로 말하자면 밝은 경지가 정오의 태양처럼 눈부시게 빛나셨을 때 수보리 존자가

"부처님, 이 마음을 어떻게 항복 받고 어떻게 머물러 두리이까?" 하고 질문하자, 석가여래 당신의 밝으신 마음 살림살이를 몽땅 털어놓으신 경이다. 당신의 밝으신 마음을 몽땅 쏟아 넣으신 것이다.

석가여래 부처님의 마음 덩어리이고 광명 덩어리인 금강경을 읽으면, 우리 마음이 3천 년 전 인도 기수급고독원이란 시간과 공간을 초월하여, 몸과 마음이 가짓것 건강하셨던 부처님과 통신한다.

독경을 통해 부처님 광명을 향하니 빛이 비치어 우리의 업장이 녹아내리고 지혜가 난다. 중생의 마음 구석에 꽁꽁 얼어붙은 업장 덩어리가 한여름 뙤약볕에 얼음 녹듯 녹아내리는 것이다. 구석구석의 곰팡이가 햇볕에 청소되듯, 부처님 광명에 마음이 닦여져 차츰 밝아지는 것이 금강경 읽는 뜻이다.

처음에 경 읽기가 무척 힘든 것은, 무시겁으로 어두운 마음만 연습하다 별안간 밝음을 향하니 비쳐 오는 빛에 익숙지 않아 생소하고 싫기 때문이다.

금강경 읽는 자체가 마음 닦는 길이다. 마음을 닦는다는 것은 석가여래를 닮아 간다는 뜻이다. 금강경을 자꾸 읽어서 석가여래의 지혜를 닮아 가고, 석가여래의 인품을 닮아 가고, 자비를 닮아 가고, 또 석가여래 부처님처럼 복을 짓자는 것이다.

또 금강경을 읽으면 우리가 마음에 한없이 연습한 마음속의 응달인 재앙이 소멸되고 우환이 해탈된다. 부지런히 모난 마음, 옹이진 마음, 그늘진 마음, 수렁 같은 마음 등을 모두 닦으면 어려운 일들은 해탈되고 소원은 성취되는 것이다. 안 된다는 내 마음 닦고 공덕을 지으니……. 그리고 마음이 밝아져서 알아지는 것이다.

금강경 읽는 것은 부처님께 공경심을 연습하고 받들어 시봉하는 길이다.

금강경, 어떻게 읽을까

우리가 어떤 자세로 금강경을 읽어야 하는가에 대해 백 선생님께서 다음과 같이 이르셨다.

첫째, 삼천 년 전 정신과 육체가 동시에 건전한 석가여래께서 당신의 제자를 데리고 이 말씀을 하셨다는 것을 의심치 말 것.
둘째, 나도 천이백오십 인의 제자 중에 끼어서 당신의 말씀을 직접 듣는다고 생각하고 당신의 말씀을 알려고 노력할 것.
셋째, 안 것은 실행하려고 노력할 것.

실행하는 기간은 처음부터 너무 길게 잡으면 막연하고 벅차니까, 우선 백 일을 잡아 실천하면 될 것이다.

성현의 말씀인 동양의 고전은, 본래 그 공부 방법론이 서양의 책과는 달라 애당초 그 책에 대해 아무것도 모르더라도 앉아서 소리 내어 자꾸 읽어야 한다. 언제까지 읽는가 하면, 책을 쓴 분하고 자기가 통해서 그 세계에 들어갈 때까지.

금강경도 마찬가지이다. 석가여래 부처님과 통할 때까지 부처님 앞에서 법문 듣는 마음으로, 공경심으로 자꾸 소리 내어 읽어야 한다. 읽을 때는 가능한 한 단전에서 나오는 소리로 장궤 또는 가부좌를 취한 자세로 독경한다.

십 년 공부 나무아미타불

경전에 의하면 10만억 8천 리를 지나야 아미타불이 계시는 서방 정토西方淨土가 있다고 한다. 이를 육조 혜능 대사께서 해석하시기를, 10만억이란 우리들 마음속의 업장인 십악十惡[1]이요, 8천리란 팔정도八正道의 반대인 팔사八邪[2]를 가리키는 것으로, 10만억 8천 리를 지나야 한다는 것은 열 가지 악과 여덟 가지 삿된 일을 제거해야 된다는 뜻이다. 그럴 때 아미타불로 성불이 된다고 하셨다.

'십 년 공부 나무아미타불'이란 말이 있다. 어떤 이가 아미타불을 친견하려고 10년 동안 열심히 공부해서 깨달음을 얻고 보니 자기가 바로 아미타불이 되어 있더란 것이다. 십악十惡과 팔사八邪를 제하면 누구든지 아미타불이란 뜻이다.

나옹[3] 스님은 이런 게송을 남기셨다.

아미타불이 어디에 계신가?
아무리 찾아도
마음 밖에서는 찾을 길이 없구나.
마음의 분별 다 바쳐

---

1) 십악(十惡) : 몸, 입, 뜻(身口意)으로 짓는 열 가지 죄악. 즉, 살생(殺生), 투도(偸盜), 사음(邪淫)의 신삼(身三)과, 망어(妄語), 기어(綺語), 양설(兩舌), 악구(惡口)의 구사(口四)와, 탐욕(貪慾), 진에(瞋恚), 사견(邪見)의 의삼(意三).
2) 팔사(八邪) : ① 사견(邪見), ② 사사유(邪思惟), ③ 사어(邪語), ④ 사업(邪業), ⑤ 사명(邪命), ⑥ 사방편(邪方便)=邪精進(사정진), ⑦ 사념(邪念), ⑧ 사정(邪定)의 여덟 가지 그릇된 것.
3) 나옹(懶翁, 慧勤, 1320~1376) : 고려 시대의 고승. 지공(指空), 무학(無學)과 함께 삼대 화상(三大和尙)이라 일컬어졌다.

해탈이 되어 텅 비게 하면 마음이 밝아져
자색광명이 온몸으로부터 방광하는도다

　작년이라 기억되는데, 불교신문에 송광사 방장 스님이 이런 말씀을 하신 것을 보았다.
　"미륵존여래불께서 용화세계龍華世界를 펼치시는 때가 56억7천만 년 후라는데, 이것은 시간을 가리키는 것이 아니라 우리 속의 오감五感과 육근六根과 칠식七識을 다 닦아 초월하면 누구든지 미륵존여래불이 된다."는 뜻이라고 하셨다.

미륵존여래불, 석가여래의 마음 가신 곳

선생님께서 법문하시길, 지금부터 약 3천 년 전 멀리 인도의 영산회상에서 있었던 일이라고 하셨다.

5백여 명의 대중들이 모두 잘 닦아 탐진치가 없는 빈 마음으로 고요히 정定에 들어 있는데 석가여래께서 광명을 나투시며 걸어오셨다. 부처님 오시는 것을 뵙는 순간, 5백여 개 빈 마음의 거울에 부처님의 광채가 크게 비치어 일시에 반사되니 그 광경이 너무나 찬란하고 장엄하였다.

부처님께서 기뻐하시며 말씀하셨다.

"모두들 밝고도 밝구나. 결국 이렇게 한마음 닦아 성불하는 것이다."

그런데 그 말씀을 듣는 순간 대중들의 밝음은 일시에 사라지고 다시 캄캄해졌다. '옳지, 그렇구나. 내가 이렇게 밝으니 내 마음 닦아 내가 성불하는구나!' 하며 순간적으로 '나'를 향하니 아상我相이나 그대로 캄캄해져 버린 것이다.

그러나 모두 캄캄해진 가운데 유독 한 사람만은 아까보다 더욱 밝아져 주위에 광채를 드리우고 있었다. 부처님께서 그이의 마음을 보시니 '부처님, 당신이 아니시라면 제가 어디서 한마음 닦아 밝아지는 이런 귀한 가르침을 듣고 배울 수 있겠습니까!' 하며 더욱 감사와 공경의 마음을 내는 것이다.

그때 석가여래께서 그분에게 수기授記를 주셨다.

"그대는 나를 이어 성불成佛하리라. 그때 이름을 '미륵존여래불'이라 하리라."

수기를 받으신 분이 석가여래께 여쭈었다.

"세존이시여, 왜 당신께서는 광명을 나투기만 하시고 중생들에게 베풀지는 않으십니까? 원하옵건대 모두에게 광명을 베풀어 주십시오."

이 말을 들은 석가여래께서는 그이를 향해 찬탄하셨다.

"그대가 펼칠 법법法은 크고도 크구나!"

수기를 받으신 그분의 이름은 아일다阿逸多, 앤다만 국의 왕자이셨다. 앤다만 국은 인도와 말레이반도 사이에 있는 섬나라인데, 출현하신 부처님을 친견하기 위해 바다를 건너 갠지스 강 상류를 거슬러 올라와 부처님의 영산회상에 참여하신 것이다. 오실 때는 사람 몸집보다 훨씬 더 굵은 열대산 통대나무를 원목 그대로 잘라 배로 삼아 타고 오셨다.

아일다 왕자께서는 수기를 받으신 순간, '제가 어찌 감히 부처님의 대代를 잇는단 말입니까!' 하는 생각이 들어 막중한 책임감에 무거움을 느낀, 그 한 분별을 닦는 데 모두 열두 생이 걸리셨다.

열두 생을 닦으시는 중에, 여러분의 성인 모습으로 오셨다고 한다.

왜 미륵존여래불 정진하는가

　석가여래 부처님께서 관세음보살을 칭송하시고 관세음을 염송하면 소원을 성취한다고 하시니, 석가여래불이 근본이신데 부처님은 잊어버리고 관세음보살 좋다는데 마음이 붙어 관음 정진만 최고라고 한다.
　보살은 여래의 십신十身이다. 근본이신 부처님 향해야 더욱 밝을 것이므로 현금 석가여래불의 마음 가신 곳을 찾아 향하여야겠다. 석가여래의 마음 가신 곳은 당신의 법法을 이으실 미륵존여래불께 수기授記를 주신 바로 그 밝은 당처이다.
　미륵존여래불의 정진은 석가여래의 정신을 계승하신 주세불主世佛로서의 미륵존여래불을 시봉하는 길인 것이다. 한 부처님이 제도하시는 기간은 3천 년이라고 한다. 처음에는 홍련이 피어 천 년 만에 백련, 2천 년 만에 황련, 3천 년 만에 청련이 된다고 한다. 푸른 연꽃이 피면 부처님이 출현하신다고 하는데, 석가여래 부처님 이후 3천 년이 다 되어 가는 연꽃이 인도에 있다고 한다.
　내가 학생 때는 불기佛紀를 2990년대를 사용했다. 당시 북방불교와 남방불교의 불기가 약 5백 년 가량 차이가 났다. 그런데 세계불교도대회에서 태국 등 남방불교국들과 일본이 주도하여 불기를 2500년대로 통일시켜 버린 이후 현재의 불기를 사용하고 있다.
　그러나 혜초 스님께서 육로를 통해 인도로 가셨다가 신라로 귀국할 때 배를 타고 오시던 중 세일론에 들르셨던 기록을 보더라도, 지금은 석가여래 부처님 이후 삼천 년의 시점이 분명한 것으로 여겨진다.
　석가여래 부처님께서 미륵상생경, 하생경, 성불경에서 미륵 부처님이 출현하시는 세상에 대해 설명하셨다.

그때는 밤이 대낮처럼 밝아진다(전깃불이 밝아 밤에도 운동 경기를 할 정도이다). 마을과 마을이 이어져 닭이 날아다닐 정도다(아파트 촌, 밀집한 도시 건물). 길에는 유리가 깔린다(아스팔트). 대소변을 보면 땅이 갈라져 없어진다(수세식 화장실). 나쁜 과일은 없어지고 맛있고 좋은 과일이 생긴다(부사, 귤, 파인애플, 개량 포도 등). 옷이 너무나 화려하고 너무 살기가 좋으며 그때가 되면 남녀의 성性 관계가 문란하다(호텔, 여관이 성업).

경의 말씀대로라면 지금이 부처님 출현하실 시기인 것이다. 출현하시는 부처님 시봉 밝은 날과 같이 복 많이 짓기를 발원.

열셋

인과의 이야기

철종과 박영효

옛날에 서울의 한 부자가 오대산에 기도를 드리러 가는 중, 한 스님이 산에서 넓은 가랑잎을 주워 글씨를 쓰고 있는 것을 보았다.

서울 사람이 왜 종이에다 글을 쓰지 가랑잎에다 쓰느냐고 물으니 종이가 없어서 그런다고 하였다. 그래서 서울 사람은 내년 봄에 다시 오대산에 올 때 종이를 한 질 가져다 드리겠노라고 약속하였다.

옛날에는 종이가 너무 귀하였다. 그 스님은 오직 공부하고 사경寫經하는 낙 외에 다른 것이 없으니, 언제쯤이나 그 서울 사람이 종이를 가져다 주나 하고 그 부자를 향하게 되었다. 그 다음 해인가 기도 온 서울 사람에게 물으니 그 부자가 오대산 중대中臺를 짓고 있다고 하였다. 서울 부자는 오대산 중대를 지은 공덕으로 다음 생에 철종이 되고, 스님은 종이를 언제 주나 하고 향하던 인연으로 철종哲宗의 부마인 박영효朴泳孝가 되었다.

박영효는 임금의 부마라 늘 비단옷을 입었지만, 속은 항상 먹물 옷 빛깔인 회색의 안감을 대어 입었다. 여러 생 닦던 사람이라 먹물 옷 색깔을 속에나마 대어 입어야 자기 마음이 편해지기 때문이다.

인과경因果經에도 자세히 나와 있지만, 절을 짓는 것은 큰 복을 짓는 일이다. 한 법당은 많은 중생들의 무지와 업보 업장을 해탈시키고 밝은 선근善根을 자라게 하는 근간이다. 불연佛緣을 맺고 불법을 듣고 닦는 일은 법당이 있음으로 해서 이루어지니 큰 공덕이 되는 것이다(철종의 경우).

생시에 향하던 사람은 몸을 바꾸어서도 향하게 되어 가까이 태어나게 된다. 마음에 원인 지어서 부부, 가족, 친구가 되는 것이다(박영효 선생의 경우).

못된 짓 하는 이가 잘사는 경우

착한 사람이 못살고 심보가 고약한 사람이 잘사는 경우가 많다고들 한다. 세상 사람들은 이런 현상을 보고 하늘이 무심하다고 개탄을 한다. 그러나 그 원인은 이생 전에 있다.

어떤 사람이 평생을 도덕과 예의를 지키고 남에게 허물 가는 일 아니 하고 살다가 죽을 때가 되면 한탄한다. 남들이 안 하는 동네 일, 친척 일, 나라 위하는 일 등 온갖 궂은일을 열심히 하고 착하게 살아 보았자 평생 고생이고 가족까지 고생시켰다고 후회하게 된다.

죽는 순간에 생각하길, '못된 짓도 가끔씩 할망정 잘살아야 돼! 일단은 잘살고 볼 일이야! 악착같이 경쟁하고 모략중상을 밥 먹듯이 하면서 잘사는 아무개처럼 말이야!' 한다.

이렇게 자신의 초라한 가난을 개탄하면서 숨을 거둔 그 사람은, 최후의 생각이 마음에 사진 박혀 다음 생에 태어나면 인정, 도덕 가리지 않고 못된 짓을 해서라도 악착같이 잘살려는 마음으로 평생을 살아간다.

전생前生에 죽는 순간에 정한 한 생각이 이생의 마음 바탕으로 작용하여 일생을 살게 되는 것이다. 전생에 좋은 일, 나라를 위한 일, 동네와 이웃을 위한 일, 집안에 있는 큰 일 등에 헌신해서 지은 공덕이 있으니 잘살게 되고, 그때 은혜 입은 사람이 다시 갚게 되어 일이 잘 되는데, 최후에 가졌던 한 생각은 닦지 않으면 바꾸지 못하니 그 내막을 모르는 사람들은 못된 짓 하는 사람이 잘산다고 한다.

그러나 반대로 도덕이나 인정을 무시하고 악착같이 잘살려고만 하고 자기를 위해서는 형제나 부모도 못 본 체하고 남을 위해서는 하나도 베풀지 않고 인색했던 사람은 누구든지 죽을 때가 되면 깨치고 후회와 참회의 눈물을 흘린다고 한다. 이게 사람만이 가진 천부적인 도덕률이고 지혜인지도 모른다.

'악착같이 남에게 피해를 주어 가면서 재산을 모아 봤자 죽을 때 가지고 가지도 못하는 것을…….' 하고 후회하며 '사람은 착하게 살고 봐야 돼!' 하고 참회를 한다.

이 사람은 착하게 살아야 된다는 최후의 인식을 사진 박아 두었기 때문에 다음 생에 태어나면서부터 착한 심정으로 평생을 사는데, 전생에 복 짓고 남 위해 베푼 것이 하나도 없기에 늘 가난하고 전생에 못된 짓 한 사람들에게 늘 괴롭힘을 당하며 평생을 살아 간다.

살생의 과보

중국에는 '장낫'이라고 손잡이가 긴 낫이 있는데, 한 번 낫질할 때마다 풀이 한 아름씩 베어진다. 어느 여름날, 한 스님이 이 장낫으로 무성하게 우거진 풀을 베는데 독사가 풀을 베는 소리에 머리를 들었다가 머리가 날아가 버렸다. 스님은 등골이 오싹했지만 일은 이미 저질러 버린 뒤였다. 염불도 하고 기도도 했었다.

20년이 지난 어느 날, 스님 마음이 몹시 흔들리기에 공부해 보니 빚을 받으러 오는 사람이 있다는 것을 알았다. 20년 전에 죽은 그 독사가 원수를 갚으러 온 것이다.

사람 손에 죽는 축생은 대개 사람 몸을 받기 쉽다고 한다. 최후 순간에 죽이는 자를 증證하고 죽으니 중한 그 사진을 따라 그 모습으로 태어나기 때문이다.

19살 먹은 한 청년이 와서 공부를 하겠다며 제자로 삼아 달라고 청한다. 스님은 거절하고 싶었으나, 그 업보業報를 이생에서 해결하려고 좋다고 승낙하시었다.

단칸방이라 한 방에서 같이 잠을 잤다. 얼마 후부터 이 젊은이의 눈이 늘 충혈되어 있고 저녁엔 칼을 허리춤에 차고 자는 것을 알게 되었다. 자기도 모르게 그렇게 되어 가는 것이다.

그 스님은 볏짚으로 사람 모양의 허수아비를 만들어 숨겨 두었다. 청년이 잠들면 스님 자리에 볏짚으로 된 허수아비를 눕히고 이불을 덮은 다음, 방 윗목 구석에 앉아 정진을 계속하셨다.

그렇게 한 지 며칠째 되는 날, 청년이 잠을 자다가 눈을 반쯤 뜨고 잠에 취해 부스럭거리며 일어나더니만, 옆자리 이불을 더듬더니 허리춤의 칼을 빼어 옆자리를 내리 찌르고는 누워 또 잠이 들어 버린다.

  스님은 기가 막혔다. 모든 업보의 주고받음은 윤리와 도덕의 벽을 넘어 버린다. 이성이 마비된 상태가 되어 버리는 것이다. 아침이 되어 청년이 눈을 뜨면서 그 스님을 보자 소스라치게 놀라면서 그 충혈된 눈에 독毒이 쑥 빠져 버렸다.

  유심有心으로 지은 업은 유심으로 받고, 무심無心으로 지은 업은 무심으로 받는다. 교통사고로 죽거나 다치거나 하는 것도 우연이 아니고 모두 원인 지어 나타나는 결과들이다.

  살생을 가능한 한 하지 않고 살아갈 수 있다면 미래가 괴롭지 않을 것이다.

살생은 가능한 한 피하여야

 살생을 하면 그 죽은 축생의 한恨이 따라다니며 괴롭히는 것을 사람들은 잘 모른다. 결혼이나 회갑 때 소 잡고 돼지 잡는데, 그렇게 하면 재앙의 원인이 될 수 있으니, 나를 위해 잡지 않은 고기, 잡는 소리를 듣지 않은 고기, 잡을 때 보지 않은 고기를 사다가 쓰는 것이 현명하다.
 몸이 아플 때에도 가능한 한 다른 약을 먹고 나아야지, 살생은 피해야 한다. 사람들은 약재라 하여 염소, 개, 가물치, 자라 등을 고아 먹기도 하는데, 이때 약재로 되는 짐승이나 고기는 대부분 전생업보前生業報들이다. 업보 주고받을 때가 되면 그렇게 약재란 명목으로 죽이게 되는 것이다. 또 업보를 주고받을 때가 되면 고기가 유달리 먹고 싶을 수도 있다.
 누이동생이 독일에 살다 11년 만에 고국으로 오면서 제일 좋다는 섀미 점퍼를 가지고 왔다. 오빠가 공부시켜 주어 유럽에서 잘 살게 되었다면서 가져온 첫 번째 선물이다.
 선생님께서는 그 점퍼를 보시더니 가죽에 소의 원한이 붙어 있다고 하셨다. 소가 죽으면서 품은 한恨이 가죽에 붙어 있기에 가죽은 유쾌한 것이 못된다고 하셨다.
 그래서
 "가죽 임자인 소의 공덕을 지어 주기 위해 그 가죽옷을 팔아서 금강경을 찍으면 어떻겠습니까?" 하고 여쭈었더니
 "그 소하고 원인 짓지 말고 저희들끼리 해결하게 너는 그 가죽옷을 동생에게 주어라." 하셨다. 그 말씀대로 실행하였다.
 한 사람 밝게 해주시기 위해 주위에 마장魔障이 될 것은 세심한

데까지 닦게 해주신다. 그 전에 양가죽 코트가 있었는데 한恨이 옷에 붙어 있다고 하셨다. 그 가죽 임자가 몸을 다시 받아 전생의 자기 가죽을 볼 때 악심이 나서 서로 재앙을 일으킨다고 하셨다. 그 후로 가죽 제품은 될 수 있는 대로 피하게 되었다.

    나를 위해, 나에 의해 살생을 하거나, 살생하는 그 장소에서 보고 듣거나, 살생의 결과를 몸에 걸치거나 하는 일은 가능한 한 피하는 것이 좋다. 그 원한이 앞길을 가로막는 장애물이 될 수 있기 때문이다.

마음을 바치지 않을 수 없는 이유

소사 도량에 들어온 지 얼마 안 되어서다. 당시 목장 일에 관해 잘 알던 분이 도량에 같이 있었는데, 몸이 무척 마른 편인 그분은 성격이 신경질적이고 화를 잘 내었다.

한번은 선생님께서

"얘, 저 사람 좀 봐라. 독사 껍질이 영글어서 머리를 살래살래 흔드는구나." 하시며 그분을 가리키셨다. 용심을 일으키면 혜안을 가진 분 눈에는 그냥 비친다.

과연 보니 그대로여서, 순간적으로 너무 놀라 심장이 멎는 것 같았다. 독사가 머리를 흔드는 모습 그대로다. 며칠간 고민하였다. 나라고 예외일 수는 없듯이, 누구든지 성내는 마음을 연습하면 저렇게 되어 다음 생에 저 몸 받는다고 생각하니 앞이 캄캄해졌다.

그러니 공부를 안 할 수는 없고, 하자니 힘이 들고, 차라리 무지해서 저런 원인 지어 저런 결과 받는 것을 모르고 한평생 살다 가면 부담이 없을 것인데, 왜 이런 것을 알 정도로 지혜가 나서 이 고생일까 싶었다.

독심毒心과 악심惡心을 연습해서 일으키니 독사라는 놈이 머리를 꼿꼿이 세워 들고 도망도 가지 않고 대어든다. 겁이 나서도 성내는 마음이 일어나면 무조건 죽느냐 사느냐 하는 각오로 바치기 시작했다.

윤회에 대하여

1. 태란습화胎卵濕化 4생의 경우

모든 중생의 종류는 아홉 가지로 나눌 수 있다. 이 구류중생九類衆生[1]들이 마음 씀씀이에 따라 각각 형태를 달리하면서 윤회의 숙명으로 이끌려 간다. 마음가짐은 삶의 형태를 바꾸어 가고 환경을 변화시킨다.

구류중생 중 태란습화胎卵濕化 4생을 살펴보면 다음과 같다.
○ 태생胎生: 남에게 의지하는 마음 연습하면 태생 몸을 받는다. 뱃속에서 탯줄에 의지하여 10개월 살다가 어미 몸 밖에 나와서 3년간은 젖꼭지에 의지하여 살면서 보호받는다. 예를 들면 포유동물들, 즉 사람, 개, 소 등.
○ 난생卵生: 배은망덕한 마음을 연습하면 알로 나는 난생보를 받는다. 뱃속에서 양분을 준비하여 배 밖에 나와서부터 어미를 아랑곳하지 않고 독립된 생활을 한다. 예를 들면, 새, 닭, 오리 등.

---

1) 구류중생(九類衆生) : 난생, 태생, 습생, 화생, 유색, 무색, 유상, 무상, 비유상비무상. 태란습화 4생은 본문에서 설명한 바와 같다. 유색(有色)은 눈에 보이는 것, 예를 들면 산(山)이나 바다 등을 말하고, 무색(無色)은 있긴 있는데 눈에 보이지 않는 세계를 말한다. 또 유상(有相)이란 생각(정신)은 있는데 육신은 없는 것이니 도깨비를 말하고, 무상(無相)이란 육신은 있는데 마음은 없는 것이니 허깨비를 말한다. 비유상비무상(非有相非無相)은 생각이 있다고 하기도 어렵고 없다고 하기도 어려울 정도로, 마음이 극히 미세한 것들인데, 예를 들면 아메바, 박테리아 같은 것들이다.

○ 습생濕生: 숨는 마음 연습하면 물고기 몸을 받는다. 육지에 살면서 숨는 마음 연습이니 물속에서 살 수밖에 없다.
○ 화생化生: 자격이 없으면서 자랑하는 마음 연습하면 화化해서 나는 것이 된다. 구더기가 화해서 파리가 되고, 장구벌레가 화해서 모기가 된다.

2. 각종 중생의 경우

개의 마음은 꾸짖는 마음이다. 남을 꾸짖는 마음이 영글어서 99%가 되면 완전히 개의 마음이 되어 사람 육신과 분리가 된다. 개 마음에는 개의 몸이 적합하지, 지금 쓰고 있는 사람의 몸이 어울리지 않는다. 그래서 헤어지는 현상을 죽음이라고 한다.

개는 늘 짖는다. 어떤 동물도 시끄럽게 짖지 않는데, 개는 꾸짖는 마음으로 이룩되었기에 늘 짖어서 꾸짖는다.

말 마음은 남을 물어박지르며 또 이기려는 마음이다. 지지 않는 것이 소원이기에 경마장에서 지지 않으려 달리며 전쟁터에서도 늘 다투어 빨리 달린다.

구렁이의 마음은 몸은 작은데 큰 것을 껴안는 마음이다. 작은 몸이 큰 것을 껴안으려 하니 자연히 몸이 가늘고 길어진다. 껴안는 대상으로는 돈, 명예, 남녀 등.

옛 이야기를 듣다 보면 구렁이가 똬리를 틀고 앉아 보물 항아리나 금괴 등을 지키고 있다는 내용이 나오는데, 실제로도 그렇다고 한다. 보물이나 금괴 등의 주인이 그것에 대한 애착을 자꾸 연습한 결과일 것이다.

독사 마음은 성내는 마음이다. 독사는 늘 성이 나 있다. 독으로 몸이 붓는다.

고양이 마음은 늘 남의 허물을 찾는 마음이다. 그래서 눈이 구슬처럼 동그랗다.

쥐 마음은 도둑의 마음이다. 늘 어두운 곳과 구멍을 찾는 마음이다. 떳떳하고 당당치 못하다.

소의 마음은 자신이 한 일에는 만족하고 장래는 어떻게 되는지 모르는 캄캄한 마음이다. 자신이 한 일에 만족한 마음이기에 소의 걸음은 늘 뚜벅뚜벅 바쁜 법이 없다.

여우의 마음은 의심하고 믿지 않는 마음이다.

물고기의 마음은 숨는 마음이다. 강이나 바다 속에 숨는다.

돼지의 마음은 음식을 탐하는 마음이다.

이렇게, 사람이든 짐승이든 마음을 연습한 대로 몸을 받아 간다. 여기에서 예를 든 것 외에도 무수한 마음들이 있다.

3. 한마음 따라 이리저리

길짐승은 땅 위에서 늘 생명의 위협을 느낀다. 잡아먹히지 않기 위해 최선의 경계를 하고 긴장한다. 토끼와 노루의 오줌에 지린내가 몹시 나는 것도 긴장 때문이다. 소는 본능적으로 늘 멀리 바라본다. 자신을 방어하기 위해서다.

이렇게 긴장을 하다 보니 어디 몸을 숨기고 사는 것이 소원이 된다. 그런 소원이 깊어지면, 마음에 원인 지어진 대로 다음 생에는 물고기가 된다. 숨는 마음은 물고기 마음이기 때문이다.

물속에서 살다 보면 답답하여 훨훨 날고 싶어진다. 그 마음이 원인이 되어 다음 생에는 새가 되어 하늘을 난다. 날아 보면 좋을 것 같았으나, 막상 날아 보니 허전하기 짝이 없다. 허전해서 또 아늑한 곳이 그립다. 그래서 다시 고기가 되고 또 답답하면 땅위에 태어나기도 하다가.

모두 한마음 일으킨 대로 몸을 받는다. 축생 마음 연습해서 그 몸 받건, 축생을 증證해서 그 몸을 받건, 마음에 세운 원願 따라 몸 받건, 그 집에 주고받을 인연이 있어 몸을 받건 간에, 모두 한마음 내의 작용이다.

경전에 말씀하시기를

"사람 몸 받기가 허공에서 바늘을 떨어뜨려 겨자씨에 꽂히기만큼 어렵다."고 하셨다. 엊그제 초등학생이었는데 벌써 40이면, 내일 모레는 80이다. 세월은 화살처럼 지나며 우리를 기다려 주지 않는데, 마음 닦고 부처님 전에 공경심 연습하지 않고, 언제까지 육신의 애착과 돈과 명예에 이끌려 가는가. 죽음의 문턱에 닿을 때까지?

사람 몸 받았을 때라야 공부할 수 있으니, 살아 있는 이 순간순간은 너무나 귀하다.

인생은 나그네

한 나그네가 먼 길을 가는 중 어떤 빈집에 들러 쉬면서 온 집을 깨끗이 청소하고, 창고에 곰팡이 나는 물건은 내어서 볕에 말리고, 좀이 나 있는 쌀독의 쌀은 그늘에 말려 채로 쳐서 잘 담아 두고, 땀이 밴 옷이 있으면 깨끗이 빨아서 말려 두고, 채소밭과 화단의 시든 작물은 물을 주어 살리고, 더러운 우물은 깨끗이 치워 맑히고, 찢어진 문풍지는 잘 바르고, 무너진 담장은 도둑이 들지 못하게 고쳐 놓고, 이웃과도 사이좋게 지내고, 지식을 익히고 지혜를 밝히는 일에 관심을 기울이다가, 어느 날 새벽이 되어 길을 떠난다고 하자.

그 나그네가 길 가다 들르게 되는 다음 집에는 창고에 먹을 것도 풍부하고, 밭에는 채소도 풍성하고, 꽃밭에 꽃도 곱다. 담은 견고하고, 옷들은 모두 깨끗하고, 맑은 샘물은 늘 풍족히 흐르고, 지혜는 밝고, 지식도 풍부하고, 이웃과도 잘 지내게 된다.

그러나 또 다른 나그네는 게을러서 바닥에 쏟아진 쌀을 주워 담지도 않고, 쥐가 끓게 만들고, 땀내 나는 옷을 빨아 두지도 않고, 찢어진 문과 구멍 난 담장도 고치지 않고, 더러운 우물도 푸지 않고, 채소밭에 물을 주지 않아 채소가 죽고, 꽃밭을 가꾸지 않아 꽃이 말라 죽고, 성질이 포악하여 남과 다투고, 지식도 쌓지 않고, 지혜도 밝히지 않고, 게을러 낮잠만 자다가, 새벽에 길을 떠난다고 하자.

그이가 오랜 걸음 끝에 찾아가는 곳엔 집이 낡아 담도 무너지고, 쌀도 없고, 우물도 썩어 있고, 입을 옷도 부족하며, 온 집에 오물과 먼지투성이다. 이웃들은 모두 거칠어 서로 싸우고, 아는 것은 없고 지혜는 어두워 무엇을 어떻게 해야 할지 몰라 쩔쩔매게 된다. 이 세상 모두 원인 지은 대로 결과 받는다. 이런 것이 윤회하는 인생이다.

웃음소리

절에서 결혼식이 거행되어 신부를 법당 안으로 맞아들이는 엄숙한 순간 어디선가 웃음소리가 터져 나왔다. 한산[1]과 습득[2] 두 분이 그만 웃음보를 터뜨린 것이다. 하객들도 그 웃음소리에 감염이 된 듯 영문도 모른 채 킥킥거리고 웃다가, 마침내 못 견디겠다는 듯 웃음소리를 터뜨려 순식간에 장내는 웃음바다가 되어 버렸다.

혼인을 주최하는 사람들로서는 일생에 한 번뿐인 엄숙한 대사大事이다. 그러나 주인이기에 치밀어 오르는 화를 꾹 참으며 의식을 진행시키는데, 북을 '둥둥' 치며 절을 올리는 순서에 와서 이 두 분이 또 소리 내어 웃어 버렸다. 하객들도 웃음을 참느라 애쓰다 따라 웃었다.

결혼식이 끝나자마자 신랑의 아버지 되는 사람이 두 눈을 부라리며 멱살을 잡을 듯이 달려들어 화를 내니, 두 분이 빙그레 웃으며 연유를 설명해 주셨다.

처음에 웃은 것은 신부가 입장할 때 보니 당신의 할머니가 다시 태어나 오늘 이 집 며느리로 오는 것이라 웃었고, 두 번째 웃은 것은 당신 고모가 돌아가셔서 소가 되었다가 몇 년 전에 죽었는데 그 가죽이 북으로 만들어져 당신 아들 결혼식에 '둥둥' 울리는 것을 보니 사람의 인생사가 하도 우스워서 웃은 것이라 하였다.

---

1) 한산(寒山) : 중국 당나라 때 절강성 대주부 시풍현 서쪽에 있는 한암(寒巖)의 깊은 굴속에 사시던 분. 많은 선시(禪詩)를 남겼다.

2) 습득(拾得) : 당나라 때 천태산 국청사에 있던 분. 풍간(豊干)이 길가에서 주어온 아이라는 뜻에서 '습득'이라 불렸는데, 한산과 서로 어울려 친히 사귀었다. 한산, 습득, 풍간을 세간에서는 3성(聖)이라 칭했다.

밝은 눈으로 보면 이 세상은 그야말로 돌고 도는 한바탕의 꿈이고 웃음거리인지 모른다. 동시에 미迷한 자에게는 어디서부터 오고 어디로 가는지조차 모르는 캄캄한 무지의 암흑 속에서 한 치의 빈틈도 없이 진행되는 무거운 인과의 쇠사슬인지도 모른다. 과연 웃어야 할까, 울어야 할까?

열넷

도량에서

봄빛이 오면

도량은 온통 봄기운으로 훈훈하다. 밝은 햇살이 따사롭고, 어린 묘목과 나무들이 모두 새 기운을 찾아간다.

이번에 8년생 단감나무 다섯 주와 대추나무 다섯 주를 새로 사 왔다. 공장 부지에 밀려 진영에서부터 온 단감과, 대구산產 대추나무를 심는 마음은 참으로 흐뭇하다. 늦가을 단풍이 든 나뭇잎 사이에 달릴 붉은 감과 대추를 생각하면 미리 좋아진다.

옛 소사 도량에서도 복숭아, 자두, 배 등의 유실수를 가꾼 적이 있었다. 20대 중반이었던 그때는 오직 선생님께 공양 올리겠다는 마음뿐이었다. 과일이 영글어 가는 가을과 봄에 비료를 주고, 초겨울에는 퇴비를 주며, 직접 가지치기를 해주고 과일에 종이 봉지를 씌우는 일은 몹시 즐겁고 보람된 일이었다.

그러나 40대 후반인 오늘, 과목果木을 심는 마음은 우주 법계에 가득하신 부처님께 흠뻑 공양 올리는 마음이다. 바치는 순간마다 늘 뵙는, 온 하늘에 그득하신 기뻐하시는 모습의 법신불法身佛에 모두 다 바쳐 올리는 마음이다. 나의 선생님께 드린다는 특별한 분별이 없는 마음이다.

소사 도량에서는 나무를 직접 심지 못했다. 딴 볼일을 보고 왔을 때는 다른 도반이 이미 심어 놓은 후였다. 당시에는 무척 아쉬운 마음이 들었다.

그러나 이제는 그런 분별分別이 없다. 누가 심고 가꾸든 정성 들여 원 세우고 도와 드릴 따름이다. 사람들은 흔히 '그림의 떡'이라고 한다. 자신이 직접 먹을 때라야 배가 부르다는 말이다.

남의 떡이라도 부처님께 마음으로 공양 올리면 얼마나 부처님께서 기뻐하실까. 또 남이 먹는 것을 보면 그 마음이 얼마나 기쁠 것인가.

동해의 짠 바닷바람을 쐬어 단감과 대추는 더욱 짭짤하니 맛있어질 것이다. 어린 묘목밭 사이에 우뚝 솟아 우람차 보이는 대견한 모습 또한 도량 분위기에 어울린다. 이 좋은 경관도 다 부처님 전에 공양 올린다.

이 도량에 비교적 많이 상주한 이래로 내 주위에 그전보다 향내가 짙게 난다고들 한다. 공부 자리가 잡혀 가는가 보다. 이 과향果香과 비슷한 향냄새도 정성스레 부처님 전에 향공양 올린다. 무엇이든 드리는 순간은 기쁨이다.

어떤 사람이 꽃도 가꾸는 것이 좋지 않느냐고 한다. 아름다운 것보다는 싱싱하고 결실을 맺는 과목이 좋은 것도 닦아 가는 한 과정일는지 모른다. 모과나무도 더 심고 싶다.

청정한 기운이 가득한 이 도량에 숭고한 뜻을 갖고 온 젊은 구도자들과 함께, 밝은 햇빛을 따사로이 받으며 부처님 마음 기쁘게 해드리려는 뜻으로 사는 것은 참 기쁨이 아닐 수 없다.

마음 닦는 이들의 가슴과 새벽의 푸른 나무숲에서는 생기生氣가 생겨난다고 한다. 이 도량이 전보다 밝고 안정된 것은 백색 광명의 부처님 기운과 구도자들의 정진력 때문이리라.

흙냄새 속에서 생기를 느끼며 생물을 기르는 마음으로 일하고, 뒷산 소나무 숲을 산책하며, 문수보살文殊菩薩이 법문하시는 시간인 새벽 3시에 일어나 금강경 읽고 광명 속에 사는 이 보람은 참으로 부처님 은혜가 아닐 수 없다. 욕심 없는 삶, 업장 닦는 삶, 지혜를 밝히는 삶, 부처님 전에 복 짓는 삶, 모두 기쁠 뿐이다.

곧 4월이 되면 밤중에 도량 주변의 논에서 울려오는 개구리의 합창이 미륵존여래불 정진 소리같이 들려올 것이다. 저녁 공부 시간

힘차고 밝은 공부를 마친 뒤, 아랫배에서는 즐거운 기운이 일어나 온 몸과 마음을 부처님에 대한 환희심으로 가득 채운 채, 은은한 달빛을 받으며 적막하도록 고요한 도량 안을 산책하며 정진에 정진을 더해 가는 이 법락法樂은 행복 중의 행복일 것이다.

소사 도량에서 닦을 때 저녁 공부를 마치고 상쾌한 마음으로 바깥 변소를 나오며 주위를 보면, 전나무가 쭉쭉 뻗은 도량 뒷산의 골짝에 달빛이 쏟아진 그윽하고 아늑한 분위기는 부처님의 세계거나 신선이 사시는 선경仙境이다.

달빛과 백색 광명이 화음을 이룬 이 아름다움을 일 분만이라도 선 채로 음미하고 싶었으나, 저녁 9시가 넘은 시각에는 음기陰氣가 돌기 때문에 공부에 방해가 될까봐 아쉬운 마음으로 얼른 문을 닫고 공부방으로 들어갔다.

그러나 오늘 이 시점에서는 선생님 모시고 정진하던 20대처럼 도통道通 못하면 어떻게 하나 하는 절박한 마음이 훨씬 쉴 것 같다. 향나무 숲 안쪽 마당에 깔린 달빛과 밝은 기운을 담담한 심정으로 내려다보면서 바친다.

오늘 낮에는 대중들과 같이 도량을 가꾸는 일을 하였다. 가이스까 향나무 울타리 밖으로 농로를 새로 내기 위해 축대를 쌓고 흙을 실어다 길을 넓혔다. 도량 안으로 경운기가 지나가고 개가 다니니 공부하는 이들에게 방해가 된다. 묘목으로 길렀던 울타리용 나무들을 도량 경계로 심었다. 울타리를 치고 대문을 달고 하는 것은 모두 닦는 이들의 마음 단속을 위해서다.

경주 도량은 묘목을 많이 심어 싱싱하게 잘 가꾸고, 새로 마련된 파주 도량 넓은 터에는 잣나무를 많이 심어 싱싱하고 푸른 기운을 부처님께 드려야겠다. 청청한 도량에 가득 찰 백색 광명과 금색 광명을 모두 부처님 전에 공경심으로 드릴 뿐이다. 〈1989년 4월〉

흙집

얼마 전부터 대중들이 모여 흙으로 된 집을 지었다.

산에서 부드러운 찰흙을 파 와 볏짚을 작두로 썰어 넣고, 발로 밟아 이겨서 직사각형 나무틀에 찍어 내면 흙벽돌이 만들어진다. 한 달 가량 햇볕에 말리는 동안 비가 오면 비닐을 덮어 주고, 비가 올 것 같은 밤에도 꼭 비닐을 덮어 주면서 정성을 들였다.

이 흙집을 짓는 것은 메주를 말리는 방으로 쓰기 위함이다. 흙집을 지어 구들을 놓고 큰 가마솥을 걸면, 장작불을 지펴 메주콩을 무르게 삶는 동시에, 그 열로 메주를 말릴 수 있을 것이다.

기초 콘크리트를 하고 시멘트 벽돌을 30cm 가량 높이로 쌓았다. 일곱 평 정도의 방을 두 칸 마련할 예정이다. 벽돌 기초가 잘 마른 다음 흙벽돌을 흙으로 접착시켜 몇 줄씩 쌓아 올렸다.

집 짓는 데 쓰이는 시멘트 벽돌도 재작년에 대중들이 찍은 것이다. 겨울에 대중들이 할 일이 없어 무료하게 지내는 것 같아, 벽돌 찍는 기계를 철공소에서 주문하고 비닐하우스를 지어 그 속에서 시멘트 벽돌을 찍었다. 처음엔 실패도 하였으나 정진하면서 정성 들여 찍었다.

방 두 칸의 모양이 갖추어진 다음, 도량 근처 산에서 베어 온 큰 아카시아 나무로 대들보와 서까래를 만들어 올려놓고 철사 줄로 묶어 고정시켰다. 제법 방 모양이 갖추어졌다.

처음에는 경험 없이 시작하는 일이라 마음이 놓이지 않았는데, 집 모양이 조금씩 갖추어지면서 자신감이 생긴다. 나도 집을 두 채 지었지만 기술자들이 하는 일이라 눈여겨보지 않았고, 더구나 흙집은 지어 본 적이 없었다. 대중들도 모두 학교를 갓 졸업했거나 군대

생활을 마치고 금방 온 사람들이라 집 짓는 일을 알 리가 없었지만, 다행히 그중 한 사람에게 경험이 좀 있었다.

　그 사람에게 집 짓는 책임을 모두 맡기고, 모르는 문제가 있으면 새벽 공부 때나 저녁 정진 시간에 집중적으로 바쳐서 해답을 얻으면서 지으라고 하였다. 이곳 대중들은 문제점들을 하나하나 부처님 전에 바쳐서 해결해 나가는 공부를 하는 중이기에, 일을 공부감으로 알고 공부를 해보라고 한 것이다.

　책임자는 흙벽돌을 쌓는 문제, 구들장을 놓는 문제, 대들보를 얹는 문제, 서까래를 빼는 문제, 대들보와 서까래를 가로지르는 문제 등을 놓고 거기에다 정진하다 보면 해답이 모습으로 보이거나 알아져 하나하나 일을 진행시켰다.

　혹 전문가에게 자문을 구한 것도 있고 일반 경험에 의지한 것도 있었으나, 미륵존여래불 정진하니 좋은 지혜가 난다고 하였다. 그분은 일 년 정도 공부한 분인데, 이번 일은 공부를 안 할 수 없게 한 좋은 기회였고 또 복 짓는 기회였다.

　대들보와 서까래 위에 널빤지를 얼기설기 얹었다. 그리고는 짚을 썰어 넣고 흙과 물을 넣어 남녀 대중들이 종아리를 걷어붙이고 맨발로 밟아 이겼다. 진흙을 밟으며 정진하는 우렁찬 염불 소리는 도량을 울린다.

　그리고 이긴 흙덩이를 뭉쳐 지붕 위로 날랐다. 흙을 나르는 이들도 정진을 쉬지 않았다. 그 흙덩이를 지붕 위에서 받아 널빤지 위에 바르고, 그 위에다 슬레이트를 얹었다. 만약 기와를 얹었다면 의젓한 기와집이리라.

　사방과 위아래가 모두 흙으로 된 집이다. 과거생에 산중에서 흙으로 벽을 쌓고 뒷산 나무를 손수 다듬어 지은 집도 이와 비슷했으리라 생각된다.

마음 밝아지는 일도 필경 이번 집 짓는 일과 같으리라. 어떤 일이건 처음에는 모르고 부족하더라도 하나하나 배우고 연습하면 결국 완벽하게 될 수 있다. 우리들의 부족하고 미진한 마음을 하나하나 바치면서 하나하나 배우고 실천해 나가야 할 것이다. 모른다는 마음이나 안 된다는 마음이 없는 것이 잘 닦는 이의 경지일 것이다.
　마지막으로 흙도배를 하였다. 방 안쪽과 바깥쪽 벽을 모두 흙으로 바른 것이다. 틈으로 바람이 스며들지 못할 것이다. 이리하여 의젓한 집 한 채가 완성되었다. 모든 대중들이 보람을 느껴 가슴 뿌듯해 한다.
　아궁이에 불을 지폈다. 방바닥이 따뜻해 온다. 메주를 매달아 놓으면 흙벽이 습기를 다 빨아들여 잘 마를 것이다. 부처님 잘 모시기 위한 방이 될 것을 생각하니 마음이 설렌다.

〈1990년 1월〉

젊은 구도자, 입춘을 전후하여

입춘이 며칠 남지 않았다.
우주의 기운은 두 계절이 교차하는 환절기에 크게 바뀐다고 한다. 그중에서도 긴 겨울이 지나고 봄이 오는 시점인 입춘 전후와, 가을에서 겨울로 접어드는 시점인 오동나무 잎이 질 때 즈음해서 가장 크게 변화한다. 입춘 전후와 오동나무 잎이 떨어지는 시기를 전후하여 마음이 흔들리지 않는 이는 힘이 선 경우라 할 수 있다.
지구에 의지해 사는 사람들이라 지구가 입춘에 가까워지니 공부하는 젊은이들의 마음에도 미동이 일어난다. 긴 겨울 동안 바치지 못하고 참았던 움츠린 마음들이 비집고 올라오는가 보다. 마치 난초가 얼어붙은 땅 속에서 새움을 마련하고 두꺼운 땅을 헤치고 올라오듯이.
예부터 봄이 되면 무거운 절은 남고 가벼운 중은 떠난다고 한다. 입춘 전후해서 닦는 집안에 계절풍처럼 찾아오는 관례인가 보다.
평소보다 좀 심각하게 마음이 안정되지 않으니 궁리가 들끓고 바깥 생각, 집 생각을 한다. 그러면 대개 집에서, 친구에게서 편지와 전화가 온다. 불안정한 파장을 띄우니 그 파장의 메아리가 밖으로 나오라는 유혹의 해답을 준다. 원래 무심했더라면 이런 연락은 없었을 터인데, 그 마음을 바치지 못한 결과로 정확한 대답이 상대에게서 날아온 것이다. 그때라도 바치면 그런 대로 해탈이 되지만, 그때마저 바치지 못하면 자신이 던진 파장의 노예가 되어 집으로 가는 이도 혹 있는 편이다.
내가 일으킨 파장이 메아리처럼 내 가슴으로 돌아온다. 이 엄연한 철칙을 거부할 수는 없다. 그러나 아침저녁 法法을 지켜 정진하는 이는 입춘병立春病에 잘 감염되지 않는다. 모두들 잘 바친다.

그러나 시내에서는 교통사고가 나고 회사나 가정에서는 서로들 미워하는 마음을 못 바쳐 불협화음이 심각하게 인다고 한다. 더구나 구정 전날이라 온 나라가 소란스럽다. 이럴 때일수록 정진하는 기운으로 주위를 안정시킬 수 있는, 마음 닦는 이가 필요하다.

도량 생활 중 아침에는 맑고 밝은 마음이지만, 오후 3시가 지나면 마음이 우울해지고 슬프고 외롭다고 한다. 오후 3시부터 어두운 기운이 동하기 때문이다. 이때 잘 바치고 저녁 7시 공부에 참여하여 정진하면 마음이 맑고 안정된다.

그리고 밤 9시 30분경 취침에 들어, 밝은 기운이 태동하는 새벽 2시 40분에 일어나 정진하니 산 기운에 휩싸여 생기가 나며 업장이 일어나다 녹는다.

낮에는 일을 하면서 힘들고 싫은 마음이 일어날 때마다 그 마음을 부처님 전에 바친다. 하루 종일 마음 들여다보고 올라오는 분별 궁리 바치느라 정진이 그치는 시각이 없다. 여기저기 도량 어디서건 미륵존여래불 정진 소리가 안 들리는 곳이 없다. 심지어 화장실에 앉았다는 사실도 잊었는지 화장실 안에서 하는 염불 소리도 가끔 듣는다.

영원히 생生과 사死의 문제를 해결하기 위해 많은 생을 벼르고 별러 공부하기 좋은 조건으로 꾸며 온 분들이다. 마음 닦는 일은 실로 큰일이다. 천성은 고칠 수 있는 약藥이 없다는데, 닦아서 자신의 연습된 마음을 바꾸려니 얼마나 힘이 들까?

많은 생 전에 감추었던 업장이 일어날 때는, 죽느냐 사느냐 하는 각오로 장궤한 채 공부 시간 외에 3시간씩 정진하는 분들도 있다. 일어난 마음속 애착을 닦기 위해 이 추운 날씨에 잠도 줄이고 정진하는 모습이 안쓰럽기도 하지만 바쳐서 해결하려는 그 각오가 무서워 보인다.

 왜 이런 젊은 나이에 쉽고 편한 길을 마다하고 이 길을 택했는지, 왜 거친 들판에 찬바람 쏘이며 해보지 않던 농사일, 식품 공장 일을 하여 자급자족하고 복 지으며 검소하게 살아가는지, 왜 돈과 명예와 향락과 애욕을 멀리하고 마음 밝아지려 애쓰는지 보통 사람들에게는 이해가 되지 않을 것이지만, 많은 생을 닦아 온 도인들의 후생後生이기에 그러하리라 느껴진다.

 이십 수 년 전 소사에서 닦을 때, 겨울 산에서 땔감을 마련하느라 혼자 산중에서 나무를 할 때가 많았다. 낙엽마저 다 져 버린 삭막한 산골짝에 찬바람이 몰아치면 손끝과 발끝이 감각도 없이 시리다. 하늘마저 잔뜩 찌푸린 날은 특히 으스스하여 삭막해진 마음을 항복 받느라 목청이 터져라 정진하였다.

 고통과 갈등을 느끼며 하루가 지겨운 날이 많았다. 하도 괴로울 때는 이생에 태어나지 않았다고 생각을 돌리고 바쳤다. 그러면서도 이 도량에서 마음 닦지 못하면, 또 이생에서 밝아지지 못하면 어떻게 하나 하며 마음 조이며 7년 6개월을 보냈다.

 육신의 애착을 닦는 것은 바로 아픔이고 고통이다. 왜 이렇게 고행苦行을 하며 닦지 않으면 안 될까? 모든 밝아지려는 이들의 공통된 갈등이리라.

 백 선생님께서 법문하시길, 네루 수상은 오백 년 만에 한 번 나는 인물이고, 간디는 천 년 만에 한 번 나는 인물이고, 석가여래 부처님은 3천 년 만에 한 번 나는 분이라고 하셨다.

 영원히 나고 죽는 생사 문제를 해결하고, 부처님 시봉侍奉으로 밝음을 많은 사람들에게 베풀기 위해 단계적으로 닦아 갈 것이다. 네루처럼 되고, 간디처럼 되고, 더 닦아 부처님처럼 되려고, 오늘도 이 도량에서는 젊은이들이 복 짓고 지혜를 밝히고 있다. 이런 이들이 있기에 미래의 중생계衆生界가 밝아지지 않을까? 텔레비전, 라디오, 신문, 잡지 등 모든 매체와 문명이 제공하는 즐거움을 멀리한 채 부처님 공경하려는 이분들에게서 부처님 광명이 함께하는 것을 본 분들이 가끔 있는 것도 우연이 아닐 것이다.

이 글을 쓰고 있는 나의 닦는 방 밖에서 이중삼중으로 각각 다른 음성으로 공양 올리는 염불 소리가 오후의 햇살 속으로 넓고 높게 퍼져 나간다.

〈1990년 1월〉

열다섯

보살의 길

여기서부터 개정증보판에
새로 들어간 글입니다.

마음 닦는 이들이 보살심을 연습하고 보살행을 실천하며
보살도를 닦아가도록 돕는 법문과 실제 생활 속에서
구체적으로 실천한 이야기들이 담겨 있습니다.

새해 복 많이 지으십시오

연말연시가 되면 보통
"새해 복 많이 받으십시오." 하고 인사를 주고받는다. 그런데 짓지 않은 복을 어떻게 받을 수 있으며, 닦지 않은 지혜를 어떻게 얻을 수 있을까. 그래서 세상 사람들이
"복 받으십시오." 하는 인사말은 공허하다.
선행도 하지 않고 복을 지은 것도 없이, 남을 무시하고 미워하고 남을 나쁘게 말하고, 부정한 짓 하고 죄 짓고 사는 사람에게 복 받으라는 말이 이치에 맞지 않는다. 새해 인사할 때
"새해 복 많이 지으십시오." 이렇게 해야 이치에 맞을 것이다.
지혜는 닦아야 나고 복은 지어야 쌓인다.

가는 마음이 고와야 오는 마음이 곱다

"가는 말이 고와야 오는 말이 곱다."는 말이 있는데, 말 이전에 가는 '마음'이 고와야 오는 '마음'이 곱다.

내가 상대를 부처님으로 보는 마음으로 대하면, 가는 마음이 공경스러우니 그 마음의 파장 따라 상대방도 공경스러운 마음을 보내게 된다. 내가 상대를 원망스러운 마음으로 대하면 그 마음의 파장이 가서 상대의 원망이 한 단계 더 높아져서 내게 돌아온다. 상대가 나를 대하는 마음은 바로 내가 보낸 마음의 대답이다.

상대를 부처님으로 보는 마음을 연습하는 것은, 상대를 부처님으로 보는 그 자체에 목적이 있는 것도 있지만, 내 마음에 공경심을 연습하기 위한 것도 있다. 상대를 부처님으로 보면서 공경스러운 마음, 존경스러운 마음을 연습할 때, 그런 마음을 연습하는 그이의 마음밭이 넉넉하고 풍요로워진다. 이것이 닦는 사람들의 마음가짐 연습이다.

바라는 마음은 고통의 근원

　사람들은 서로 은근히 상대에게 바란다. 남편은 부인에게 뭘 은근히 바라고, 부인은 남편에게 뭘 은근히 바란다. 자식은 부모에게 뭘 바라고, 부모는 자식에게 뭘 바란다. 그리고 바란 것을 상대가 안 들어 주면 속으로 괘씸한 마음을 갖고 사이가 안 좋아진다.
　바라는 마음을 많이 가지고 있을 때는 세상이 찌뿌듯하고 원망스럽다. 바라는 마음은 고통의 근원인 것이다.
　이 바라는 마음을 자꾸 정진해서 닦고 해탈해야 한다. 바라는 마음이 일어날 때 '아, 이거 바라는 마음을 내선 안 되겠구나.' 하고 마음을 다잡고, 바라는 마음에다 금강경을 읽고, 바라는 마음에다 '미륵존여래불' 바쳐서, 바라는 마음의 뿌리를 다 닦아야 한다. 바라는 마음이 없을 때 떳떳하고 즐겁고 정신적으로 쾌활하다.
　바라는 마음을 닦아서 남에게 무엇인가를 바라거나 해 주길 바라지 말고, 자기가 자기 일을 해야 할 것이다. 마음을 내고 노력을 하면 할 수 있어진다. 남에게 바라지 않고 자기가 자기 일을 처리했을 때 정신적으로 얼마나 상쾌한가!
　모든 바라는 마음은 고통의 근원이니, 바라는 마음은 닦아서 해탈하고 남에게 베풀고 도와주는 건강한 마음을 연습해야 할 것이다.

손가락 법문

사람들이 누굴 흉볼 때 손가락질을 한다. 그때 손가락의 방향을 보면, 집게손가락은 상대를 향하지만, 가운뎃손가락, 넷째손가락, 새끼손가락은 자신을 가리킨다. 그것은 남의 흉을 한 가지 볼 때, 자신의 세 가지 잘못된 것을 반성하고 닦으라는 뜻이다.

남의 마음을 내가 닦아 줄 수 없다. 남을 시비하고 가르치려 하지 말고, 자신을 돌아보고 참회하고 닦아야 한다. 이것이 손가락 법문이다.

내 탓

사람들 마음에는 탐진치貪嗔癡 삼독三毒이 있어 그 독으로 서로를 괴롭힌다. 그런데 자기 마음에 독이 있는 것은 모르고 남의 독 때문에 힘들다고 불평하고 남을 탓한다. 자기 자신을 탓하는 사람은 많이 깨친 사람이다.

'저 사람 때문에', '누구 때문에'라는 생각이 들면 깜짝 놀라 바쳐야 한다. 모두가 내가 원인 지은 내 탓인 줄 알아야 겸손해진다. 원인을 자신에게서 찾는 사람은 발전하고 성공하지만, 남을 탓하고 원망하는 사람은 닦는 길이 요원하다.

누가 내 흉을 보더라도, '내 업장이 두터워서 아마 말은 안 해도 내 마음으로 업장의 파장이 띄워져서 저 사람이 저런가보다.' 이렇게 알면 아무 문제가 없다. 내 마음의 업장의 기운이 가고, 내가 닦지 못해서 아상을 자꾸 연습해서 지지 않으려고 하니까 다툼이 일어나고 투쟁이 일어난다. 실제로 원인은 모두 자기 자신한테 있다.

바위

　바위는 묵묵히 비바람이 치나 눈이 오나, 누가 자기를 칭찬하거나 흉을 보거나, 한결같이 침묵으로 조용하다. 만약 바위끼리 참지 못하고 부딪쳐 싸운다면, 바위가 깨져 자갈 쪼가리밖에 더 되겠는가. 바위의 그 귀함은 다 사라지고 말지 않겠는가.
　바위는 침묵하고 고요하기에 귀하다. 누가 뭐라 하든, 자기를 칭찬하든 흉을 보든, 흔들리지 않는 것이 바위의 마음이다.
　바위의 무언, 한결같음, 흔들리지 않는 것. 공부하는 사람의 자세와 마음가짐도 이렇게 되어야 할 것이다.

밝은 마음 연습

부처님께서 육신 속에 영지 보물이 있다고 하셨는데, 그게 바로 '마음'이다. 마음은 육신 속에 보배라 할 만큼, 마음 쓰는 작용에 따라 행복이 오기도 하고 불행이 오기도 한다. 그러니 여러 생 부정적인 마음 연습한 것은 바치고, 긍정적인 마음이 나지 않던 것을 매일 빈 마음이라도 연습해서 내 인생을 긍정적으로 바꿀 일이다.

부처님을 공경하는 마음, 나를 낮추고 상대를 귀하게 보는 마음, 베푸는 넉넉한 마음, 남을 배려하고 보살피는 따뜻한 마음, 이런 밝고 건강한 마음을 내서 그 심파가 다시 내게 돌아오는 것을 복과 행운이라 하고, 어두운 마음을 일으켜서 그 심파가 다시 내게 돌아오는 것을 재앙이라고 한다.

한 마음이 내 인생만 좌우하는 것이 아니라, 그런 마음을 가지고 있는 사람들의 가정의 미래도 좌우하고, 그런 사람들이 모여 사는 국가의 미래도 좌우한다.

그 국가에 모여 사는 사람들의 마음이 법을 준수하고 정직하고 겸손하고 근검절약하면, 이것이 큰 공덕의 근거가 되어 국운이 핀다. 국민들이 법을 무시하고 정직하지 않고 오만하고 낭비하고 사치하는 풍조가 있으면, 그 나라의 국운이 기운다. 국민들의 마음이 뭉쳐서 국가의 진퇴가 결정되는 것이다.

사람들의 마음이 바뀌면 개인의 운명, 가정과 국가의 기운이 다 바뀐다. 마음이 모든 것의 중심이다.

깨침과 실행

　배 농사를 짓는 사람은 배꽃을 보기 위해서가 아니라 맛있는 배를 수확하기 위해서 배나무를 키운다. 그것은 공부하는 사람들도 마찬가지이다. '인생은 이렇게 살아야 하는구나.', '마음은 이렇게 닦아야 하는구나.' 하는 깨침이 있을 때, 그 순간부터 실천해야 한다.

　선근이 깊고 공부를 잘하는 사람은 스스로 깨치지만, 그런 경우는 드물고, 대부분은 법문을 듣고 깨친다. 스스로 깨쳤든 법문을 듣고 깨쳤든, 깨치면 바로 실행해야 한다. 깨치기만 하고 실행하지 않는 것은 배꽃만 보고 배 열매를 수확하지 못하는 것과 같다.

　실행이 없으면 그 가르침은 공허한 이론일 뿐이며 자신과는 영원히 먼 것이 되고 만다. 깨침을 실천하는 사람만이 배를 수확하는 사람이다.

멀지 않은 죽음 이후 나는 무슨 몸일까

　부처님의 10대 제자 가운데 아난존자가 있었다. 어느 날 아난존자가 조용히 좌선을 하고 있는데 모기 한 마리가 날아와 뺨에 붙었다. 그런데 쫓는다고 건드렸다가 그만 죽여 버렸다.
　아난존자는 죽은 모기를 손바닥에 놓고 왕생극락을 기원하며 염불을 하다가 모기의 전생을 살펴보았다. 그 모기는 삼생三生 전에 인도 천지를 뒤흔들던 대장군이었다. 그러나 장군은 강한 자에게는 약하고 약한 자에게는 강한 사람이었다. 특히 왕에게 지나치게 아부를 했다. 그 결과 다음 생에는 기생의 팔자를 타고 태어났다. 그리고 그 다음 생에는 사람의 피를 빨아 먹는 모기가 되고 말았다.
　인도 천지를 뒤흔들던 대장군도 모기가 되는데, 누가 감히 다음 생에 사람 몸 받는다고 자신할 수 있을까. 오욕락五慾樂만 쫓아 살아간다면 그 장래에 무슨 몸일까. 밝으신 부처님을 향해 내면의 분별들을 닦으며 공덕과 선행을 쌓을 일이다. 이 일이 어찌 화급하지 않을까.

양심의 저울추

일생 동안 좋은 일 한 것과 죄 지은 것에 따라 미래가 결정된다. 선행을 하고 공덕을 지은 것이 많은 사람은 공덕을 받고, 죄 지은 것이 많은 사람은 죄를 받는다.

옛날 도인들은 마음 닦는 공부를 하면서 복 지을 거리가 없으면, 여름 같으면 풀을 베어 옆집 소한테 갖다 줘서 복을 지었다. 또 칡넝쿨이 나무를 감고 올라가면, 그 나무를 살리기 위해 칡넝쿨을 잘라 주어 복을 지었다. 부모 없는 고아 집에 가서 아이들을 도와주고, 노인이 짐을 지고 가면 들어다 주었다. 도인들은 이렇게 하루에 몇 가지씩 좋은 일을 꼭 하려고 노력한다.

우리도 매일매일 양심의 저울추가 잘못한 일보다 잘한 일이 많은 쪽으로 기울도록 살아야 한다. 만약 오늘 누구 마음을 아프게 하는 말을 했거나 거짓말을 했거나 어떤 잘못을 했으면, 아파트 복도를 청소하든, 공원의 쓰레기를 줍든, 소년소녀 가장들 집에 밑반찬을 해서 갖다 주든, 반드시 죄 지은 것보다 좋은 일 한 것이 더 많도록 해야 한다.

맹상군의 깨우침

중국 춘추전국 시대에 맹상군孟嘗君이라는 제후가 살았다.
권세 높고 재물도 많은 맹상군이 어느 해 생일날 호화판 잔치를 베풀었다. 산해진미 음식을 차려놓고, 기생들이 춤을 추며, 손님들이 가져온 선물은 몇 개의 방에 꽉 차고도 남았다.
맹상군은 유쾌하게 술잔을 돌리고 마셨다.
"좋다. 정말 좋다. 이렇게 좋은 날 나를 슬프게 만들 수 있는 사람이 있을까? 혹 나를 슬프게 할 자가 있다면 후한 상을 주리라."
이때 눈먼 장님이 맹상군 앞에 왔다.
"비록 재주가 없으나 제가 맹상군 눈에서 눈물이 나게 해 보겠습니다."
"좋다. 한번 해 봐라. 재주껏 눈물이 나게 해 봐라. 그러면 상을 줄 테니까."
맹인은 앵금을 연주하기 시작했다. 처음에는 천상의 소리처럼 아름다운 선율을 연주하다가, 좀 지나자 지옥의 고통 섞인 소리를 만들어내고, 연이어 애간장을 녹이는 듯 창자를 끊는 듯한 연주를 계속 하였다. 모두가 앵금 소리에 넋을 놓고 있을 즈음에, 장님이 기가 막힌 음성으로 노래를 부르기 시작했다.

빈손으로 왔다가 빈손으로 가나니
세상의 모든 일 뜬구름과 같구나
분묘를 만들고 사람들이 흩어진 후
적적한 산 속에 달은 황혼이어라

노래가 끝나는 순간, 장님이 앵금을 세게 퉁기자 줄이 탁 끊어졌다. 앵금 줄이 끊어지는 소리가 남과 동시에 맹상군은 인생무상을 느끼며 통곡을 했다. 그리고는 무엇보다 좋은 일을 하며 살아야 되겠다고 결심을 했다.
　맹상군은 자기 집에 큰 식당을 만들어 놓고 아침마다 국밥을 끓여서 매일 3천 명에게 식사를 제공했다. 그 국밥은 누구든지 먹을 수 있었다. 하루 한 끼 3천 명의 식객들이 먹는 소리가 20리 밖까지 들렸다고 한다.
　세계 제패의 꿈을 안고 유럽 일대를 정복했던 알렉산더 대왕이 죽으면서 유언하기를, 자신이 죽으면 손을 관 밖으로 내서 장례를 지내라고 했다. 누구든 결국 빈손으로 가게 된다는 것을 깊이 깨치고 사람들에게 알리기 위해서였다.

법당 청소

　보살님들은 집에서 설거지하고 방을 쓸고 닦는 일을 매일 수십 년 동안 해 왔으니, 법당에 와서 설거지하고 청소를 하라고 하면 지겹고 싫은 마음이 들겠지만, 집안 청소하는 것과, 법당 청소하는 것은 다르다.
　집은 여러분들의 육신을 쉬게 하는 자리지만, 법당은 부처님을 모시고 닦아서 여러분의 마음을 쉬게 하고, 마음에 묻은 때를 벗기는 자리이기 때문이다. 그런 귀한 법당을 정성스럽게 청소하고 돌볼 때 공덕이 지어진다.

겸손은 가장 큰 자산

자기를 낮추고 성찰하면서 남에게 배우는 마음으로 대하는 사람이 드물다. 이 세상 70억이 대부분 입만 열면 자기 자랑하고, 입만 열면 남의 흉을 본다. 이것은 잘난 마음이 가득해서이다. 그런데 사람들은 지혜가 없으니 자신이 잘난 마음으로 꽉 차 있는지 잘 모른다.

'저는 이 세상에서 가장 낮은 사람입니다.'를 하루 만 번씩 연습하다 보면, 하심下心하는 연습을 통해서 내가 잘난 줄 착각하고 우쭐거리고 살던 그 마음이 깨우쳐지고 닦이면서, 내가 별것 아니라는 것이 알아진다. 하심하는 마음을 연습할수록, 이런 못난 꼴이 보이고 저런 못난 꼴이 보이고, 떨어져서도 보이고 가까이서도 보이고, 잘나지 못한 그 꼴이 자꾸 보이니까 더 하심하게 되고, 결국은 잘난 줄 착각하는 그 마음이 깨쳐지고 또 닦이게 되는 것이다. 그러면 죄를 덜 짓게 된다. 그리고 남에게 배울 마음을 내고 묻게 된다.

겸손만큼 귀한 자산이 없다. 겸손한 마음은 주위에 훈기를 준다. 겸손하고 다소곳한 미소, 하심하는 표정과 걸음걸이가 얼마나 귀하고 향내가 나는가. 하심하는 마음을 자꾸 내면 주위에 따뜻한 마음의 파장이 퍼지고, 그러면 좋은 일이 생긴다.

하심下心 연습

내가 잘났다는 생각을 갖고 있으면, 누굴 만나면 대접 받아야 되고, 누굴 만나면 칭찬 받아야 되고, 잘난 것도 없는데 잘난 걸 과시하려 하니, 사는 것이 고달프다. '내가 잘났다'는 착각과 무지의 병을 고치는 약이 '나는 못난 사람입니다.'를 연습하는 것이다. 독송회 회원들은 계수기를 누르면서 매일 천 번씩, 만 번씩 연습한다.

하심을 하면 아상이 쉬어진다. 자기가 부족한 줄 알게 된다. 내가 잘났다는 생각을 닦지 않고 사는 사람은 주변 사람들에게, '내 말 들어라. 내 시키는 대로 해라. 날 닮아라.' 강요하며 살고 있다. 잘난 마음 때문에 상대의 귀한 점이 보이지 않고 허물만 보인다. 그리고 남을 평가하고 꾸짖어 심업心業을 짓는다. 자기도 인식하지 못한 사이에 하루에도 수십 번, 수백 번씩 심업을 짓고 있다.

심업을 짓지 않는 방법이 바로, '나는 못난 사람입니다.'를 연습하는 것이다. 이렇게 닦으면 자기 정도는 정확히 아는 것이다. 못난 사람이 누구를 꾸짖겠는가. 누구를 가르치겠는가. 누구를 평가하겠는가.

그런데 하심만큼 어려운 것도 없다. 왜냐하면 잘난 마음은 수많은 생을 연습한 고질병이기 때문이다. 내가 주위 사람들을 신통찮게 보는 만큼, 주위 사람들도 나를 별 볼일 없이 보는 걸 우리는 모르고 사는 편이다. 이것이 무지의 함정이다. 이것을 깨우치는 것이 가장 먼저다. 우리가 우리 생각대로 꽤 잘났다면 주위 사람들이 문안 인사를 오고 외국에서도 찾아오지 않겠는가. 그런데 그런 일이 없는 걸 보면 자신이 잘못 생각하고 있다는 것을 깨쳐야 한다. 이 순간에도 가족이나 친구, 직장 동료들은 나를 자기들보다 못하다고 생각하고 있을 것이다.

하심이 근본이고 바탕이다. 자신을 낮추는 것을 안 하면 지혜의 세계는 요원하고 밝음과 거꾸로 가는 것이다. 원효 스님 말씀대로 쌀로 지어야 밥이 되는데, 하심하지 않으면서 닦겠다는 사람은 모래 가지고 밥을 지으려고 하는 것과 같다. 모래로는 천년만년 지어 봐도 밥이 되지 않는다. 하심하고 배울 마음을 내야 지혜가 생긴다.

전문가에게 물어라

현명한 사람은 중요한 결정을 할 때 혼자 하지 않는다. 전문가에게 자문을 구한다. 그 분야의 최고 전문가에게 물어 보라. 그것이 가장 정확한 일 처리 방법이다. 그런데 많은 사람들이 묻는 것을 잘 안 한다. 자기가 잘난 사람이라는 착각 때문에 묻는 것을 부끄럽게 생각하기 때문이다. 지식도 부족하고 경험도 부족하고 지혜도 없으면서, 자신이 혼자 덜컥 결정해 버리면 실수하고 실패하기 십상이다.

사업을 시작하든, 배우자를 구하는 문제든, 자녀들의 교육 문제든, 인생에서 수많은 결정을 내려야 할 때 먼저 그 분야의 전문가에게 물어 보라. 전문가 한 사람이 아니라 세 사람에게 물으면 더 좋다. 전문가의 의견을 듣고 난 뒤 그대로 따라 하지 말고 적어도 21일 기도를 해 봐야 된다. 그러고 나서 신중하게 결정을 하면, 시행착오를 덜 겪고 실패할 확률이 적어진다.

닦는 것이든, 사업이든, 학업이든 하심하며 그 일에 최선을 다할 때 성공할 수 있다.

덕德의 향기

부용이나 전단향의 좋은 향기는 바람을 거슬러 피우지 못하지만, 덕의 향기는 바람을 거슬러 사방에 두루 피운다.   - 법구경 -

꽃의 향기는 물리적인 향기이기에 바람 부는 방향으로만 퍼지지만, 마음에 쌓은 덕의 향기는 정신적인 향기이기에 모든 사방에 두루 퍼진다.

복을 많이 지은 사람을 '든 사람'이라 하고, 덕을 쌓은 사람을 '된 사람'이라고 하며, 지혜 있는 이를 '난 사람'이라고 한다. 남을 돕고 베푸는 실행을 통해 복을 짓고, 겸손하고 하심하며 남에게 배우는 마음을 가질 때 지혜가 자란다.

덕을 쌓으려면 입이 무거워야 한다. 남의 잘못을 들추어내고 시시비비를 가린다면 덕이 쌓이지 않는다. 남의 허물은 내 허물처럼 덮어 주고, 내 허물은 남의 허물처럼 파 뒤집는 마음을 연습할 때 덕이 쌓인다. 그리고 남을 이해하고 배려하는 마음에 덕이 쌓인다.

김집 선생

조선 효종 때 학자 신독재愼獨齋 김집金集 선생은 당대의 대표적인 성리학자이자 예학의 대성자였다. 김집 선생은 율곡 선생의 제자였다. 하루는 율곡 선생의 친구 한 분이 있었는데, 이 분의 딸은 모자라는 사람이었다. 그는 율곡 선생을 찾아와 간곡히 부탁했다.

"내 딸은 도덕군자 아니면 도인이라야 데리고 살지 보통 사람은 살지 못하네. 자네 제자 중에 마땅한 사람 있으면 좀 소개시켜 주게나."

며칠 후 율곡 선생이 제자들을 불러 말했다.

"내일은 내가 점심을 대접할 터이니 점심을 싸 오지 마라."

스승님이 점심 대접 한다고 하니 모두들 기대가 부풀었다. 그런데 다음날 막상 점심을 받아보니 쓴 씀바귀 국에 보리밥이 나왔다. 잘사는 집 자제들이라 입맛에 맞지 않아 아무도 먹지 않는데, 오직 김집이란 학생만 다 먹어 치운다.

"너는 쓰지 않느냐?"

"쓰긴 쓰지만 스승님이 주신 음식이라 억지로 다 먹었습니다."

율곡은 그 그릇을 귀하게 여기고 그 팔푼이 색시와 혼인을 시켰다.

어느 해 김집의 집에서 조상 제사를 모시는데, 부인이 김집의 소맷자락을 당기며

"대추 하나 줘요." 하니, 김집이 얼른 집어 준다. 옛날 제사는 종교 행사처럼 엄숙해 목욕재계하고 숨소리를 죽이는 엄숙함 속에서 지내는데 제사상을 차리는 중에 일어난 일이다. 이를 본 집안 어른들이 김집을 나무란다.

"자네는 온 나라 선비들의 추앙을 받는 학자의 몸으로 제사도 모시기 전에 제사상의 과일을 아내에게 주다니!"

김집이 대답했다.

"제가 어찌 그것을 모르겠습니까? 이 자리는 조상님을 모시는 자리입니다. 마땅히 집안이 화기애애한 가운데 제사를 올려야 조상님이 기뻐하실 겁니다. 그런데 못난 아내가 대추를 안 준다고 짜증을 부리거나 울게 되면 모처럼 찾아오시는 조상님께서 얼마나 언짢아하시겠습니까? 그래서 얼른 하나 집어 주었습니다. 모든 것이 제가 부덕한 탓이오니 널리 용서해 주시기 바랍니다."

집안 어른들은 모두 그 말을 듣고 감탄했다.

김집 선생은 대표적 성리학자요 예학의 대성자로, 당대에 크게 성공한 분이다. 이런 성공 뒤엔 모자란 부인을 통해 마음을 닦고 참고 자제하고 견디는 인내, 끊임없이 자신을 낮추는 자세, 학문을 통한 끈질긴 정신 수양이 있었던 것이다. 아내가 아이들 교육을 제대로 시켰겠는가. 살림을, 음식을 제대로 했겠는가. 어려운 삶을 참고 견딘 결과 성공한 것이다.

후대에 물려줄 정신 유산

조선 시대 중기에 사계沙溪라는 호를 가진 김장생이라는 분이 있었다. 어느 날 제삿날 쓸 돼지고기를 장만해서 부엌에 두었는데, 집에 키우던 개가 돼지고기를 조금 먹더니 그만 비명을 지르며 죽어 버렸다. 돼지고기가 상했던 것이다. 그것을 본 김장생은 상한 돼지고기를 판 백정 집에 사람을 보내 그 집의 고기를 모두 사 오게 한 뒤, 마을 사람들 몰래 땅에 묻어 버렸다.

보통 사람들 같으면 상한 고기를 판 사람에게 자기 집 개가 죽었으니 그 값을 물어내라 하든가, 또 사대부 집안사람으로서 힘없는 백정을 잡아서 형틀에 묶어 볼기를 칠 수도 있었을 것이다. 그러나 이분은 사람들이 상한 고기를 먹지 않도록 자신의 돈으로 상한 고기를 모두 사서 땅에 묻어 버림으로써, 백정도 지키고, 마을 사람들의 건강과 생명도 지켰다. 이렇게 너그러운 베풂을 실천한 복으로 그 집안이 명문대가가 되고 인재가 많이 배출되었다.

임천林川의 부자 상영부는 마을 사람들이 급전이 필요할 때 돈을 빌려 주는 일로 덕을 쌓아 세간의 우러름을 받았다. 그는 섣달그믐이 되면 금고에서 집을 담보로 한 차용증서를 모두 꺼내어 뒤뜰에가 불태워 하늘로 오르는 연기를 보는 것을 낙으로 삼았다.

이에 그가 쌓은 덕으로 후손이 잘 되리라는 말이 자자하더니, 명종 때 명재상으로 일컬어지는 상진(尙震, 1493~1564)을 손자로 보았다.

안동 하회 마을에는 북촌댁이라는 아름다운 고택이 있다. 대지 1,700평에 72칸의 한옥으로, 영남 일대에서 7대 200년간 부와 명예를 누리던 집이기도 하다. 이 집을 지은 사람은 류성룡의 10대 후손이자 경상도 도사를 지낸 류도성이다.

어느 날 늦은 저녁 하회 마을 강 건너 부용대 쪽에서 사람을 싣고 마을로 건너오던 배가 뒤집히고 말았다. 상갓집에 조문 갔다 오던 수십 명의 사람을 태운 배가 갑자기 불어난 물살로 인하여 전복되었던 것이다.

가로등이나 손전등이 없던 시절이었으므로 주변은 어두컴컴했다. 깊은 강 한복판에 빠진 사람들은 허우적대며 살려달라고 외쳤지만, 주변에는 이들을 구할 만한 다른 배가 한 척도 보이지 않았다. 마침 강변에는 잘 말려진 춘양목이 잔뜩 쌓여 있었다. 류도성이 기와집을 짓기 위해 3년째 건조시키고 있던 목재들이었다.

류도성은 사람을 살리기 위해 구명 보트 대신으로 그 목재들을 강물에 던져 넣었다. 나머지 목재들도 불을 밝히기 위한 화목으로 사용하였다. 그렇게 해서 많은 목숨을 구할 수 있었다. 이후 류도성은 춘양목을 어렵사리 다시 구해서 3년 동안 말린 후에 집을 지었고, 그 집이 오늘날 전해지는 북촌댁이다.

한국의 명문가들은 이렇게 음덕을 행하고 적선과 겸손을 실천했다. 그 후손들은 이런 귀한 삶의 훈기를 이어받아서, 또 그 선조들의 복력에 의해서 명문가를 유지하고 있다. 우리는 우리 자식들과 젊은이들에게 이런 정신 유산을 물려주어야 하지 않겠는가.

아상我相

　사람들이 가족사진을 볼 때 가족 가운데 누구의 얼굴을 가장 먼저 볼까? 누구든지 자신의 얼굴을 가장 먼저 본다고 한다. 사랑하는 배우자가 있더라도, 아무리 귀여운 자식이 있더라도, 배우자나 자녀 얼굴에 관심이 가기보다는 자신의 얼굴에 가장 마음이 많이 가는 것이 사람들의 마음이다.
　이것은 무엇을 말하는 것일까. 자기 자신이 가장 중요하고, 그 다음에 자식이고 남편이고 부인이란 말일 것이다. 가족을 위해서 돈을 벌고, 가족을 위해서 집안 뒷바라지를 한다고 하지만, 남편이나 부인이나 자식이나 친척보다 내가 더 중요하고 내가 더 먼저인 것이다. 수 억천만 생을 자기를 위해 살아왔기에 이것은 가장 당연한 마음의 소치일지도 모른다.
　그러나 사람들은 내면의 근본적인 깊고 깊은 뿌리인 자기를 위해 살아온 이 아상이란 실체를 모르는 경우가 대부분이다. 부모들이 모두 자식을 위해 산다고 말하지만, 그 내면의 실상은 결국 자식을 통해 자기만족을 추구하는 경우가 많다. 자식을 위한다고 하지만 결국 자기 자신을 위하여 살고 있는 것이다.
　이렇게 '나'라는 것이 똘똘 뭉쳐진 아상을 닦아야만 진정으로 남을 위할 수 있고 진정한 자기 자신을 사랑할 수 있다. 나를 낮추는 연습, 나를 내세우지 않는 연습, 부처님을 위해 사는 연습. 이런 연습을 통해 아상이 닦인다.
　자신을 낮추라. 부처님에 대한 공경심을 연습하라. 그리고 부처님의 가르침을 실천하라. 자신의 생활 속에, 자신의 인품에 이 연습이 녹아내려야 한다. 큰 배나무에 먹음직스러운 배가 주렁주렁 달리듯 영원한 영을 맑히는 수행의 걸음에 귀한 결과가 나오도록 노력해야 할 것이다.

공부하는 마음가짐

　수행자는 계율을 지켜 청정하게 살아야 한다. 그런데 계율을 지키는 것을 서릿발같이 하는 것은 좋지만, 부처님을 시봉하는 뜻이 없다면 그것은 단순한 율법의 얽매임에 지나지 않는다. 부처님에 대한 공경심과 부처님을 모시고 시봉하겠다는 마음이 바로 공부가 되게 하는 원동력인데, 부처님 시봉은 없고 내가 도통하겠다, 내 계율을 지키겠다, 내 복을 짓겠다, 이런 마음이라면 곤란하다.
　그런데 사람들은 누가 계율을 잘 지킨다, 장좌불와를 잘 한다, 정진을 몇 시간씩 한다, 이런 것에만 관심을 갖는 경우가 많다. 그 마음에 부처님에 대한 공경심이 있느냐 없느냐 이것이 핵심이고 중심인데, 이걸 백안시하는 경향이 참으로 안타깝다.
　부처님은 눈에 안 보이니 처음에는 자기 스승이나 존경하는 분들을 부처님이라 생각하고 연습해 보는 방법도 있다. 그렇게 연습해 보고 법신불法身佛을 향하는 방법도 있을 것이다. 또 만나는 사람마다 석가여래불 화신께서 날 공부시키려고 오셨다고 믿고 실천해도 좋을 것이다.
　부처님에 대한 공경심을 연습해야 업장이 닦아진다. 업장이 닦아져야 식이 맑아지고, 식이 맑아지면서 혜안이 열린다. 상대를 부처님으로 보는 연습을 하는 것도, 공경심이 나야 무시겁으로 지은 업보업장이 녹아내리기 때문이다. 업보업장이 녹아내리지 않으면 그것은 그저 수박 겉 핥기식 공부다.
　아무리 단식을 하고 잠을 안 자고 장좌불와를 하며 용맹 정진하더라도, 그 마음에 부처님이 안 계시면 허사다. 적게 먹고 눕지 않고 수십 년을 지낸다 하더라도, 부처님 공경의 뜻이 없으면 단순한 고행일 뿐이다. 이것이 비록 몸을 가볍게 하고 정신을 맑게 하는 것은 될지언정 참 공덕에는 이르지 못한다. 업장이 닦이지 않는다. 부처님 공경이라야 업장이 녹아내리고 습이 녹아내려 밝아진다.

　삶의 목적 앞에, 삶의 목적 뒤에, 언제나 부처님이 계셔야 한다.

자신을 진실로 사랑하는 사람

이 세상에 자기 자신을 사랑하는 사람이 드물다. 모두들 자기 이익을 위해서, 자기 자신을 위해서 살아가는데, 왜 자신을 사랑하는 사람이 드물다고 할까.

그것은 대부분의 사람들이 육신의 애착과 오욕락(돈, 성욕, 명예, 맛있는 음식, 잠)만을 사랑하고 있기 때문이다. 곧 썩어 없어질 이 몸뚱이 심부름만 하고 있는 것이다.

자신을 진실로 사랑하는 사람은 자신의 맑은 영혼과 깨끗한 마음, 시리도록 푸른 이성을 사랑하는 사람이다. 그러나 자신의 영혼과 마음을 사랑할 줄 모르고, 자기 육신만 아끼고 사랑하고 사는 것이 인생을 잘사는 것인 줄 착각하고 오도된 생각으로 살고 있는 것이 많은 사람들의 현실이다. 자신의 육신과 오욕락을 사랑하는 마음이 짙으면 주위를 사랑하는 마음을 내지 못한다.

아상을 닦고 육신의 애착을 닦는 사람이 자신을 진실로 사랑하는 사람이다. 자신의 영과 마음을 사랑하는 사람이 자신을 진실로 사랑하는 사람이다. 자신을 진실로 사랑할 수 있는 사람이라야 가족과 이웃을 사랑할 수 있고, 나라를 사랑할 수 있다. 나라를 사랑한다는 것은 이 나라에 속한 많은 사람들과 강토를 사랑하고, 우리 조상들이 물려준 역사와 문화를 아끼고 사랑한다는 뜻이다.

이 나라에 사람은 많지만 나라를 진실로 염려하고 사랑하는 사람은 드물다. 내가 잘 되어야 하고, 내가 많이 가져야 하고, 내가 높아져야 한다면서, 오로지 나의 이익과 욕심을 위해 사는 사람이 이 나라를 사랑할 자격이 있을까?

업보업연

지금은 다 돌아가신 분들인데, 한 여자 분이 결혼 첫날밤부터 남편에게 소박을 당했다. 이 여자 분이 얼마나 학대를 받았는지, 새 옷을 정성들여 남편에게 지어 올리면 보기도 싫다면서 옷을 그냥 구정물통에 집어넣어 버렸다. 또 밥을 해서 바치면

"반찬이 왜 이래!" 하면서 밥상을 차 버렸다. 남편이 바람을 피우는 것은 두말할 것도 없고, 그렇게 평생을 살았다고 한다.

옛날 교육이 여자는 죽어도 그 집 귀신이 되어야 한다는 식이기도 했지만, 그 여자 분이 그렇게 박대 받으면서도 떠나지 않고 사는 것은 자신도 잘 의식하지 못하지만 업보를 받는 한마음 때문이다. '지금 이렇게 박대를 받지만 내가 죽으면 그래도 시체는 치워 주겠지…….' 하면서 말이다.

그 부부의 전생 인연은 이렇다고 한다. 전생에 부인은 계모였고, 남편은 전처가 낳은 아들이었다. 동지섣달 추운 날, 남편이 어디 나가고 집에 없을 때, 이 계모가 여덟 살 먹은 전처의 아들을 발가벗겨, 줄기에 날카로운 가시가 돋아 있는 엄나무 가지로 때려서 내쫓았다. 전생에 매 맞고 쫓겨난 아들이었던 이 생의 남편은 그 한恨이 서리서리 쌓였기 때문에, 이 생에 부부로 만나자마자 첫날밤부터 소박이다. 이렇게 부부나 부모자식, 형제간에 보이지 않는 업보의 줄이 얽혀 있는 경우가 있다.

마음과 말과 행동을 진중하고 진실하게 하여 남에게 원한을 사지 말 것이며, 지어 놓은 업은 받으면서 금강경 읽고 바치면서 진정으로 참회하면, 조금 앞당겨 해탈할 수도 있다. 많이 듣는 이야기 중 '저 영감이 젊었을 때 그렇게 못살게 굴더니, 늙어 힘이 없으니 잔

소리도 덜 한다.' 하는데, 그게 받을 업이 닦이니 저절로 조용해지는 것이다.

부처님의 마음으로

사람 몸 받기가 얼마나 어려운 것인지, 경전에서는 이렇게 비유하고 있다. 넓고 넓은 바다 위에 구멍 뚫린 판자가 둥둥 떠다니는데, 물속에 살다 백년 만에 한 번씩 물 위로 고개를 내미는 거북이가 수면으로 머리를 내미는 그 순간에, 마침 그 떠다니던 판자 구멍으로 목이 쏙 올라오는 확률만큼 사람 몸 받기가 어렵다고 한다.

사람으로 태어나는 것은 아주 드문 경우이고, 몸을 받게 되면 대충 축생 몸을 받는다. 어떤 경우에는 같은 축생 몸을 여러 생 연거푸 받는 경우도 있다. 독사 몸을 연거푸 받기도 하고, 구렁이 몸을 연거푸 받기도 한다. 어쩌다 한 번 사람으로 태어나더라도 전생에 연습한 그 동물의 성향과 습성이 그대로 드러난다. 사람의 성격이나 성향이 어린 시절에 형성되는 것이 아니라 이미 그 전생부터 가져온 경우가 많다.

참새를 보면, 큰 짐승에게 잡아먹힐까 봐 끊임없이 눈동자를 불안하게 움직이고, 소는 급한 것이 없고 우직하다. 구렁이는 능글맞아서 자기보다 힘센 상대를 만나면 돌아가기도 하고 피하기도 하는데, 독사는 앞뒤 안 가리고 돌진한다. 토끼와 노루는 늘 겁이 많고 불안해 한다. 수많은 생을 축생으로 살면서 연습한 그런 특성이 사람 몸을 받아서도 그대로 이어진다.

자신의 모나고 나약한 성격을 밝고 건강하게 바꾸고, 제 식대로 무지하게 사는 방식을 부처님 가르침대로 확 바꾸는 결단과 용기가 필요하다. 이걸 지금 바꾸고 고치지 않는다면, 또다시 수많은 미래 생을 그 결점과 그 업장으로 살아가면서 죄를 짓고 업보를 만들고 재앙을 당하게 된다. 수많은 생을 연습해서 배어져 있는 그것을 내

사상이니, 내 철학이니, 내 인생관이니 하며 사는데, 그것이 얼마나 어리석은 것인지 깨달아야 한다.

　부처님의 밝고 건강한 마음을 닮아 가는 것이 수행이고 공부하는 목적이다. 나의 마음가짐을 부처님의 마음가짐으로 바꾸어야 한다. 부처님께서는 절대 죄를 짓는 행동이나 말씀을 하시지 않았을 것이고, 죄 짓는 마음을 쓰지 않으셨을 것이다. 죄를 짓지 않으면서 겸손하고 당신을 낮추셨을 것이다. 남을 배려하고 어려운 사람들을 어루만지며 사셨을 것이다. 그렇게 사시면서 많은 사람들을 깨치게 하셨고 마음 닦는 수행으로 밝아지도록 이끄셨다.

　부처님을 공경하고, 절대 죄 짓지 말고 정직하게 인생을 살면서 하심하고 배우고, 어려운 이들을 따뜻하게 어루만지고 배려하며 사랑을 베풀며 사는 것이 인생을 진정으로 잘사는 방법이다.

얼룩동사리

한강 상류 북한강에는 얼룩동사리라는 민물고기가 살고 있다.

강물의 중간은 물살이 세고 강가는 물살이 약한데, 얼룩동사리는 천적의 침입을 막을 수 있는 장소를 골라 물가 쪽 바위 틈에 알을 낳는다. 암컷 얼룩동사리가 바위에 알을 잔뜩 낳으면 수컷이 정액을 뿌려서 수정이 된다. 수정된 알이 부화가 되고 지느러미를 갖춘 물고기가 되기까지는 이십 일이 걸린다. 암컷 세 마리가 한 장소에 오천 개 정도의 알을 낳는데, 이 알들도 숨을 쉬기 때문에 필요한 산소량이 아주 많다.

수컷 얼룩동사리의 역할은 천적으로부터 알을 보호하면서, 지느러미로 부채질하듯 물살을 일으켜 산소를 공급하는 일이다. 이십 일 동안 먹지도 않고 밤낮으로 쉼 없이 지느러미를 놀리다 보면, 어느덧 알에서 부화된 물고기들이 지느러미를 갖추고 먹이를 찾아 각자 떠나간다.

마지막 알까지 모두 물고기가 되어 떠나고 나면, 수컷 얼룩동사리는 힘이 다 빠져서 돌 틈에서 숨을 헐떡거리다 죽는다. 새끼 물고기들의 산란과 부화에 자신의 모든 것을 희생하는 부정父情의 극치다.

얼룩동사리에게 자기가 살려는 마음이 있다면 결코 이렇게 할 수 없을 것이다. 오직 오천 마리의 새끼 물고기를 살리는 것을 자신의 숙명으로 여기고, 그 일을 마치고 그 자리에서 죽는다. 자연의 섭리와 자연의 이치에 따라서 자신의 삶을 마무리한다.

비우는 것이 닦는 것

"입 안에 말이 적고, 마음에 일이 적고, 뱃속에 밥이 적어야 한다." 이는 『한정록閑情錄』에 전해지는 옛 도인의 말씀이다.

경전에 '입은 재앙의 문'이라고 하셨듯이, 말이 많으면 구업口業을 짓기 쉽다. 독한 말을 해서 남의 가슴에 비수처럼 꽂혀 그 사람과 원한이 되기도 하고, 또 말 한마디 잘못해서 공덕 지은 것을 홀랑 까먹기도 한다. 닦는 사람은 말수를 줄이고 자신의 내면을 들여다보고 닦을 거리를 성찰한다.

마음에 일이 적다는 것은, 이 생각 저 생각 궁리하고 분별 짓지 말고, 올라오는 생각과 궁리를 바쳐서 마음을 쉬라는 것이다. 궁리와 생각으로 살지 말고 정신과 마음으로 살라는 것이다. 궁리가 심해지면 악심이 나고, 악심 끝에 재앙이 온다. 궁리와 생각에 빠지지 말고, 궁리와 생각에 끌려다니지 말고, 궁리와 생각을 바쳐 마음을 비우는 실행을 하는 것을 마음 닦는 것이라고 한다.

뱃속에 음식이 적어야 몸과 마음이 가볍고 건강해진다. 닭이 깨끗한 곡식을 먹이로 먹고도 털빛이 우중충한 것은 위를 가득 채우기 때문이고, 학이 지렁이나 벌레를 먹으면서도 털빛이 희고 깨끗한 것은 위를 반만 채우기 때문이다. 영양이 과잉되면 건강에 빨간 불이 켜지고, 음욕이 일어난다. 그러므로 닦는 사람은 음식 조절을 통해 마음과 몸을 맑고 건강하게 가꾸어야 할 것이다.

닦는다는 것은 자꾸 비우는 것이다. 내 마음의 욕심과 성내는 마음과 잘난 줄 착각하는 무지한 마음, 이 삼독심三毒心을 베푸는 실행을 통해, 미륵존여래불 바치는 실행을 통해, 하심 하는 실행을 통해 비우고 또 비우는 것. 남보다 많이 가지려 하고 남보다 높아지려

하고 남을 이기려 하는 것이 아니라, 남에게 양보하고 남을 존중해 주고 남을 배려하는 것. 이렇게 해서 자신을 비우고 자신을 낮추는 것을 닦는 것이라 한다.

보살과 중생의 차이

　보살과 중생의 차이가 무엇일까.
　중생은 결과를 무서워하고, 보살은 원인을 무서워한다. 껌껌한 중생은 죄가 되는지도 모르고 두려움도 없이 엄벙덤벙 죄를 짓고, 죄 지은 과보를 받게 될 때에야 무서워하고 고통을 느낀다. 지혜 있는 보살은 죄 지은 과보가 무섭다는 것을 알고 죄 짓는 원인을 두려워하고 조심한다.
　중생에게는 꾀가 있지만 보살에게는 지혜가 있다. 중생은 자신의 이득을 위해, 자신의 몸이 편한 쪽으로 머리를 굴리고 꾀를 낸다. 보살은 여러 사람들의 건강과 안정을 염려하고, 자신의 이득을 마다하고 희생하면서 여러 사람들의 이익을 위해서, 그들을 돕기 위해 지혜를 낸다.
　꾀를 내는 사람은 날로 죄업을 쌓고, 지혜를 내어 많은 사람들을 돕는 사람은 날로 공덕을 짓는다. 자신의 이득을 챙기는 꾀가 아니라, 많은 이들을 위하는 보살심으로 보살행을 실천하며 사는 것이 영원히 밝은 곳을 향해 가는 길이다.

마음 살림살이

1. 남의 허물은 내 허물처럼 덮어 주고, 내 허물은 남의 허물처럼 파 뒤집는 마음을 연습하라.
2. 남의 허물이 보이면 그것이 곧 내 허물인 줄 알라.
3. 상대를 부처님으로 보는 마음을 연습하라.
4. 누가 뭐라든 '예' 하는 긍정적인 마음을 연습하라.
5. 누구를 만나든 베푸는 마음을 연습하라.
6. 올라오는 마음을 미륵존여래불 전에 바치는 마음을 연습하라.

'나는 세상에서 가장 낮은 사람입니다.'를 연습합시다. 마음을 들여다보면, 배우려는 마음은 별로 없고, 남을 가르치려는 마음이 많습니다. 겸손하고 하심하는 마음이 적기 때문입니다. 내가 잘났다는 마음이 많으면, 남에게 날 닮아라, 내 말 들어라, 내가 시키는 대로 해라 요구합니다.

남의 입장을 이해하고 배려하고, 어려운 사람을 도우며 삽시다. 거짓말하지 않고, 정직하고 깨끗하게 삽시다. 가족 간에도 자기 이익을 앞세우지 말고, 좋은 것을 남에게 양보합시다. 매일 선행을 실천해서 양심의 저울추가 악행보다 선행 쪽으로 기울도록 하루하루를 살아야 합니다.

* 위 글은 법사님께서 법회 때마다 대중들에게 읽어 주시며 연습시키는 가르침입니다.

열여섯

수자들에게

이 장에는 법사님께서 공부 점검 시간에
제자들에게 주신 말씀을 담았습니다.

자기를 뒤돌아보아야

『채근담』에 '자기를 반성하는 사람은 닥치는 일마다 모두 약석藥石이 되고, 남을 탓하는 사람은 생각하는 것마다 모두 창과 칼이 된다.'고 하였다.

인생을 살면서 부딪칠 때는 자기를 뒤돌아봐야 한다. 내가 과하게 하지 않았나, 잘못한 것이 없나 점검해 보아야 한다. 나의 허물과 부족한 점을 인정하고 고치고 상대 입장을 배려하는 마음을 내어서 양보해야 한다.

내가 팽팽하게 밀면 그 파장으로 상대도 팽팽하게 민다. 오기 때문에 밀어붙이고, 잘난 마음으로 밀어붙이니, 부딪히고 갈등이 생긴다. 나를 뒤돌아보고 나를 낮추고 상대를 배려하면 문제가 없다. 그것이 사람들과 화합하며 사는 길이고, 자신의 인격을 성숙시키고 지혜를 기르는 방법이다.

빚지지 마라

세계적으로 자급자족하는 수행 단체가 몇 군데 없는데, 여기가 그중의 한 곳이다. 너희들은 농사짓고 메주 만들고 참기름, 들기름 짜고 된장, 고추장, 청국장 만들어 자급자족하니까, 신도들 눈치 안 보고 신세지지 않고 복을 지으면서 사니 얼마나 행운이니. 나는 매 생 닦을 때마다 빚지지 않는 생활을 했다.

어떤 도인은 예전에 감기약 네 첩 얻어먹은 것을 갚으려고 약 해 준 사람을 20년 동안 생각날 때마다 찾았는데, 그 사람이 이민을 가 버렸는지 못 찾아 아주 안타까워했다. 신세지거나 빚진 것이 있으면 받은 만큼 돌려주어야 한다.

수행자의 정직함

마음 닦는 사람은 안과 밖이 똑같아야 하고, 처음과 끝이 똑같아야 되고, 정직해야 한다. 하늘을 공경하고, 부처님을 공경하고, 도량을 위해 헌신하고 봉사할 때 업장과 아상이 닦이지, 자기를 향하면 죄만 짓는다.

금강경에 '통달무아법자通達無我法者 여래설명진시보살如來說名眞是菩薩'이라고 하지. '내'가 없는 법을 통달한 사람, 즉 내 공부 하고 내 복 짓고 내 법력을 키우는 것이 아니라, 하늘을 공경하고 부처님을 공경하는 사람, 이런 사람을 여래如來가 설하시기를 진정한 보살이라고 하셨다. 이 가르침을 실천하는 것이 수행자로서 정직하고 진실한 마음이다.

자기를 대중들보다 낮추고, 좋은 것을 남에게 돌리고 양보하면서 나쁜 것은 자기가 하고, 늘 하늘과 부처님을 공경하는 마음을 놓치지 않고 무슨 일이 다가와도 그 마음으로 임하고 생활해야 마음이 닦이고 '통달무아법자通達無我法者 여래설명진시보살如來說名眞是菩薩'을 실천하는 것이지, 안 그러면 뻥이다.

남의 말을 늘 좋게 하고, 나쁘더라도 나쁘게 하지 말고, 좋은 쪽으로 해라. 그리고 '부처님 마음을 어떻게 하면 기쁘게 해 드릴 수 있을까.' 마음으로 정성을 들이고. 나쁜 생각을 하게 되면 나쁜 말, 나쁜 행동이 나오고, 좋은 생각을 하게 되면 좋은 말, 좋은 행동이 나오게 된다. 그러니까 심업心業 닦는 공부를 해야 한다. 상대가 부처님이다 생각하고 마음에 입력시키면 죄를 안 짓게 된다.

죄를 안 짓고 복을 지어야 하는데, 복을 조금이라도 더 지으려면 하늘을 향하고 부처님을 향해야 한다. 하늘을 공경하고 부처님을 받들어 모시는 마음이면 부처님 일도 잘되고 자기 일도 잘되는데, 자기를 먼저 챙기는 마음이면 부처님 일도 못하고 자기 일도 별로 다.

공부의 핵심

예전에 도량에 있었던 어떤 사람이 주변 사람들에게 자기는 이 도량에 와서 자기 복 짓고, 자기 공부하고, 자기 힘(법력)을 키운다고 말한 사람이 있었는데, 공부가 뭔지 모르는 사람이다.

하늘을 공경하고, 부처님을 시봉해 올리고, 도량을 위해서 헌신하고 봉사하면 '나' 라는 것이 닦여서 없게 된다. 이렇게 아상을 닦는 것이 공부다. 욕심내는 마음, 성내는 마음, 잘난 마음을 닦으면 지혜가 나고 법력이 생긴다. 이것이 핵심이다. 그래야 죄를 안 짓고 복을 짓지.

도량에서 좋은 공기, 좋은 물 마시고 살면서 선생 말 안 듣고 자기 업장 생각 내세우고 고집 부리면 도량에 있으면서도 별로 득이 없다. 마음 쓰는 거, 말하는 거, 행동하는 거 모두 조심해야 한다.

속으로 남 꾸짖거나 많이 닦으신 분을 흉보거나 욕하게 되면 골치 아프다. 닦는 사람은 마음이 절대 정직해야 하고 성실해야 한다. 그래야 복이 많이 된다. 거짓말하고 둘러대고 정직하지 않은 사람은 복이 별로 안 된다. 부처님 재산을 자기 것으로 해도 큰일 난다. 닦는 사람은 자기 개인을 위해서 도량 돈을 쓰지 않는다.

도량에서 농사짓고 메주 만들고 참기름 짜고 그렇게 복을 짓더라도 하심하고 자기를 낮추어야지, 자기를 나타내려 하고 잘난 척하고 진심 내면 복이 안 된다. 자기 복 지으려고 탐심 내고 음욕을 일으켜도 복이 안 된다. 물욕 내는 마음, 성 내는 마음, 잘난 척하는 탐진치를 안 내야 마음에 혜안이 열린다. 이 모든 것이 닦는 사람들의 살아가는 기준이다. 불릴 것도 없고 깎을 것도 없고 그렇다. 사람들은 모르니까 그렇게 살지, 많이 닦은 사람들은 그렇게 살지 않는다. 정직하고, 성실하고, 공덕 짓고, 선행하고, 이렇게 살아가는 선생이 너희들 길잡이가 아닌가.

장점과 단점

자기가 말한 것은 꼭 지켜야 한다. 그것이 인격이 되고 신뢰가 된다. 그런 것을 지키지 않으면 양심이 무너지면서 업장이 끼어든다.

Y가 뒷마무리를 잘 안 하고 거짓말하고 둘러대는 것은 여러 생 그런 연습을 반복해서 그런 것이다. J가 뭐든지 편하고 쉬운 쪽으로 하려고 하는 것도 그것을 여러 생 연습해서 그런 것이고, S가 선생님 말씀에 "예." 하고 성실하게 따르는 것도 여러 생을 연습해서 그런 것이다.

사람들은 모두가 장점과 단점이 있는데, 장점은 연습하고 단점을 고치는 것이 수행이고 공부다. 그런데 사람들은 자기가 그런 줄 모른다. 도량에서는 자기 꼴이 보이고 깨쳐진다. 모르면 못 고치지만, 알면 고칠 수 있다. 내가 떠나기 전에 고치는 것을 해야 한다. 그래서 마음의 기초가 잡혀야 한다.

하기 싫은 마음을 항복 받아라

나는 수행할 때 하기 싫은 것이 있으면 그 하기 싫은 마음을 항복 받기 위해서 '미륵존여래불' 정진하면서 그 일을 더 열심히 계속했다. 그러면 그 마음이 바쳐지면서 그 일이 싫고 귀찮지 않아지더라.

하기 좋은 마음도 바치면서, 하기 좋은 일에 빠지지 않고 묶이지 않고 자유로워야 한다. 공덕 짓는 데 하기 싫은 것과 하기 좋은 것이 어디 있느냐. 하기 싫은 것은 안 하고 하고 싶은 것만 하면 어떻게 공덕을 짓겠느냐.

일이 하기 싫으면 그 마음을 자꾸 바쳐서 그 마음이 닦이면 일이 하기 쉬워진다. 게으른 마음이 일하기 싫어하는데, 자꾸 정진하면 닦여진다.

내 앞에서 닦아야지 언제 닦을 거냐. 안 닦으면 여러 생 하기 싫은 마음으로 해야 하니 고역이지. 그냥 실행하면 된다. 바꾸려고 마음만 먹으면 바로 바꾸어지는 것이다.

생명을 바쳐서 닦아라

　옛날 친구 한 명이 사대부속중학교를 나오고 회장도 하고 머리도 좋고 상당히 마음이 깨끗한 사람이었는데, 여학생들이 많이 따랐다. 그런데 어느 날 갑자기 자기보다 6~7살 많은 다방 마담하고 결혼을 하겠다고 하더라.
　나는 친구 집이 가난하니까 성실하고 착한 여자랑 결혼하길 바랐는데, 그 말을 들으니 억장이 무너지더라. 나는 남의 일도 내 일같이 여기기 때문에 기가 막히고 친구가 신세를 망쳤구나 싶어 말렸지. 그런데 친구는 자기는 결정했으니 말리지 말라고 하더라. 친구에게 형이 두 명 있었는데 미쳤냐고 말리고 야단치고 했지만 말을 안 들었다.
　그 친구가 폐가 나빠서 부부 생활 할 형편이 못 되었는데 결국 오래 못 살았다. 여자에게 동정심을 갖고 끌려가는 나약한 마음이 문제다. 누구나 여러 생 연습한 업장을 꼭 닦아야 하는 것이다. 그것이 자기 영생을 위한 길이다.
　친구는 도량에 못 들어오고 닦지 못하고 죽었지만, 너희들은 도량에 들어와서도 닦지 않으면 내생이 어떻게 되겠는가. 생명을 바쳐서 닦겠다는 결연한 각오가 있어야 한다. 철두철미하게 그런 것이 올라올 때 의지로 그것을 꺾고 다시 추슬러서 최선을 다해 생명을 바쳐서 닦아라.
　마음속의 업장을 닦으면 나쁜 운명, 나쁜 팔자가 좋은 운명, 좋은 팔자로 바뀐다.

도반이 스승이다

　도반에게 본인보다 뛰어난 점이 보이면 절대 그것을 닮으려고 노력하고 실행을 하고, 도반이 잘못하는 것을 보면 절대 저렇게 되지 않으려고 그것을 거울삼아 자기를 끌고 가야 한다. 그렇게 도량 생활을 하고 인생을 살아 나가라.
　도반이 본인 인생의 해야 할 것과 해서는 안 될 일을 가르쳐 주는 스승이고 거울이다. 이것만 실천해도 공부는 상당한 단계에 오른다.
　주변에 분란을 일으키고 불편함을 끼치는 그런 사람들은 자기를 희생해서 바닥으로 가면서까지 가르쳐 주는 얼마나 고마운 사람인가. 실천을 안 하면 아무런 이익과 의미가 없다.

삼독심三毒心

　탐심, 성내는 마음, 잘난 마음을 안 닦는 사람을 만나면 어딘지 모르게 괴롭고, 욕심이 적고 화를 내지 않고 온화하고 겸손하게 잘 닦는 수행자를 만나면 머리가 시원해지고 마음이 편안하다. 그이의 닦은 기운이 주변을 맑게 정화시킨다.
　물욕과 음욕을 자제하고, 성 내지 않고, 하심하고 배우는 마음을 내어서 삼독심을 닦아야 한다. 주변 사람들을 배려하고 돕고, 그 사람들을 위해 희생하고 봉사하는 보살심을 연습하고, 보살행을 실천해서 보살도를 닦는 것이 수행이다.
　방 청소와 빨래를 깨끗이 하고, 방 안의 공기가 맑게 환기를 자주 시키고, 물건을 제자리에 잘 정돈하고, 신발을 가지런히 놓아야 마음이 정돈이 된다. 마음가짐은 보살심을 연습하고 보살행을 하고 보살도를 닦는 것에 두고, 현실은 방 청소, 물품 정리정돈, 하심을 실천하는 것이 수행의 기본이다. 물욕 내고 음욕 내고 성내고 잘난 마음 내는 것은 바보짓 하고 사는 것이다.
　날이 따뜻해져서 포항 법회에 가면 수자들 방을 불시에 점검할 것이다. 내가 너희들을 아끼기 때문에 구석구석 챙기고 달라질 수 있도록 채근하는 것이다.

확 바꾸어라

　Y 수자는 바깥에 있을 때 밥은 잘 안 먹고 과자, 라면을 먹어서 얼굴이 노랗고 건강이 안 좋았는데, 도량 들어와서 식습관을 고쳐서 얼굴이 많이 돌아오고 건강해졌다. K 수자는 반찬 안 먹고 밥만 먹고 편식을 해서 건강이 안 좋았다. Y는 바로 고쳤는데, K는 바로 안 고치는 것이 어리석어서 그렇다.
　한의사가 말하기를, 음식을 2주일만 부실하게 먹어도 늙어서 후유증이 다 드러난다고 한다. 그렇게 음식 먹는 것이 민감하다는 말이다. 잘못된 식습관으로 인해 미래의 자기 몸을 망친다. 잘못된 식습관을, 그게 먹기 좋다고 생각하고 옳다고 여겨 고집하는데, 그런 생각은 옳지 않다. 잘못된 식습관은 일생의 육신을 망치고, 잘못된 마음가짐은 영생을 망친다.
　어리석은 사람이 자기 생각을 고집하며 살아간다. 지혜로운 사람은 부처님의 가르침, 성현의 가르침, 스승의 가르침을 따라 자기를 바꾸려고 노력한다.
　일부 수자들은 자신의 못난 점을 고치려고 노력을 하는데, 어떤 사람은 노력을 안 한다. 자기를 고치려고 부단히 노력하는 데에 정성을 들여야 한다.
　닦는 사람이 이끌어 줄 때 바로바로 바꾸어야지, 자기 생각대로 하면 발전이 없다. 무지하고 어둡게 사니 하는 일마다 실수하고 실패한다. 자기가 부족한 줄 알고 남에게 배우는 마음을 내야지만 바뀌는데, 그걸 모르니 깨치라고 이런 이야기를 자주 한다. 닦는 사람이 잘못된 것을 말해 주면 바로 바꾸어라. 확 바꿔야 한다. 마음과 습과 행동을.

마음에 부처님이 계셔야 한다

잘 닦는 사람은 절대 살생을 안 하고, 부정 행위를 안 하고, 죄 짓는 일을 하지 않는다. 그리고 정직하면서 맡은 일을 완벽하게 하려고 노력하고, '부처님께서 좋아하시나, 안 좋아하시나.' 늘 거기에 초점을 맞추고 살아간다. 그리고 베풀고 선행하고, 공덕 지어 올릴 수 있을 때 공덕 지어 올리고. 이것 밖에 다른 할 일이 무엇이 있겠는가.

24시간 도량에서 공부하고 일하더라도 마음에 부처님이 계시면 마음이 닦이고 복이 많이 되는데, 마음에 부처님이 안 계시면 마음도 안 닦이고 복이 덜 된다. 마음에 부처님이 안 계시면 업장 밖에 없고 아상, 업장이라는 놈이 마음에 들어앉아서 업장 짓만 한다. 정진을 허공에 대고 하는 것이 아니라 자기 마음에다 대고 해야 한다. 매일매일 공부거리를 두고 바쳐서 깨쳐 봐야 된다.

자기의 업장, 고정관념, 결점을 닦는 것이 공부다. 닦아서 부처님을 닮아 가려고 노력하는 의지가 없이 현실에 안주해서 살아가려 하면 큰일이다. 부처님을 닮아 가기 위해 자기를 하심하고 상대를 귀하게 보고 존경하는 마음, 배우는 마음을 내어야 공부가 된다. 자기의 마음을 닦아야 되지, 남의 마음을 닦아 줄 수는 없다. 듣는 그 자리에서 바로 연습해라.

나는 너희들이 공부 잘하고 깨칠 때 제일 기쁘다. 그럴 때 너희들 데리고 있는 보람을 느낀다. 방심해서 날 실망시키지 말고, 업장질 해서 근심 걱정 주지 말고, 깨치고 실천해서 이런 기쁨을 더 주기를 간절히 바란다.

신언서판身言書判

옛날부터 사위, 며느리를 보거나 관리 채용을 할 때 신언서판, 네 가지 기준으로 사람의 자질과 인품을 판단했다. 신身은 얼굴과 풍채, 몸가짐을 말하는 것이고, 언言은 말하는 것, 서書는 글 쓰는 것, 판判은 판단하는 능력을 말한다.

얼굴은 그 사람의 마음의 창이니, 마음을 잘 닦아야 온화하고 부드럽고 편안하다. 그리고 마음가짐이 단정하면 몸가짐도 단정하다. 말은 조리가 있으면서 남에게 불쾌감을 주지 않아야 한다.

글을 통해서 그 사람의 학식과 성품을 알 수 있고, 판단력에 따라 일과 인생의 성패가 좌우되기 때문에 사람을 볼 때 이를 중요시했던 것이다.

여러분은 여기서 무엇을 고치고 무엇을 갖추어야 할까.

오늘 하루가 마지막 날인 것처럼

티베트 스님들은 자기 전에 그릇이나 물품을 자기가 죽은 뒤처럼 깨끗하게 정리해 놓고 잠이 든다고 한다. 내일이 먼저 올지 내생이 먼저 올지 모르기 때문이다. 이렇게 닦는 사람들은 오늘이 이생의 마지막 날이라는 생각으로 마음을 닦고 복을 지어야 한다.

오늘이 이생의 마지막 날이라고 생각할 때, 잘 살았다고 확신하는 사람은 별로 없을 것이다. 이생을 돌아보고 잘못한 것을 참회하고 반성하며, 오늘이 이생의 마지막 날이니 순간순간마다 행동도 공덕 짓는 행동을 하고, 생각도 공덕 짓는 생각을 해야 한다. 공경심으로 부처님 시봉하는 마음을 연습하고 경건하고 밝은 마음을 연습해야 한다.

모든 사람들을 나보다 앞서고 귀하신 분이라는 마음으로 대하고, 상대에게 배울 것이 뭐가 있나 배우는 마음으로 대해야 한다.

부처님을 위해서 살고, 많은 사람과 주변을 위해서 베풀고 헌신해야 한다. 남의 마음을 절대 아프게 해서는 안 되고, 물질적인 피해를 줘서도 안 된다. 그렇게 조심하고 인생을 살아야 죄를 덜 짓고 복이 된다.

오늘이 내 삶의 마지막이라는 그런 절실한 마음으로 살아야 한다. 그러면 공부는 된다.

수행자

도량에 먼저 들어온 고참이라고 '내가 오래 공부했네.' 그렇게 생각하는 자체가 부끄러운 일이다. 닦는 사람을 수자라 하는데, 그런 사람은 수자라 할 수 없다. 자기 욕심과 자기 이익과 자기 명예, 이런 것을 바쳐서 다스리지 못한다면 어떻게 수자라고 할 수 있겠는가.

모든 사람들에게 자기를 하심하고 겸손하고, 하늘을 우러러 공경하고 부처님을 공경하고, 도량과 나라를 위해서 헌신하고 봉사하고, 보살심을 연습하고 보살행을 실천하면서 보살도를 닦는 이를 수자(수행자)라고 한다. 많은 사람을 위해서 헌신하고 봉사하는 것이 보살도를 닦는 것이다. 영생을 그렇게 살아야 한다.

나는 철두철미 그렇게 살려고 노력했다. 내가 너희들하고 24년, 19년을 같이 살았는데, 내가 그것을 보여 줘도 24명 가운데 한두 명은 잘 안 따라 오더라. 좋은 물, 좋은 공기 마시고, 직접 농사지은 깨끗한 음식 먹고, 이런 혜택 속에 살면서 보살심도 못 내고 보살행도 실천하지 않는다면 그는 수자라고 볼 수 없다. 안 닦는 사람과 다를 것이 없다. 혜택을 받으면서도 실행이 부족하지 않은가.

내가 너희들을 아끼기 때문에 운동을 하다가도 와서 이야기하고 최선을 다하는데, 한두 명은 자기 자리 지키고 자기를 내세우는 데 최선을 다하고 있는 것은 아닌지 모르겠다.

닦는 방법

탐심과 화내는 마음, 자기 잘난 마음, 이 세 가지를 닦는 것이 공부다.

물건을 보고 가지고 싶은 욕심내는 마음이 일어날 때 그 순간을 놓치지 않고 거기에 바로 미륵존여래불 정진해서 그 마음을 쉬는 것이 공부이고, 음욕이 일어날 때 그 순간 그 마음을 닦아서 쉬는 것이 공부이고, 성내는 마음, 짜증내는 마음, 미운 마음이 일어날 때 거기에 미륵존여래불 정진해서 쉬도록 하는 것이 공부고, 자기가 잘났다는 마음이나 남에게 돋보이려는 마음, 우쭐대는 마음이 일어날 때 그 마음에다 미륵존여래불 정진을 10분, 20분, 30분씩 해서 그 마음이 없어질 때까지 닦는 것이 공부다. 그 마음을 놓치지 않고 그 순간에 닦는 것이 공부다.

업장이 일어나지 않으면 닦을 수 없다. '왜 이런 마음이 또 일어나서 날 괴롭히나.' 귀찮아하지 말고, 거기에 집중적으로 바치면 녹아내린다.

그 일어나는 마음은 억천만겁을 살면서 연습한 내 마음이고 내 재산이다. 집이나 땅은 일생의 재산이지만, 과거 수많은 생 동안 가져왔고, 그리고 앞으로 수많은 생을 살아갈 내 본 재산인 내 마음의 탐진치와 업장을 해결해야 한다.

아침저녁 금강경 읽고 평소 정진하는 것은, 업장이 일어날 때 그 업장에 속지 말고 업장을 바칠 수 있는 정진력을 기르기 위한 것이다. 업장이 일어날 때, 부처님 향한 공경심으로 그 마음에 대고 정성껏 바치면 업장이 뭉텅뭉텅 녹아내린다. 이걸 하는 사람이 영특하게 공부하는 사람이다.

업장이 일어날 때 그때 닦아야지, 그걸 놓치면 업장이 도로 들어가 버린다. 그러면 닦을 기회를 놓치게 된다.

자기 닦을 거리, 업장심에 대고 정진하고 금강경을 읽어야 한다. 그리고 늘 마음을 들여다보고, 미세하게 일어나든 크게 일어나든, 거기에 정진하면 해탈이 된다.

도량 일을 할 때는

　도량 일을 할 때는 부처님을 향하고, 도량에 도움이 되려는 마음가짐으로 해야 한다. 설렁설렁 대충대충 하면 안 된다. 빈틈없이 정확하게 해야 하고, 전문가에게 물어가며 지혜로운 방법으로 최선을 다해야 한다. 너희들은 그런 나를 보고 까다롭다고 하는데, 하늘을 향하고 부처님을 위해 일하면서 그렇게 안 하면 잘못하는 것이다.
　자기 사심이 끼어들고 업장이 끼어들면 밝은 길을 갈 수가 없다. 하늘을 속이고 부처님을 속이고 자기 양심을 속이는데 어떻게 공부가 되겠느냐. 누가 보든 안 보든 최선을 다해서 임하는 것이 부처님의 법도이다. 그렇게 일 할 때 복이 많이 지어지고, 그 공덕으로 혜안이 열린다. 그렇게 혜안이 열린 사람이 도인들이다.

보살의 길

부처님 가르침은 자기 마음을 닦고 정화하면서 남을 위해서 남에게 이익을 끼치면서 살아가는 것이 큰 비중을 차지한다. 널리 사람을 크게 이익하게 살라는 단군의 가르침도 같은 맥락이다.

하심하고 자기를 반성하고 자기 내면의 세계를 닦고 다스리면서, 보살심을 갖추고 보살행을 실천하는 것이 불교다. 불보살님의 마음은 자비스럽고 남을 이익하게 하는 마음이다.

수자들 가운데 부처님을 위해서 도량을 위해서 묵묵히 자기를 헌신하며 꾀부리거나 요령 부리지 않고 일하면서 자기를 낮추는 사람들이 있다. 도량에 장갑이 여기저기 흩어져 있는 것을 주워서 정리하고, 남들이 버린 휴지를 줍고, 도량에 손봐야 할 곳을 구석구석 손보는 이런 사람들을 불보살님께서는 아주 기특하게 생각하신다.

금강경에 "이소국토중소유중생 약간종심 여래실지爾所國土中所有 衆生 若干種心 如來悉知"라고 하였지. 부처님께서는 중생들이 순간순간 마음 움직이는 깊이까지를 실지로 다 보고 계신다는 말씀이다. 밝은 지혜 앞에서는 숨길 수가 없다. 그래서 일할 때, 도량 책임자에게 잘 보이려 하지도 않고 나에게 잘 보이려고도 하지 않고, 묵묵히 헌신하면서 일을 하는 사람이 제일 복을 많이 짓는다. 자기를 나타내려 하고 자기를 과시하려 하고 남에게 휘두르고 윽박지르는 이런 사람은 부처님께서 싫어하신다. 어떠한 마음으로 복을 짓는지, 마음 씀씀이 따라 복 짓는 것이 층층이 다르다.

그러니 어떻게 최선을 다해서 복을 짓지 않을 수 있으며, 어떻게 자기를 낮추면서 자기를 닦지 않을 수 있겠는가. 결국 이런 마음을 실행하는 사람은 주인의 마음으로 일하는 사람이라 할 수 있다. 주인의 마음으로 도량을 살피고 가꾸는 것이 주위 사람을 이익하게 편하게 해주는 것이다. 이것이 보살심을 실행하는 보살행이다.

　묵묵히 도량을 위해 일하며 주인 마음을 연습하여 자기 마음의 건강한 주인이 되고, 독송회를 통해 부단히 헌신하고 봉사하는 보살심을 연습해서 밝은 공덕의 세계로 나아가야 하지 않겠는가. 보살심, 보살행을 연습하는 것이 보살도를 닦는 것이다.

도량을 마련하기까지

법사님께서 7년 6개월간 소사 도량에서의 생활을 마치고, 33세 되시던 1973년 고향인 포항에서 금강경독송회를 시작하셨습니다. 현재 수행자들이 공부하는 2개의 수행 도량을 포함하여 미국, 영국, 독일, 국내에 총 15개 법당 및 지부를 이끌고 계십니다. 도량과 법당을 마련하기까지 우여곡절이나 어려움에 대해 한 번도 말씀하신 적이 없다가, 저희들이 알아두고 닦는 데 도움이 되었으면 하여 몇 년 전에 들려 주신 이야기입니다.

젊었을 때 장사해서 여동생을 공부시켜 독일에 보냈는데, 독일에서 간호사가 된 동생이 이제는 자기가 오빠 뒷바라지를 하겠다고 독일로 유학을 오라고 했어. 그런데 나는 수행하겠다고 결심한 뒤라 독일에 가지 않겠다고 하니까, 동생이 돈을 모아서 보내왔어. 그 당시만 해도 독일 간호사 월급이 한국 공무원 월급의 여덟, 아홉 배가 되었어. 한국 공무원이 만 원을 받는다면, 독일 간호사는 팔구만 원을 받았지. 쓸 것만 쓰고 돈을 모았으니 많이 모은 거야. 그 돈으로 포항 우현동에 가게 3개 짓고 조그마한 공부방을 지었지. 그리고 신흥동에 작은 집을 지어 어머님이 계셨지.

공부방 지을 때 돈을 아끼려고 꼭 필요한 인부들만 데리고 직접 지었는데, 인부들보다 내가 더 일을 많이 했어. 벽돌은 비싸니까, 벽돌 대신 구멍이 뚫려 있는 4인치 블록을 사용했어.

벽 두께가 6cm 정도 되고, 천정은 얇은 합판으로 앙장을 하고, 지붕은 슬레이트로 올렸으니, 겨울이 되면 바람이 숭숭 들어오고, 게다가 연탄 한 장으로 24시간을 살았으니 밤에는 많이 추웠지. 이불을 얼굴까지 덮고, 그러면 머리가 시려서 겨울 코트를 꺼내서 머리를 덮었어.

그때 서울 법당 다니는 양찬영 씨가 대구로 공사하러 왔다가 단열 공사를 해줬어. 그때는 요새처럼 스티로폼으로 단열하는 것이 아니라 기계로 거품을 일으켜서 공간을 메우는 공사를 했어. 그것을 해 줘서 법당이 훈훈하게 되었어. 그 사람이 공경심 내고 정성 내는 게 얼마나 큰지 내 마음에 확 와 닿더라. 내가 살면서 그렇게 느낀 거는 처음이다. 그 사람 부인은 서울 법당 청년 법회 보러 오는 사람들에게 자기 돈으로 24년간이나 밥 해 먹이고. 그렇게 하는 사람들 없다.

그 뒤에 주변에 아파트 단지가 들어서게 되니까 그 주변을 정리한다고 아파트 건축업자가 찾아와서 9평 되는 공부방을 2층으로 공짜로 올려 주겠다고 하더라. 그런데 공사를 하게 되면 몇 달 걸리는데, 그러면 우현동 법당 새벽 공부 나오는 신도 8명이 몇 달 새벽 공부가 끊어지면 공부를 아예 놓게 되어 이 생에 닦지를 못할까 봐 걱정이 되고, 양찬영 씨가 이렇게 따뜻하게 해놓은 것을 일 년 조금 지나 허무는 게 미안했어.

아파트 건축업자들이 4번이나 찾아왔지만, 내 사고방식으로는 도저히 못 짓겠더라. 공짜로 2층 집을 올리면 나에게는 이득이지. 아파트 짓는 사람들이니 얼마나 잘 짓겠니? 그러나 한 5개월간 법당이 없어지면 선근이 별로인 사람들이라 공부를 놓칠 것 같았어. 이 사람들이 수많은 생을 별러서 날 찾아왔는데, 내 양심에 그렇게 못하겠더라. 그래서 2층 짓는 거 포기했어.

그때 먹는 거는 하루 2식 하는데, 연탄불 아끼려고 밥을 아침에 한 번 해서 점심 때까지 나누어 먹고, 반찬은 없이 국 끓일 때 된장을 조금 넣는데, 겨울에는 맹물에 콩나물이랑 된장 넣고, 여름에는 맹물에 시금치랑 된장 넣고 이렇게 세 가지만으로 국을 끓여 먹었어. 고춧가루나 참기름 같은 걸 좀 넣어야 영양이 될 텐데 그런 것도 못 넣었어. 밥, 국 두 가지뿐이야.

거기에 수행자라 많이 먹으면 안 된다고, 배고픈 것만 면할 정도로 먹고 살았지. 그때 제일 먹고 싶은 게 김치였어. 그렇지만 부처님께 감사히 공양 올리고 먹으면, 부족하다는 생각 없이 행복하게 먹었지.

우현동에서 10년을 살았는데, 만 3년을 그렇게 살고 그 다음 4년은 집세 받는 것이 조금 더 들어와서 김치, 두부, 오뎅도 넣어 먹었어. 그렇게 7년은 내가 해 먹었어. 그렇게 먹으면서도 새벽 4시부터 금강경 7독 하고 저녁 공부 시간 지켜 공부하면서 법회 다니고 현충일 행사로 전국을 다니니, 코피가 자주 나고, 앉았다 일어나면 하늘이 노랗게 보이면서 개똥불이 번쩍거리고, 어지럽고 도저히 안 되겠더라.

그래서 마지막 3년은 식당에 나가서 식당 밥 두 끼 사 먹었어. 사람이 보름만 제대로 못 먹어도 나이 들면 그것이 드러난다고 하는데, 소사에서 7년 동안 일을 많이 하고, 우현동에서 7년 동안 그렇게 부실하게 먹고 살았으니까, 지금 겨울에 방 밖으로 못 나올 정도로 추위를 많이 타지.

그때 우현동 공부방이 부엌을 통해서 법당으로 들어가는 구조였는데, 신도들이 새벽이나 낮에 공부하러 드나들면서 김 법사가 뭐 먹고 사나 궁금해서 냄비 뚜껑 열어보고 찬장도 열어보았지.

그때 생각에 우현동 법당은 시내에 있으니까, 조용하고 한적한 산 밑이라야 사람들이 공부하기가 좋을 것 같아서, 가게 사글세를 전세로 바꾸어서 받은 돈으로 우현동에서 좀 떨어진 산 밑에 신도님들 위해서 공부방 세울 땅을 샀어. 그때 그 땅이 많이 올라서 그걸 팔아 경주 도량터 야산 3만2천 평을 샀지.

금강정사도 어렵게 마련했지. 각 지역 법당은 본부에서 반을 지원하고 나머지 반은 신도들이 자기 법당 불사한다고 조금씩 보태고 그렇게 마련했어. 신도들이 법당 와서 가피를 입으니까, 어떤 사람은 사업체가 날아갈 뻔한 것을 기도해서 무사하니, 가피 입고 고맙다고 불사금을 내었지.

그렇게 마련한 법당 8개를 개인 명의로 하지 않고 다 법인으로 묶고, 정관에 독송회가 나중에 해체되면 나라 재산으로 귀속되게 해놓았어. 나는 내 것으로 가진 게 없어. 어머니 살던 신흥동 집 팔아 부처님 전에 올렸고, 시내 우현동 법당 팔아 변두리 초곡법당 매입하고 남은 차액 모두 부처님 전에 공양 올렸어. 이게 티 없이 사는 수행자의 길이야.

지금 성북동 법당 전에 혜화동에 서울 법당이 있었는데, 그 혜화동 법당에서 못 있게 되었을 때, 그때 속마음이 부모가 자식 데리고 살다가 거리에 나앉은 마음이었다. 나는 신도들을 가족같이 여기고 챙기는데, 나는 서울에 법당이 없어져도 포항에 내 집도 있고, 금강정사, 경주 법당, 울산, 대구, 부산 법당도 있지만, 서울 신도들은 법당이 없어지면 복도 못 짓고 밝게 닦지도 못해서 다음 생에 어려워지면 어떻게 하나, 내 일처럼 절박한 마음에 눈물이 나더라. 영생을 향해 가는 나그네가 밝은 부처님의 길을 등지고 어둠으로 갈 것 같아 마음이 아팠다.

성북동 법당을 마련하는 데 8억이 들었는데, 본부에서 메주, 된장, 고추장, 참기름 팔고, 옷가게 운영하고, 각 법당에서 불전 들어온 것 합해서 모은 현금 3억 지원하고, 당시 서울 법당 회원 중에 형편이 좋은 사람도 있고 어려운 사람도 있었지만 일률적으로 한 달에 회비 만원씩 모아 법당기금 마련한다고 5년 모은 게 2억 5천만 원 되었어.

  혜화 법당에 처음 들어갈 때 주인이 팔아 버릴 것을 대비해서 첫 달부터 법당 기금 만 원씩 모금한 거야. 그리고 혜화 법당 팔려나갔다고 하니 신도들이 2억5천만 원을 모아서 마무리했다. 법당 수리비가 5천만 원 들었고, 공사비용을 아끼기 위해 수자들이 직접 올라가서 했지. 승복 입지 않고 머리 깎지 않고 법당 하는 것이 40년, 50년 전에는 없었다.

  내가 이렇게 지난 이야기를 하는 것은, 수자들이라도 하늘을 공경하고 부처님을 공경하고 독송회를 잘 가꾸려고 노력하고, 그렇게 마음 닦고 복 지으며 살아가는 게 어떻겠느냐는 것이다. 내가 너희들에게 바라는 것은 이거 하나밖에 없다.

열일곱

공부는 실천이다

〈생활 속 가르침〉과 〈나라 사랑 실천〉

　이 장에는 한 수행자가 70대까지 수행하면서 '나' 라고 하는 아상과 업보의 비바람을 맞으며 이상과 꿈을 실현하기 위해 참고 자제하고 견디고 하심하고 바쳐가며 주름 없이, 티 없이, 흠 없이 살고자 노력해 온 모습을 담았습니다.
　현실 삶 속에서 보살심을 연습하며 보살행을 실천한 이야기를 도량에서 함께 사는 법사님의 제자들이 엮었습니다.

생활 속 가르침

불자라면 누구나 알고 있는 백낙천 거사와 도림 선사의 문답이 있습니다.
"스님, 어떤 것이 불법의 큰 뜻입니까?"
"모든 악을 짓지 말고 모든 선을 힘써 행하는 것입니다."
"그것은 세 살 먹은 아이도 아는 것 아닙니까?"
"세 살 먹은 아이도 알지만, 팔십 먹은 노인도 지키기 힘든 것입니다."
세상에 훌륭한 가르침과 말씀은 많지만, 그것을 그대로 실천하기란 매우 어렵다는 것, 또한 앎이 문제가 아니라 실천이 문제라는 것을 일깨워 주는 일화입니다.
도량에는 법사님 아래서 짧게는 5년부터 길게는 24년째 가르침을 받고 있는 제자들이 있습니다. 그 제자들은 법사님께서 가르침을 주시기만 하는 것이 아니라, 언행일치言行一致와 지행합일知行合一을 몸소 실천하시는 모습을 뵈면서 깊은 존경심을 갖게 되었습니다.
"보통 사람들은 양파 껍질 까듯 까 보면 겉과 속이 다르고 속이 더 시커먼데, 법사님께서는 조금이라도 속을 보이시면 더 밝고 더 환해서 자연스레 고개가 숙여지고 숙연해집니다."라고 한 어느 신도님의 말씀이 마치 저희들 마음을 그대로 옮긴 듯 공감이 됩니다.
공자께서
"70세에 마음 내키는 대로 행하여도 법도에 어긋나지 않았다[七十而從心所慾不踰矩]."고 하신 경지가 어떠한 것인지도 법사님을 뵈면서 조금씩 이해가 되었습니다. 수많은 생生, 삶의 목적을 부처님 공경과 시봉에 두시고 끊임없이 보살도를 닦아 오셨기에, 일상생활 속 자연스럽게 건네시는 말씀 한 마디에도, 행동 하나에도 법답지 않으신 바 없고 진리를 일깨워 주시지 않음이 없습니다.

　법사님의 살아가시는 모습을 통해, 관념적이고 피상적으로 이해하고 있던 배려, 헌신, 인욕, 자비, 친애, 공경과 같은 덕목들을 현실적이고 구체적으로 마음에 깨우치고 실천을 다짐하게 됩니다. 당신의 깊고 크신 밝음의 세계를 헤아리기 어렵지만, 부족하나마 법사님을 모시면서 보고 듣고 느꼈던 점들을 일화 중심으로 모아 보았습니다.

내 일은 내가 해야지

　법사님은 일흔이 되실 때까지 빨래와 청소를 손수 하셨습니다. 매일 아침저녁으로 방을 물걸레질 하시고, 빨래는 세탁기를 사용하지 않고 손빨래를 하셨습니다. 저희들이 하겠다고 말씀 드려도,
　"내 일은 내가 해야지." 하시며 늘 직접 하셨습니다. 그러다 일흔 되시던 해부터 허리와 무릎관절이 아프셔서, 청소는 저희에게 맡기고 빨래는 세탁기를 사용하기 시작하셨는데, 지금도 속옷이나 양말 같은 작은 빨래는 직접 손빨래를 하십니다.
　빨래를 할 때, 대야에 세제를 풀어서 옷을 담가 두었다가 빠는데, 대야에 가루 세제를 콩알만큼만 넣으십니다. 그리고 세제를 풀었던 물이 하천에 흘러 들어가 오염되는 것을 막기 위해서 세면장 하수구에 버리지 않고 마당에다 버리십니다. 세제 풀었던 물을 따로 버리시는 것이 성가실 듯도 한데, 한 번도 어김없이 늘 그렇게 하십니다.

법사님께 과일즙을 짜서 유리병에 담아 올리면, 드시고 난 뒤 유리병을 손수 씻어 주십니다. 저희가 내려가서 씻겠다고 말씀 드려도 언제나 손수 깨끗하게 헹구어서 주십니다.

법사님을 가까이서 뵙다 보면, 법회 법문이나 글을 통해 주시는 가르침들이 저희들을 공부시키기 위한 방편으로 생각해 낸 '이론'이 아니라, 법사님이 직접 닦고 실행해 오신 '실제' 그대로임을 알게 됩니다. 남에게 바라지 말고 자신의 일을 스스로 하고, 주변을 배려하며 살라는 가르침도 그러합니다. 길을 걸으시다 길 위에 긴 줄이나 나뭇가지가 보이면, 사람들이 혹시 뱀인 줄 알고 놀랄까 봐 치워 놓고 가십니다.

도량 안에 작은 돌다리가 있는데, 어느 날 한 수자와 다리 밑으로 물이 흘러가는 것을 살피기 위해 내려가다가 돌다리에 튀어나와 있는 못에 손을 조금 다치셨습니다. 그러자 옆에 있던 큰 돌로 그 튀어나온 못을 탕탕 쳐서 다 박으셨습니다.

옆에 있던 수자가 '여기는 사람도 잘 안 다니고, 저기 짚을 사람도 없을 텐데 왜 저렇게 하시나?' 하고 속으로 생각하는 순간, 법사님께서

"혹시 앞으로 여기 누구라도 손을 짚게 되면 다치지 않게 하려고 한다."고 하셨습니다.

법사님께서 손수 돌로 못을 탕탕 박는 소리가, '나'를 닦는 수행자는 이렇게 어느 순간에도 남을 배려하고 위할 줄 알아야 한다는 살아 있는 가르침으로 젊은 수자의 가슴에 탕탕 울렸습니다.

대중들 먼저

금강정사에서는 1990년대 초까지 연탄 보일러를 사용했습니다. 당시 나라 경제가 많이 좋아져서 연탄 보일러를 쓰는 곳이 거의 없었지만, 도량에서는 1990년대 초에야 연탄 보일러를 기름 보일러로 바꾸게 되었습니다.

그것도 한 번에 다 바꾸지 못하고 형편이 되는 대로 하나씩 바꾸었는데, 가장 먼저 여자 요사채 보일러를 바꾸고 그 다음에 남자 요사채 보일러를 바꾸고 법사님 방 보일러를 가장 마지막에 바꿨습니다. 법사님 것을 먼저 바꾸라고 몇 차례 말씀 드렸지만 한사코 사양하셨습니다.

금강정사 건물들은 업체나 기술자들에게 맡겨 짓지 않고, 모두 법사님이 수자들, 신도님들과 함께 직접 지은 것입니다. 십여 년 전에 저희들 건강을 위하여 법사님께서 수자들이 잠자는 방을 흙방으로 짓자고 하셨습니다. 그때도 여자 수자들 방을 제일 먼저 지어 주고, 그 다음 남자 수자들 방을 짓고, 당신 흙방은 만들지 않으셨습니다. 저희만 몸에 좋은 흙방에서 자는 것이 죄송스러워 법사님 방도 흙방으로 만들어 드리려고 몇 번이나 말씀 드렸는데,

"나는 늙어서 떠날 때가 다 되었으니 그럴 필요 없다."고 하시며 거절하다, 저희들 흙방을 짓고 나서 5년 뒤에야 허락을 하여서 흙방을 지어 드리게 되었습니다.

이렇게 언제나 대중들을 먼저 생각하고 배려하는 법사님 밑에서 저희들은 스승을 시봉해 올리는 것이 아니라 스승의 시봉을 받고 있는 것 같은 황송함과 송구스러움을 느낄 때가 많습니다.

도량 일 먼저

늘 당신보다 대중들을 먼저 생각하고 배려하는 것처럼, 법사님은 당신이 불편하고 꼭 필요한 일도 도량 사정에 맞추어 미루고 기다리십니다.

도량에서는 초겨울에 메주를 만들 때가 가장 바쁜 시기입니다. 메주 만드는 것이 끝난 12월 말에 법사님이 전화를 하셨습니다. 도량에는 어떤 일이 있고 바쁜 것은 무엇이 있는지 물으셨습니다. 메주 만드는 것이 끝나 여유가 조금 있다고 말씀 드리자, 법사님 방 앞에 있는 밤나무 가지를 좀 쳐달라고 하십니다.

법사님은 추위를 많이 타기 때문에 겨울에 방 밖으로 나오지 못하고 오전 11시부터 12시 사이에 창문으로 비추는 햇볕을 쬐이십니다. 그런데 밤나무 가지가 햇볕을 다 가려 버려서 볕도 잘 쬐지 못하고 방도 어두워 불편함에도 메주 불사가 다 끝나기를 기다렸다 말씀하신 것이었습니다.

근검절약해야 하는 이유

법사님의 일상생활은 모든 부분이 참으로 정갈하면서, 근검절약에 있어서도 철저하십니다. 방은 항상 깨끗하게 정돈되어 있고, 신발도 늘 가지런히 벗어 놓고, 이불이나 옷은 자주 햇볕에 말려 소독합니다.

러닝셔츠는 구멍이 20개 이상 날 때까지 입고, 양말이나 옷에 구멍이 나면 직접 기워 입으십니다. 그런데 여러 색깔 실을 갖고 있는 것이 아니라, 갈색 실 하나밖에 없어서 법사님의 셔츠도, 바지도,

양말도 모두 갈색으로 기워져 있습니다.

  도량에서 신는 운동화는 밑창이 다 닳고 너덜너덜해져서 신으면 양말이 비쳐 보일 때까지 한 켤레로 10년 넘게 신으셨고, 법회 갈 때 신는 구두는 닳아 버린 굽만 한 번 바꾸고 한 켤레로 18년째 신고 계십니다.

  뽑아 쓰는 화장지를 쓸 때는 한 장을 다 쓰는 법이 없이 두 조각이나 네 조각으로 나누어서 쓰고, 걸레 같은 것은 과연 저것으로 방을 닦을 수 있을까 싶을 정도로 갈래갈래 헤어질 때까지 쓰십니다.

  추위를 많이 타는 데도 겨울에 보일러 기름을 아끼기 위해 방 온도를 서늘하게 해 놓고, 실내에서도 모자와 마스크를 쓰고 두꺼운 옷을 입고 지내십니다.

  도량에서는 산에서 내려오는 물을 받아서 빨래, 설거지, 목욕 등 생활용수로 쓰고, 지하수를 올려서 식수로 씁니다. 법사님 드실 물도 지하수를 유리병에 담아 매일 한 병씩 올립니다. 새로 담은 물을 올리고, 전 날 올렸던 물병을 가지고 내려오는데, 법사님이 병에 남은 물을 어떻게 하는지 물으십니다. 그냥 버리면 낭비하는 것이니까 설거지 할 때 쓰라고 하십니다. 공양 드시고 된장이나 간장이 조금 남아도 버리지 말고 국 끓일 때 넣어서 쓰라고 이르십니다.

  재작년 겨울에 앉고 일어서는 것도 잘 못하실 정도로 무릎관절과 고관절, 허리가 많이 편찮으셨습니다. 그래서 수자 한 명이 방에 들어가 약 데워 드실 물을 전기 주전자에 담아 드렸는데, 법사님께서는 편찮으신 와중에도 물을 낭비할까 염려하면서, 물을 많이 담으면 그걸 데우는 데 전기가 많이 드니까 아주 조금만 담아서 데우라고 하셨습니다.

그런데 수자가 전기 주전자에 남은 물을 무심코 세면장 바닥에 버리자, 그걸 대야에 담아 놓으면 저녁에 발 씻을 때 쓸 수 있는데 그냥 바닥에 버리면 어떻게 하냐고 나무라시면서,

"산에서 흐르는 물을 받아 쓰고 식수는 지하수를 쓰니까 수도세는 안 들지만, 그래도 하늘이 주신 것을 아껴야 한다."고 말씀하셨습니다. 늘 법회 때 듣는 말씀인데도, 이렇게 법사님께서 일상생활 속에서 낱낱이 실천하시는 모습을 뵈면서 듣는 말씀은 더욱 준엄하게 들렸습니다.

하루는 법사님께서 세면장에서 쓰는 플라스틱 대야에 금이 가서 시장에서 하나 새것으로 사오라고 하셨습니다. 시장에 가 보니 원래 쓰시던 대야와 똑같은 크기는 없고, 조금 더 작은 것과 조금 더 큰 것이 있었습니다. 저희들 생각에 너무 작은 것보다는 조금 큰 것이 빨래를 많이 할 때 편리할 것 같아서 조금 큰 것을 사서 올렸습니다. 그런데 법사님은 대야가 크면 물이 낭비된다고 하시면서 작은 것으로 바꾸어 오게 하셨습니다.

보통 사람들은 자기 물건은 자기가 돈 주고 산 것이라 아껴 쓰지만 공공 물자나 시설은 헤프게 쓰는 경우가 많은 것 같습니다. 집에서는 수도세 때문이라도 물을 아껴 쓰지만 대중목욕탕에서는 입장료만 내고 물을 말 그대로 '물 쓰듯이' 쓰는 경우도 있고, 자기 집안은 깨끗하게 하면서, 산이나 바다에 놀러 가 쓰레기를 함부로 버리기도 합니다. 심지어 그렇게 사는 것이 세상을 잘사는 것인 줄 착각하고 살아가기도 합니다.

법사님께서는 내가 돈 주고 샀다고 내 것이 아니라 모두 하늘이 주신 것을 우리가 잠시 빌려 쓰고 가는 것이고, 그것을 감사하게 아껴 쓰지 않으면 복이 다 새어 나간다고 하시면서 공공 물자도 내 것같이 아껴 쓰고 소중하게 다루라고 가르치십니다.

몇 년 전 시청에서 마을부터 도량까지 이어지는 도로 공사를 하였는데, 담당자들은 새로 깐 도로가 하루면 굳어지니까 내일부터는 차가 다닐 수 있다고 했습니다. 그런데 법사님은
"삼 일은 지나야 완전히 단단하게 굳는다. 다 나라 재산이니까 아끼고 오래 쓸 수 있도록 해야지." 하시면서 삼 일 동안 차로 지나다니지 못하게 하셨습니다.
얼마 전에는 도량 근처에 사는 신도님 한 분이, 도량 들어오는 길에 가로등이 없어서 불편하실 텐데 시청에 이야기해서 가로등을 설치하는 것이 어떻겠냐고 하였습니다. 그때도 법사님께서는 그분 뜻은 고맙지만, 밤에 도량에 오가는 차량이 거의 없고, 자동차 불빛으로 충분히 앞을 볼 수 있으니 나라 재산을 함부로 쓰면 안 된다고 하면서 거절하셨습니다.
법사님의 철저히 근검절약하시는 일상과 그 안에 깃든 정신은 저희가 수행자로서 어떻게 살아야 하는지 일깨워 주는 큰 자비의 가르침이라는 생각이 듭니다.
하루는 법사님께서 구멍이 많이 나고 해어진 러닝셔츠 몇 벌을 봉지에 싸서 주면서 소각장에 태우라고 내려 보내셨습니다. 그것을 받아 내려온 수자가 소각장에 넣어 두고 저녁에 태우려고 불은 지피지 않았습니다. 그런데 몇 시간 후에 연락이 오셔서, 그 내의를 태웠냐고 물으면서 아직 안 태웠으면 그중에 두 벌을 꺼내 저희들이 가지고 있으라고 하셨습니다.
"내가 죽고 난 뒤에 사람들이 이걸 보고 아끼고 살고, 아프리카에는 우물이 없어서 구정물 먹고 산다는데, 근검절약해서 남은 것으로 그런 어려운 사람들 우물 파 주고 돕고 사는 데 도움이 조금 되었으면 한다."
그 말씀을 들으면서 마음이 한없이 숙연해졌습니다. 하늘의 은혜

에 감사하며 물자와 자원을 소중히 쓰고, 나를 위해서는 덜 쓰고 아끼면서 남을 위해 베풀고 살아서, 부처님께 받은 한량없는 은혜를 조금이라도 보답하는 수행자가 되라고 주시는 말씀을 잊지 않고 세세생생 실천하기를 다짐합니다.

현실이 바뀌어야

　법사님께서는 닦는 것이란 도량에 오래 있다고 저절로 되는 것이 아니라, 현실 속의 잘못된 습관과 마음 씀씀이를 하나하나 바로 잡는 것이라고 강조하십니다.
　예전에 한 수자가 운동화를 구겨 신고 다니는 것을 보고는
　"신발을 구겨 신는 것은 네 마음을 구겨 신는 것이다." 하시며 호되게 야단치셨습니다. 계절에 맞지 않는 옷을 입거나, 단추를 잠그지 않고 입거나, 바지가 바닥에 끌리도록 입고 다니는 것을 싫어하시고, 계절과 날씨에 맞게 검소하지만 깨끗하고 단정한 옷차림을 하도록 하십니다.
　법문하실 때는 생활 속에서 실천할 수 있는 좋은 습관들을 자주 말씀해 주십니다. 닦는 사람은 배려와 양보를 실천해야 한다고 강조하면서, 주차할 때는 담벼락에서 5~10센티미터 정도만 떨어지게 바짝 붙여서 주차하여 주행하는 차들에 불편을 주지 말라고 하십니다. 주행 중 경적을 울릴 때 길고 세게 누르면 주변 운전자들이나 행인들을 놀라게 하고 불편을 주게 되니 일이 초 정도 짧게, 살짝만 울리라고 하십니다.
　충고를 할 때도 상대방을 위한 배려가 바탕이 되어야 한다고 하십니다. 가족 간이나 친한 사이에는 서로의 잘못을 보자마자 면전

에 대놓고 하는 경우가 많은데, 그러면 마음에 상처를 주기 쉬우니 상대방이 받아들일 수 있는 여유가 있을 때를 기다려서 긍정적이고 부드러운 말로 충고를 하는 것이 닦는 사람의 태도가 아니겠냐고 하십니다. 그리고 상대방의 귀를 즐겁게 하지 말고, 마음을 즐겁게 할 수 있도록 진실한 마음으로 말을 하라고 하십니다.

소소하고 일상적인 습관 하나, 행동 하나, 마음 씀씀이 하나를 실제로 바꿔나가도록 하는 가르침을 통해 생활은 곧 수행이 됩니다.

너희 생각은 어떠니?

법사님은 언제 어디서나 누구에게나 질문하고 의견을 구하는 것에 참 자유로운 분입니다. 도량에서 가장 어른이신 법사님으로부터 저희가 가장 많이 듣는 말씀이 바로
"너희 생각은 어떠니?"입니다. 상대방의 말을 늘 귀 기울여 들으며 거기서 배울 것을 찾으십니다.

일에 임해서도 늘 배우는 마음으로 현장에서 뛰는 사람들의 실제 경험을 묻고 경청하면서, 세세하게 살피고 가능한 한 많은 정보를 구하여 다각도로 검토하고 종합적으로 판단하여 최상의 결정을 내리시는 모습을 뵙니다.

비가 오지 않아 작물들이 바짝바짝 타고 있던 어느 해 여름의 일입니다. 3천여 평이나 되는 도량의 밭농사 일을 별다른 관수 시설 없이 오로지 산에서 내려오는 골짜기 물을 집수하여 사용하는 터라 가뭄이 심하면 농사짓기가 쉽지 않습니다. 속수무책으로 말라 가는 작물들을 보고 속만 태우고 있던 어느 날, 법사님이 저희들을 부르셨습니다.

법사님 처소 주변에 작은 웅덩이가 있는데, 거기서 넘치는 물이 배수로로 졸졸 흘러가고 있는 것을 가리키며 말씀하셨습니다.
  "내 생각에 여기 배수로 이쯤에 시멘트로 턱을 만들어 물을 모으고 집수 시설을 했으면 좋겠다. 너희들 생각은 어떠니?"
  그런 뒤 다시 도량에서 조금 멀리 떨어진 옆 산의 사방 공사 배수로로 저희들을 데리고 가셨습니다. 그곳에서도 물이 조금씩 흐르고 있었는데, 앞서와 같이 설명을 하시고
  "나는 이러면 좋을 듯한데, 너희들 생각은 어떠니?" 하시며, 마치 허락을 구하시는 것 마냥 진지하게 물어보셨습니다.
  당신의 지혜와 연륜에 비추어 볼 때, 농사 경험도 전혀 없던 젊은 저희들에게 의견을 구하는 것이 가당찮은 일이라는 생각이 들었습니다. 그럼에도 불구하고 언제나 당신을 낮추고 상대의 의견과 허락을 구하는 것이 한결같은 법사님의 마음 살림살이임을 깨닫게 되었습니다. 늘 하심하고 배우는 마음으로 사물이나 사람을 대할 때 건성으로 대하는 법이 없으십니다. 무엇이든 세세하게 깊이 있게 보고 일일이 경청하여서 거기서 배우고 정보를 얻어 종합적인 지혜의 말씀을 주십니다.

섬세한 배려

  법사님께서 18년 전부터 법회 하실 때 빼고는 전혀 외출을 안 하시고, 10년 전부터는 수자들 공부 점검도 선생님에게 맡기고 거처에서 거의 나오지 않고 수행만 하고 계시는데, 그런 중에도 매일 선생님을 통해 전화로 도량 식구들 안부를 일일이 물으십니다. 수자들만 챙기는 것이 아니라, 도량에서 키우는 강아지와 고양이 안부

까지 빠뜨리지 않고 챙기십니다.

공양주 수자님이 도량에 들어오기 전부터 편식하는 습관이 있었는데, 도량에 들어와서도 반찬을 골고루 잘 안 먹는다는 이야기를 듣고는, 그러면 영양이 부족해서 안 된다고 하시면서 참기름, 들기름을 한 숟가락씩 꼭 챙겨먹게 하라고 당부하면서,

"내가 참기름, 들기름 공장장인데[1] 수자들 참기름도 못 먹이면 안 되지 않겠나. 공양 하느라 힘들면 내 반찬 한두 가지 줄이라고 해라." 하셨습니다.

스승의 날에 용돈을 모아 법사님 바지와 속옷을 사서 공양 올린 적이 있습니다. 법사님께서 옷을 받으시면서 저희들을 위해 또 말씀을 주십니다.

"옷을 만들어서 유통하는 과정에서 먼지도 붙고 균이 붙으니, 새 옷은 꼭 빨아 입어야 위생적이다. 나는 새 옷을 그냥 입지 않고 빨아서 입는데, 너희들도 꼭 그렇게 해라." 한 순간도 그냥 지나치지 않고, 늘 대중들에게 유익함을 주고자 필요한 말씀을 잊지 않고 해주시는 법사님의 마음을 뵈올 때마다 저절로 고개와 마음이 숙여집니다.

도량에 '공경이'라는 강아지와 '시봉이'라는 고양이가 있습니다. 그 아이들에게 밥을 줄 때 항상 밥그릇을 깨끗하게 씻어서 주게 하시고, 여름철에는 음식이 쉽게 상하니까 절대 오래 놔두지 말고 몇 시간 지난 음식은 버리고 새 음식을 담아 주도록 당부하십니다.

공경이가 새끼 강아지들을 낳았을 때 저희가 강아지 분유를 오전에 타서 오전, 오후 두 번으로 나누어서 주는 것을 아시고, 분유는 영양이 많아 쉽게 상하는데 오전에 타 놓은 것을 오후에 주면 새끼

---

[1] 금강정사에서는 참기름·들기름 등 전통 식품을 제조 판매하여 자급자족합니다.

강아지들이 먹고 탈이 날 수 있다고 하면서, 분유도 매번 깨끗한 그릇에 새로 타서 주도록 하셨습니다. 그리고 법사님이 소사에서 송아지들을 돌보실 때, 우유 먹고 나서 입 주변을 닦아 주지 않으면 헐기 때문에 늘 물수건으로 깨끗이 닦아 주었다고 하면서 분유를 먹고 나면 강아지들 입 주변을 깨끗하게 닦아 주라고 하셨습니다.

새끼 강아지들이 생후 한 달쯤 되었을 때부터 강아지 집에서 나와 요사채 둘레에 보도블록이 깔린 곳에서 놀기도 하고 낮잠도 잤습니다. 그때가 10월 초였는데, 법사님은 강아지들이 보도블록 맨바닥 위에 배를 깔고 낮잠을 자면 차서 몸에 안 좋다고 하면서 박스나 담요 같은 것을 깔아 주라고 하셨습니다.

법사님의 섬세하고 자상한 돌보심 덕분에 강아지들 모두 병 한 번 앓지 않고, 건강하게 무럭무럭 자랐습니다.

이렇게 모든 존재에 평등하고 세심한 배려로 끊임없이 살피고 베풀어 이로움을 주십니다. 그리고 보살심을 연습하고 보살행을 실천하며 보살도를 닦는 것이 어떠한 것인지를 몸소 실천으로 보여주십니다.

안전이 가장 중요하다

법사님은 늘 안전을 신경 쓰고 염려하시는데, 그 마음이 마치 냇가에서 놀고 있는 철없는 어린아이를 지켜보는 어머니 마음처럼 느껴집니다.

재작년 겨울에 미국 동부 지방에 폭설이 내려서 미리 잡혀 있던 '한국 알리기' 행사들이 줄줄이 취소되었습니다. 그 소식을 듣고, 뉴욕 법당 식구들이 눈길이나 빙판길을 걸을 때 미끄러지지 않는 신발을 신고 조심히 다니도록 전하라고 하셨습니다. 몇 시간 후에 다시 연락이 와서, 아까 빠트린 것이 있다고 하시며,

"눈길이나 빙판길을 걸을 때, 주머니에 손을 넣고 걷다 미끄러지면 뇌가 다쳐서 큰일 난다. 주머니에 손을 넣지 말고 장갑을 끼고 중심을 잘 잡고 걸어야 머리를 안 다친다. 팔다리는 부러져도 고칠 수 있지만, 뇌를 다치면 큰일 난다. 이 이야기도 꼭 전해라." 하셨습니다.

작년 여름에 '코리아 커넥션'이라는 프랑스 한류 팬클럽 회원들이 한국을 2주 일정으로 방문하였는데, 북촌 한옥 마을에 있는 한 박물관장님이 무료로 박물관 장소를 빌려 주시고, 독송회 회원들이 한복을 입고 한식을 대접하는 행사를 하였습니다. 보살님들은 박물관 옥상이 전망이 좋다며, 옥상에 테이블을 마련하여 식사를 할 계획을 세웠습니다. 그런데 법사님께서는 보살님들이 한복 입고 계단을 오르내리다가 치맛자락을 밟고 넘어져 다치면 큰일이라고 하면서, 전망보다는 안전을 위해 1층에서 식사를 대접하라고 하셨습니다. 안전이 가장 중요하다고 하면서

"40년간 독송회를 이끌어 오면서 큰 탈 없이 올 수 있었던 것은 첫째가 부처님 가피였고, 둘째가 안전을 우선으로, 일을 미루지 않고 즉시즉시 처리하고 정확하게 했기 때문이다."라고 말씀하셨습니다.

작년 겨울에 서울에서 한국 알리기 행사를 열심히 하는 보살님 두 분의 아들들이 수능 시험이 끝나고 금강정사에 메주 불사를 도우러 잠시 내려왔었습니다. 메주철에 도량이 굉장히 바쁜 데도 불구하고, 공양주 수자님께 두 아이들에게 밥 하는 것을 가르쳐 주라고 하셨습니다. 어머니가 바빠서 늦게 들어올 때, 스스로 해 먹기도 하고 부모님 식사도 챙겨 드리면 얼마나 좋겠냐고 하시면서, 된장국 끓이는 법과 간단한 반찬 만드는 법을 익혀 가게 하시고, 가스

불을 쓰고 나면 중간 밸브를 반드시 잠그는 것까지 교육시키게 하셨습니다.

생명의 존엄성

모든 살아 있는 생명을 해치지 않는 '불살생不殺生'은 불교의 첫 번째 계율입니다. 정법념처경正法念處經에는 불살생에 대하여 다음과 같이 설명하고 있습니다.

어떻게 살생하지 않는가. 만약 길을 가다가 개미, 지렁이, 누에나비, 두꺼비나 풀벌레 그 이외의 곤충을 보더라도 그것들을 피해 먼 길로 돌아가는데, 자비로운 마음으로 중생들을 보호하기 때문이다. 업과 과보를 믿어서 생사의 허물을 알고 생멸법生滅法을 관하는 것이다. 이를 불살생이라고 한다.

법사님께서 철저한 불살생계를 실천하시는 모습 또한 저희들에게는 영생을 밝게 살아갈 수 있도록 주시는 큰 가르침입니다. 포항 금강정사에서 법회가 있던 날, 도량을 한 바퀴 돌아보다가 아주 깜짝 놀라며 발걸음을 물리셨습니다. 옆에서 법사님을 모시고 가던 수자는 뱀이라도 나타난 줄 알고 두리번거리며 살피는데, 그 앞에는 작은 지렁이 한 마리가 기어가고 있었습니다. 법사님께서 생명을 극진히 보호하고 살리려는 절절한 자비심을 한 순간 보게 된 경험이었습니다.

길을 걸을 때 늘 개미나 벌레를 밟지 않기 위해 주의를 기울이시고, 땡볕 아래 마른 땅으로 지렁이가 힘겹게 기어가는 것을 보면 축축한 풀밭 그늘로 옮겨 주십니다. 모기나 파리, 개미, 거미 등의 곤충이 방 안에 들어오면 부채로 창문 밖으로 쫓거나, 몸의 일부라도 상하지 않도록 조심스레 쓰레받기에 담아 밖에 가서 살도록 옮겨 주십니다.

어느 해 봄에는 법사님 처소 주변에 심어 놓은 사철나무에 벌레가 잔뜩 생긴 적이 있었는데

"나는 내 몸이나 지렁이나 벌레나 별로 다르지 않게 본다. 생명의 존귀함과 존엄성은 사람이나 동물이나 큰 동물이나 작은 동물이나 평등하다."고 하시며 약을 못 치게 하시고, 수천 마리 되는 벌레를 나무젓가락으로 일일이 병에 담아 다른 곳에서 살도록 옮겨 주게 하신 적도 있습니다.

도량 안에 작은 못이 하나 있는데, 개구리 몇 마리가 살고 있습니다. 그런데 봄에 개구리들이 알을 낳으면 뱀이 알고 내려오기 때문에, 그 알들을 근처 저수지로 옮겨 줍니다.

어느 날 한 수자가 그 개구리 알들을 옮겨 주기 위해 바가지로 퍼올려 양동이에 담다가, 바가지에 담긴 알이 잘 안 떨어지자 양동이 모서리에 대고 알이 잘 떨어지도록 탁탁 쳤습니다. 법사님께서 그 광경을 보고,

"그렇게 세게 치면 개구리 알들이 놀라지 않겠냐."고 살살 하라고 당부하셨습니다.

한번은 법회에 가면서 운전하는 수자에게 차를 세우라고 다급하게 말씀하셨습니다. 고속도로 갓길에 차를 세우면 위험하다고 한번도 그렇게 시킨 적이 없었는데, 영문도 모른 채 의아해 하면서 갓길에 차를 세우고 비상등을 켜고 보니, 운전석 옆 창문에 여치 한마리가 붙어 있었습니다. 여치를 안전한 곳으로 옮겨 주고 돌아오니, 법사님께서

"여치가 달리는 차창에서 떨어지지 않으려고 다리를 떨며 안간힘을 주고 붙어 있었다. 얼마나 무섭고 힘들었겠니. 너는 그것이 안 보였니?" 하시는데, 유구무언有口無言이 되어 고개를 숙일 수밖에 없었습니다.

어느 날 한 수자가 법사님 방 입구에서 거미 한 마리를 발견하고는, 법사님 가르침을 실행한다고 거미를 살살 쓰레받기에 담아 문 밖으로 옮기려던 참에 법사님께서 보고, 지금 추운 한겨울에 그 아이를 밖에다 놓아 두면 얼어 죽지 않겠냐고 하시면서, 제 명대로 살도록 방 안에 두되, 사람 발에 밟히지 않도록 구석 귀퉁이에 두라고 하셨습니다.

그 수자는 자신이 참으로 어리석었음을 깨닫게 되었습니다. 법사님은 모든 생명을 살리고 보호하는 자비심으로 지렁이, 벌레, 거미를 잘살 수 있는 곳으로 옮겨 주시는 것인데, 한 겨울에 거미를 밖에 내보내려던 것은 이런 법사님의 본뜻은 헤아리지 못하고 겉모습만 따라 하는 시늉이었고, 법사님 가르침을 제 식으로 이해하고 동떨어지게 실행하고 있었다는 것이 깨달아지면서 반성이 되었습니다.

법사님의 생명에 대한 자비심은 그 크기가 작거나 크거나, 사람을 해치는 것이나 해치지 않는 것이나 모두 똑같이 적용됩니다. 도량 주변이 산과 밭이어서 여름철에는 뱀이 나타나는데, 사람을 물수도 있기 때문에 뱀을 사람이 가지 않는 깊은 산 속에 옮겨 주도록 하십니다. 뱀을 이사시켜 주기 위해 공기가 잘 통하는 양파망에 넣어 놓고 간혹 다른 일을 보느라 시간을 지체하고 있으면, 뱀이 그 안에서 얼마나 답답하겠냐고 하면서 빨리 자유롭게 되도록 산 속에 놓아 주라고 하십니다.

도량에 키가 팔구 미터는 넘음직한 큰 은행나무가 한 그루 있습니다. 가을에 은행잎이 노랗게 물들면 참으로 보기 좋습니다. 그런데 몇 해 전 도량 주변에 대나무를 심어 놓았더니, 그 대나무가 많이 번식해서 은행나무 주위까지 빽빽하게 둘러싸서 은행나무가 비실비실하게 되었습니다. 그 근처를 하루에도 몇 번씩 다니는 수자들도 무관심하게 모르고 있다가, 법사님이 보고 당장 주변 대나무들을 정리하고 대나무가 은행나무 쪽으로 뻗어 오지 못하게 둘레를 대나무 뿌리가 뚫을 수 없는 딱딱한 것으로 막아 놓게 하셨습니다. 그 은행나무 옆을 매일 지나가면서 그 은행나무가 괴로워하는 소리를 한 번도 듣지 못했냐고 하시면서, 저희들 무관심을 질책하셨습니다.

몇 해 전, 이틀 일정으로 서울 법회를 가면서 법사님 처소 둘레에 울타리로 심어 놓은 대나무들이 가뭄으로 마르고 있으니까 물을 흠뻑 주라고 이르고 법회를 가셨습니다. 그런데 수자들이 깜빡 잊고 대나무에 물을 못 주었습니다. 법사님이 법회에서 돌아오시자마자 대나무를 살피면서 물을 주지 않은 것을 알고 마음이 많이 상하셔서

"사람이나 식물이나 물이 없으면 목마른 고통은 똑같다. 대나무가 말라 죽어버리면 어떻게 되겠니. 남의 생명을 돌보지 않으면서 자기 일 잘되길 바랄 수 없다." 하시며 당장 물을 주도록 하셨습니다.

하루는 햇볕이 잘 드는 곳에 빨래 건조대를 놓고 빨래를 넌 뒤, 건조대가 바람에 쓰러지지 않게 벽돌을 받쳐 놓았습니다. 빨래가 다 마른 후에 빨래를 걷고, 건조대도 제자리에 두었는데, 건조대를 받쳐 놓았던 벽돌은 그냥 그 자리에 두었습니다. 법사님이 보시고 그 벽돌 밑에 풀이 있는데, 벽돌 때문에 풀이 눌리고 햇빛을 못 받아 시들어 죽지 않겠냐고 하시면서 벽돌을 풀이 없는 곳으로 치우도록 하셨습니다.

동물뿐 아니라, 나무 한 그루, 풀 한 포기의 생명까지 소중히 아끼

시는 법사님을 뵙다 보면, 저희 자신이 수행자라고 하면서도 얼마나 다른 생명에 무관심하고 자비심 없이 이기적인지를 반성하게 됩니다. 그리고 마음을 닦는 사람은 온 세상을 위해 자비심과 보살심을 연습하고 실제로 하나하나 보살행을 실천해 나가야 함을 깨닫게 됩니다.

하늘을 향해 곧게 솟은 대나무처럼

법사님은 언제나 모든 사물과 일들이 가장 필요한 그 자리에 가장 바른 모습으로 있도록 하십니다. 모든 생명들에게 똑같은 자비심을 베풀고, 비뚤어진 것은 곧바로, 더러워진 것은 깨끗하게, 흐트러진 것은 정갈하게, 목마름에는 물을 주고 필요한 영양을 주며 키우십니다. 수자들에게도 마찬가지입니다.

닦고 복 짓는 삶이 가장 보람되다는 것을 몸소 보여주시며 개개인의 상황에 맞게 필요한 법문을 하거나 법매를 치며 이끌어 주십니다. 조금이라도 공부의 진척을 보이거나 달라지는 것을 보면 누구보다도 기뻐하고, 어떤 사물이나 현상을 보더라도 그것을 통해서 각자의 마음을 되돌아보아 마음의 성숙이 깊어지도록 말씀을 주고 각자의 닦을 거리를 짚어 주십니다.

수행하는 수자들의 마음이 부처님의 도량 밖으로 빠져나가지 않도록, 키가 크고 잘 자라는 대나무를 울타리 나무로 많이 심어 두셨습니다.

어느 날 한 수자를 불러서 심은 지 얼마 되지 않아 삐딱하게 기울은 대나무들이 바로 서도록 같이 버팀대를 만들어 주자고 하셨습니다.

울타리의 오른쪽 끝에서 왼쪽 끝까지, 휘어진 나무들을 밀어서 바로 세우고 버팀목을 박아서 하늘을 향해 나무가 수직으로 설 수 있도록 고무로 묶어 주었습니다.

한참 대나무를 묶는 도중에 법사님이 말씀을 건네셨습니다.

"너의 마음은 어떠하니? 이 어린 대나무처럼 삐딱하게 휘지는 않았니?"

도량에 출가한 지 얼마 되지 않아 올라오는 마음들이 많았던 수자가

"네, 휘어진 것 같습니다." 하고 대답하자,

"그럼 이 대나무처럼 바로 세워라."라고 하셨습니다.

그 말씀에 버팀목을 받쳐서 튼튼히 묶은 하늘을 향해 곧게 솟은 대나무들과 정해진 방향 없이 이리저리 멋대로 휘어진 대나무들이 오른쪽, 왼쪽으로 동시에 보였습니다. 그 수자에게는 법사님의 말씀이 고맙고 든든한 버팀목이 되어 비뚤어진 마음을 바로잡고자 하는 발심發心의 밑거름이 되었습니다.

공부가 물처럼 흘러간다

여름철 비가 많이 온 다음 날, 도량 밭 옆에 있는 배수로에서 전날 입은 비옷과 농사 도구들을 씻고 있었습니다. 가까이서 그 모습을 지켜보시던 법사님께서 배수로 안에 크고 작은 돌들이 물살의 흐름을 굴곡지게 하는 것을 보고 그 돌들을 다 주워 내 배수로 밖으로 치우라고 하셨습니다.

돌들을 다 치우자 물살이 시원하게 흘러갔습니다. 법사님이 말씀하셨습니다.

"물이 어떠니? 이전보다 더 잘 흘러가지? 상대를 부처님으로 봐

야 한다. 그래야 네 공부가 이 물처럼 잘 흘러간단다."

그 시기에 인간관계에서 올라오는 불편한 마음을 잘 바치지 못하여 싫고 미운 마음을 가득 안고 있던 그 수자의 마음 상태를 아시고 들려 주신 법문이었습니다.

하루는 법사님이 아침 일찍 전화를 하셨습니다. 그리고 대뜸 "오늘 식목일인데 나무 안 심나?" 물으십니다. 얼마 전 도량에 산수유를 여러 그루 심었는데, 또 무슨 나무를 새로 심으라는 말씀이신가 하고 의아해 하는 수자에게 다시 말씀을 주십니다.

"마음에 공경심의 나무, 정성의 나무를 심어야 한다."

자연으로부터 배우며

법사님은 맑고 푸른 하늘, 둥둥 떠가는 흰 구름, 졸졸 흘러가는 시냇물, 그윽한 매화 향기, 풀밭의 돌멩이 하나까지 늘 살아 있는 교훈으로 법문 소재를 삼아 적절하게 말씀을 주십니다.

젊은 수자들이 처음 도량에 들어와 닦지 못한 마음으로 서로 티격태격할 때는 조약돌 법문을 들려 주십니다.

"강가나 바닷가의 조약돌이 처음에는 거친 돌이었는데, 오랜 세월 동안 서로 부딪히고 깎이면서 둥글둥글해지잖아. 닦지 않아 모난 마음끼리 부딪혀서 힘든 것인데, 참고 자제하고 견디면서 그 마음을 닦으면, 매끄러운 조약돌처럼 마음이 부드러워지는 거다."

어느 수자가 몸과 마음이 지쳐 있고 힘들어 할 때, 대나무 법문을 들려 주십니다.

"저 대나무들 봐라. 대나무가 속이 다 비어있는 데도 저렇게 높이 곧게 서 있는 것은 중간중간 마디가 있기 때문이다. 인생살이도 어려움을 겪고 그걸 이겨 내면서 건강하고 단단해지는 것이란다. 부처님 시봉하려는 사람은 마음이 더 건강해져야지."

법사님의 꿈

몇 달 전 도량에 솟을대문[1]을 세우게 되었습니다.
"우리나라 사람들의 정신이 서양을 향하고 있다. 서양이 최고이고 앞서 있다고 생각하고 우리 것을 경시하는데, 전통 고유의 문을 세우는 것은 서양으로 향하던 정신이 우리 조상들의 얼과 정신을 향하고, 우리 고유의 문화를 향하도록 하기 위해서이다."
도량 외관을 꾸미는 일에 인색하신 법사님이, 솟을대문을 세우겠다고 결정하신 이유입니다.
도량의 위치가 삼면三面에 도로를 끼고 있는데, 그 도로를 다니는 사람들과 도량을 찾는 사람들이 솟을대문 세워 놓은 것을 보고 전통 기와 건축의 미美를 느끼고 향하게 될 것이라고 하셨습니다.
작년 여름에 법사님께서 대전 법회를 다녀오시면서 평소보다 두 시간 정도 늦게 돌아오셨습니다. 그렇게 늦게 오신 적이 없어서 무슨 일이 있었던 것인지 운전한 수자님에게 물어보니, 대구 육상 경기장에 들려 그곳에서 열리는 세계 육상 경기가 사고 없이 잘 치러지도록 기도를 하고 오셨다고 합니다. 월드컵이나 한-아세안 정상

---

[1] 솟을대문은 행랑채 벽이나 담장보다 기둥을 높이어 하늘을 향해 우뚝 솟게 지은 대문입니다. 세 칸으로 만들어진 대문에서 가운데 칸 지붕을 높인 솟을삼문(三門) 형태도 있습니다. 평화로운 수평선을 뚫고 파격을 가하는 수직선의 절묘한 대비 기법으로 더욱 높아 보이며, 눈에 잘 뜨이고 결코 과하지 않은 대문으로서의 위용을 갖추고 있습니다.

회의, G20 정상 회의, 핵안보 정상 회의 등 나라에서 중요한 국제 행사가 열릴 때마다 신경을 무척 쓰면서 행사가 원만하게 잘 치러지도록 기도를 하십니다.

법사님께서는 미국이나 유럽에 법회를 가면 '우리나라 제품들이 얼마나 선전하고 있나' 관심이 온통 거기에 있다고 하십니다. 미국에서는 법회 여는 도시마다 빠지지 않고 베스트 바이 등의 대형 전자 상가에 들러 국산 텔레비전, 휴대폰, 냉장고 등의 판매 상황을 점원들에게 묻고, 우리나라 상품이 잘 팔리도록 원을 세우셨다고 합니다.

또 도로에 다니는 차 중에 국산 차가 얼마나 되는지 관심을 갖고 살펴보고, 국산 차를 판매하는 매장에 들러 차가 잘 팔리는지, 가격과 성능이 어떤지 물어보는데, 너무 관심을 갖고 세세하게 물으니까, 해외 지사 판매 직원들이 국내 본사에서 오신 분인 줄 착각하는 일도 있었다고 합니다.

매년 여러 해 동안 미국 법회에 갈 때마다 한국 차가 적게 보이는 것이 안타까워서, 미국 도로에 달리는 차 10대 중에 1대만이라도 우리 차였으면 좋겠다고 항상 원 세우고 기도하고 생각하였다고 합니다.

그러다 10년이 지난 작년에 국산 차가 최초로 미국 시장 점유율 10%를 돌파했다는 소식을 전해 드리니,

"내 꿈이 이루어졌다."며 굉장히 기뻐하셨습니다. 보통 꿈이라고 하면 자기 자신이나 가족의 건강, 행복, 성공 등을 바라는데, 나라가 잘되는 것을 '꿈'으로 안고 살아가는 법사님 마음 세계가 경이롭고 경건하게 와 닿았습니다.

독송회 미국 신도님들도 벤츠, BMW, 렉서스 등의 외제차를 타는 분들이 많았는데, 법사님께서 국산 차를 타라고 권하여도 국산

차는 연비가 떨어지고, 다시 팔 때 중고 가격이 낮다는 이유 등으로 잘 안 바꾸려 하다가, 결국 법사님의 열정적인 국산품 애용 권고에 설득 당하여 2005년부터 거의 국산 차를 이용하고 있습니다.

법사님께서 미국 법회에 갈 때마다 우리 교민들이 백인들의 우월주의와 흑인들의 폭력에 눌려 주눅 들어 사는 것을 보고 마음이 아파서, 이분들이 한국인으로서 떳떳하게 자긍심을 갖고 살 수 있도록 도와야겠다고 생각하셨습니다.

이것이 바로 독송회에서 2005년부터 책, 영상, 웹사이트와 행사를 통해 한국이 세계 10대 경제대국이며 세계 최고의 문화 유산을 가진 나라임을 알리는 프로젝트를 시작하게 된 계기입니다.

나라의 은혜에 보답하는 실천으로, 지금까지 우리나라 위인과 문화 유산을 소개하는 8종의 책을 영어, 프랑스어, 독일어로 71만 권 인쇄하여 무료 배포하고, 문화재와 경제 발전에 관한 24종의 영상을 7개국 언어로 제작하여 5,000회가 넘는 행사에서 40만여 명에게 보여 주었습니다.

미국의 500개 대학, 6,300개 고등학교, 3,000개 중학교에 책, 광고지를 보내 6차례 독후감 대회를 열고, 외국인 31만 명이 한국 알리기 웹사이트에 접속해 한국의 문화, 예술, 역사인물을 공부했습니다.

우리나라에 대해 무엇을 어떻게 알려야 할지, 책과 영상의 주제 선정, 편집 방향, 행사 구성과 진행 등 한국 알리기 프로젝트 전반을 법사님께서 총괄적으로 기획하시고, 현장에서 뛰는 회원들에게 많은 아이디어와 격려를 주시며 이끌고 계십니다.

"한 번 입은 은혜는 다 갚았더라도 결코 잊어서는 안 된다." 하시며, 특히 행사장에서 6·25 참전 용사와 한국 아이를 입양하여 키우는 부모님과 그 가족들을 만나면 감사함을 지극하게 전하라고 당부하십니다.[2] 그리고 뉴욕 회원들 부모님 세대는 미국에서 원조를 받고 살았는데, 세월이 흘러 이제 우리가 미국인들에게 맛있고 푸짐한 한식을 대접하는 소식을 들을 때마다 흐뭇해 하십니다.

우리나라의 경제 발전, 한류, 선행과 기부 소식 등 법사님이 기뻐할 만한 소식을 모아서 도량에 보내 주시는 신도님이 계시는데, 이를 법사님께 말씀 드리고 한국 알리기 행사를 하는 분들에게도 알려드립니다.

작년에 우리나라가 수출 7위국에 올랐다는 기사 내용을 전해 드리니, 굉장히 기쁘고 뿌듯해 하며 말씀하셨습니다.

"나는 우리나라 오천만 식구들이 잘살고, 나라가 잘되는 것을 꿈꾸며 산다. 오늘 참 기쁜 날이구나. 이렇게 좋은 기사를 전해 준 보살님에게도 꼭 고맙다고 전해라."

한국 대중가요(K-POP)를 좋아해서 한국 아이돌 가수들의 독일 공연을 요구하는 플래쉬몹 행사를 펼쳤던 독일 학생들이 한국에 오게 되었습니다. 그리고 한국에 처음 오는 이 학생들의 인솔을 독송회 독일 법당 보살님 내외가 맡게 되었습니다.

법사님께서 독일 일행을 인천 공항에서 맞이할 때,

"독일 뮌헨 친구들 한국에 온 것을 환영합니다!"라고 적은 현수

---

[2] 군사편찬연구소 자료에 따르면, 한국 전쟁(1950~1953년) 기간 동안 미군 참전인원은 178만 9천 명, 사상자는 13만 7천 명(사망 36,940명, 경상, 중상, 불구자 등 부상 92,134명, 실종 3,737명, 포로 4,439명) 이었으며, 1945년부터 원조를 받기 시작하여 1995년 원조 졸업국이 될 때까지 한국이 50년 동안 미국과 UN으로부터 받은 원조는 126억 달러(한화로 약 13조 원)에 달합니다. 한국 아이들의 해외 입양은 북미와 유럽 중심으로 1953년부터 시작되었는데, 오랫동안 세계 1위 입양아 수출국이었고, 경제가 많이 나아진 현재는 4위로 내려갔지만, 우리 아이들을 우리가 키우고 보호해 주지 못한다는 것이 참으로 안타깝고 부끄러운 현실입니다.

막을 준비하고, 서울 법당 학생들이 한복을 곱게 차려입고 환영의 선물로 꽃 한 송이씩 준비해서 주면 그 학생들이 감격하고 한국에 대한 좋은 기억과 추억이 오래 남지 않겠냐고 하셨습니다. 그리고 서울과 부산의 두 신도님 가정에 독일 일행을 초대하여 전통 한식을 푸짐하게 대접하기도 하였습니다.

불은佛恩과 국은國恩에 대한 보은을 당신의 사명처럼 여기고 살아온 법사님의 원력과 이렇게 사소한 부분까지 정성스럽게 챙기는 자상한 이끄심으로, 독송회 회원들은 인간된 도리, 국민의 도리, 불자의 도리가 무엇인지를 조금씩 깨우쳐 가고 있는 것 같습니다.

법사님의 걱정

법사님께서는 『닦는 마음 밝은 마음』(1989), 『머무는 바 없이 마음을 내라』(1992), 『그 마음을 바쳐라』(1995), 『마음 닦는 법』(1998)까지 네 권의 책을 쓰셨습니다. 그중에 소책자 『마음 닦는 법』은 김응 군법사님이 불자들에게 보시를 받고, 독송회에서도 조금 보태어 1998년 초판을 찍은 이래 지금까지 160만 권을 인쇄하여 우리나라를 지키는 군인들에게 무료로 배포하고 있습니다.

그런데 간혹 법사님 책의 본문을 그대로 복사하여 표지에 자신의 이름을 넣어서 주변 사람들에게 주거나, 본문 일부를 자신이 쓴 글인 것처럼 불교 매체에 발표하는 사람들이 있었습니다. 법사님은 이런 사정을 듣고도 아무 말씀이 없으셨습니다. 그렇지만 저희들은 이를 보고만 있을 수 없어서 그런 사람들에게 연락을 하면, 대부분 미안해 하며 사과를 하고 법사님 글을 자신의 이름으로 내지 않겠다는 약속을 해 주었습니다.

3년 전 K씨도 『마음 닦는 법』을 자신이 쓴 책처럼 꾸며 자신이 운영하는 불교용품 가게에서 팔고 있었습니다. 그분이 운영하는 가게에 찾아가 법사님 책을 무단 도용하여 팔지 말 것을 정중히 요청했는데, K씨는 그 책은 본인이 직접 수행하고 체험한 이야기를 쓴 책이라고 우겼습니다.

알고 보니 저희가 미처 저작권 등록을 하지 않은 사이에, 자신의 이름으로 책의 저작권 등록까지 마친 상태였습니다. 참으로 난감했습니다. 저작권을 K씨가 등록해 놓았기 때문에, 이것을 바로잡지 않으면 앞으로 법사님이 쓰신 책을 법사님 성함으로 낼 수도 없게 될 처지였습니다.

K씨가 너무 완강하여 결국 법적인 조치로 저작권을 되찾기로 결정하고 본래 저자이신 법사님께 이 상황을 말씀 드리게 되었습니다. 그런데 법사님께서는 저희가 예상하지 못한 질문들을 던지기 시작하셨습니다.

"그런데 K가 뭐하는 사람인가?"

"그 가게 장사는 잘된다느냐?"

"만약 우리가 법적으로 하면 그 사람은 어떻게 된다느냐?"

벌금이 얼마 정도 나온다고 말씀 드리자, 법사님의 걱정이 시작되었습니다.

"그 사람이 벌금 낼 형편이 되는지 모르겠구나. 불교 용품 가게 하면서 수입이 얼마나 되겠니. 그 사람이 벌금 안 무는 방법은 없나? 벌금을 우리가 대신 내주어도 되는가 알아봐라."

저자들에게 자신의 책은 산고를 겪고 낳은 자식과 같은 존재라고 합니다. 책 한 권이 나오기까지 쏟는 노력과 시간이 있고, 무엇보다 저자의 혼이 담겨 있기에 그만큼 소중하기 때문입니다. 그런 소중한 저작물을 함부로 사용하는 것만으로도 불쾌한 일인데, 심지어 저작권 등록까지 해서 저자 행세를 하는 사람에 대해 조금의 불편한 마음도 없이, 오히려 걱정하고 염려하며 그 사람에게 피해가 가지 않도록 하라는 법사님을 뵈면서, 간디께서 하신 말씀이 떠올랐습니다.

"진실로 고귀한 자는 모든 사람을 자신과 한 몸으로 보고, 악을 기꺼이 선으로 갚는다."

'나'와 '너'가 없는 그 고결한 자리에 합장을 올릴 뿐입니다.

이후 법원 판결이 나서 저작권 문제가 해결되자마자 법사님의 뜻에 따라 K씨에게 조금의 경제적 피해도 가지 않도록 소송을 바로 취하하였습니다.

법사님께서는 남의 일도 자신의 일처럼 생각하며 항상 그냥 지나치지를 못하십니다. 저희 도량은 전통 식품을 만들어 판매하면서 자급자족하는데, 그 식품에 넣는 소금을 신안에서 생산하는 질 좋은 천일염과 전통 방식으로 제조한 죽염을 사다 쓰고 있습니다. 그런데 몇 해 전에, 죽염 사장님이 죽염 만드는 일이 너무 고되고 도와줄 사람을 구하기도 힘들어서 그만두려 한다고 연락을 주었습니다. 법사님이 그 사정을 듣고 그분이 일을 그만두는 것을 너무나 안타까워하면서 죽염 일을 좀 더 할 수 있도록 여러 가지 말씀을 전하게 하셨습니다.

"아주 오래 전 한 도인이 보시기에 앞으로 말세가 되면 환경이 오염되고 그로 인한 병이 많이 생기는데, 많은 사람들을 살리기 위해 고민하다가 개발한 것이 바로 죽염이다. 그래서 죽염 만드는 일이 남에게 이로움을 주는 좋은 직업이고, 그 일을 계속 하는 것이 그분에게 도움이 된다."

죽염 사장님이 죽염을 안 만들면 저희는 다른 죽염 만드는 곳을 찾아서 거래하면 되지만, 죽염 만드는 일이 고되더라도 계속 하는 것이 그분이 그 일을 통해 사람들을 이익하게 하는 것이라 하시며 그분을 설득해 보도록 당부하셨습니다. 또 일이 버겁고 힘들 때, 일을 그만둘 생각을 하는 것보다는 그 일을 감당할 수 있도록 체력을 기르는 것이 건강하고 지혜로운 마음 자세라고 하시며, 그분이 몸에 좋은 보약을 먹고 건강 관리를 할 수 있도록 홍삼 취급하는 사람을 연결시켜 주라고 하셨습니다.

죽염 사장님은 지금까지도 죽염 만드는 일을 계속하고 있습니다.

돌아보면, 법사님께서 7년 6개월의 수도 생활을 마치고, 33세 되던 해부터 지금까지 40년간 금강경독송회를 이끌어 오신 마음가짐이 항상 이러하지 않았나 싶습니다. 제자들 공부 뒷바라지, 독송회 회원들 공부 뒷바라지, 나라와 겨레를 위한 기도, 호국 영령들을 위한 천도 기도, 고통 받는 영가들을 위한 천도 기도, 모든 살아 있는 생명을 향한 기도 속에 당신 개인의 삶은 없었습니다.

제자들에 대한 염려에서 나온 꾸지람과 경책은 있을지언정, 한 번도 남을 나쁘게 말하거나 비난하는 모습을 뵌 적이 없습니다. 모든 책임을 당신에게 돌리면서, 당신에게 해를 가하려는 사람에게도 한없는 너그러움과 끊임없는 용서로 대해 오셨습니다. 스스로도 '병'이라고 표현하신 적이 있으실 만큼, 법사님의 지고지순한, 누구도 못 말리는 '사람 사랑'은, 부족한 저희들 눈에는 존경과 놀라움을 넘어 이해가 불가할 때도 많습니다.

한겨울에 연탄 한 장으로 하루를 견디고, 어지럼증이 자주 날 정도로 형편없이 끼니를 때우고, 외출도 없이 곰팡이 핀 좁은 방에서 생활하며 평생토록 풍족하고 편안한 생활은 멀리하고 근검과 절약으로 일관하면서, 8개 법당을 마련하셨습니다. 그 법당을 모두 법인 재산으로 등록하고, 독송회가 해산하면 전부 나라 재산으로 귀속되도록 정관을 만들고, 15개 법당과 지부 회원들의 공부를 이끌며 금강경 50만 권을 펴고, 한국 알리기 책 71만 권을 전 세계에 펴시면서도, 당신 자신에 대해 이렇게 말씀하십니다.

"세상에 쓸모없는 감이 두 가지가 있는데, 하나는 땡감이고 하나는 영감이란다. 나는 산골 사는 평범한 영감이지."

당신의 희생을 거름으로 많은 이들의 영생이 풍요롭게 피어나는 것을 기쁨으로 여기면서, 한 순간도 지은보은知恩報恩과 요익중생饒益衆生을 소홀히 하지 않는 법사님의 지칠 줄 모르는 공경심과 자비심은 보살도를 참으로 깨치고 실행하는 경지가 아닐는지요. 마음 닦는 이의 길은 보살심을 연습하고 보살행을 실천하고 보살도를 닦아가는 것이라는 말씀을 다시 한 번 새겨 봅니다.

나라 사랑 실천

이 장에서는 법사님께서 지난 40여 년간 한결같이,
지극히 나라 사랑을 실천하신 모습들의
단편을 모아 보았습니다.

현충일 충혼탑 독경 운동

1975년, 법사님께서 35세 되던 해부터 매년 현충일에 호국 영령들을 위해 금강경을 읽어 드리는 충혼탑 독경 운동을 시작하였습니다. 여기에는 세 가지 목적이 있었는데, 첫째는 금강경의 법력으로 호국영령을 천도하고, 둘째는 독경 운동을 통하여 금강경을 널리 펴고, 셋째는 국가 안보를 튼튼히 하기 위한 것이었습니다.

매년 3월 1일부터 금강경 수백 권이 든 보따리를 양손에 들고, 단신으로 시외버스를 타고 전국 곳곳의 사찰을 다니며 금강경을 전해 드리고, 현충일 충혼탑 독경 운동을 장려하였습니다.

각 지역마다 1개 사찰에 금강경을 전해 드렸는데, 불교 학생회와 청년회가 있는 사찰 위주로 금강경을 전하고, 학생회와 청년회가 없는 곳은 장년 신도님들에게 금강경을 드리면서 현충일에 충혼탑에서 독경하도록 설득하고, 그것이 여의치 않으면 절 경내에서라도 독경을 하고 천도원을 세우도록 간곡히 부탁을 드렸다고 합니다.

첫해에 14개 도시부터 시작하여 점차 숫자를 늘려, 칠팔 년 후부터는 50~60개, 십오 년 후부터는 60~70개, 가장 많을 때는 72개 도시를 다니며, 이 활동을 62세 때까지 27년간 계속하였습니다. 이후에는 법사님께서 직접 참석하지는 않고 있지만, 금강경독송회 국내외 지역법당 회원들이 현충일마다 어김없이 충혼탑 독경을 시행하고 있습니다.

이와 함께 1993년부터 2005년까지 13년 간 매년 봄에 전국 각지에서 역사적으로 치열한 전투가 벌어졌던 곳을 지역 주민들에게 묻고 사전 답사하여 법회 장소를 정하고, 전국의 금강경독송회 회원들과 함께 천도 법회를 봉행하였습니다.

단군왕검 이래 6·25까지 반만년의 세월 동안, 이름도 없는 산,

계곡, 강, 들판, 바닷가에서 겨레와 강토를 지키다 숨진 호국 영령들의 고귀한 희생으로 오늘날의 우리가 있음을 잊지 않고, 그 공을 높이 세워 드리고 경배하며, 모든 한恨의 해탈과 천도를 빌며 금강경을 읽어 드리고 천도원을 세워 드렸습니다.

미국 법회에 가셨을 때도 워싱턴 디시 알링톤 국립묘지에 있는 한국전 참전 용사 공원 앞에서 뉴욕 법당 회원들과 함께 금강경을 읽어 드리고 천도원을 세워드렸습니다. 이후 뉴욕법당 회원들은 1996년부터 10년간 해마다 한국의 현충일에 해당하는 미국의 메모리얼 데이(5월 마지막 주 월요일) 전날에 이곳에서 천도법회를 하였습니다.

6·25 당시 한국을 돕기 위해 참전한 미국 군인 57만2천 명 가운데, 사상자가 무려 14만2천 명이었고 그중 전사자가 3만3천 명이었습니다. 그분들을 위해 빵, 과자, 케이크, 과일 등의 음식을 푸짐하게 준비해서 정성껏 상을 차리고 절을 한 뒤에 금강경을 읽어 드리고 미륵존여래불 정진하고 좋은 곳에 태어나도록 천도원을 세우고 기도해 드렸습니다. 처음에는 독송회 회원들의 이런 행동을 의아하게 여기며 어리둥절해 하던 알링톤 국립 묘지 관리자들도, 해가 지날수록 저희들 뜻을 알고 고마워하며 반갑게 맞아 주었습니다.

미국에서 한국인으로 살아가면서, 한국전에 참전해서 목숨을 바친 젊은 미국 병사들에게 은혜를 갚는 마음으로 천도 법회를 한 것은 법사님께서 손수 보여 주신 가르침의 실천이었습니다.

금강경의 법력으로 북의 도발 의지 누그러지다

　세계에서 유일한 분단국가. 종전終戰이 아닌 정전停戰 상태에서 잊을 만하면 터지는 북한의 도발은 한반도의 평화를 위협하고 온 국민을 불안에 떨게 만들었습니다. 북한의 도발 조짐이 보일 때마다, 금강경의 법력으로 그것을 누그러지게 하고 기도로 국민들의 마음을 안정시키기 위해, 38선 서부·중부·동부 전선 군부대 근방의 사찰과 군법당에 연락하여 금강경을 300권, 500권씩 계속 보내드리면서 요청에 따라 법회도 열었습니다.
　육·해·공군 3군 통합 기지가 있는 계룡대에서 김응 군법사님의 초청으로 군 장성과 장교 등 300명이 모인 가운데 금강경을 함께 읽고 정진하고 법문을 할 때도, 나라를 지키기 위해서라도 많은 장병들에게 금강경을 읽혀야 한다고 강조하며, 금강경의 밝은 법력을 통한 국방 수호와 나라 안정을 위해 애쓰셨습니다.

금강경 50만 권 배부

　법사님께서 처음 금강경을 펴던 1960년대, 1970년대에는 금강경이 아주 귀하고 구하기 어려운 경전이었습니다. 금강경을 읽는 사람들이 많지 않았기 때문에 서점에서도 구하기 쉽지 않았고, 포항 사찰에서 불교 학생 법회를 볼 때, 학생들이 금강경을 노트에 옮겨 적어서 독경을 하였다고 합니다. 그러다 법사님이 현충일 독경 운동을 위해 전국 사찰과 강원, 군법당 등 필요로 하는 모든 곳에 총 50만 권의 금강경을 무료로 배포하면서 전국적으로 금강경 읽는 붐이 일어나게 되었습니다.

한편 법사님의 법문 요약집인 『마음 닦는 법』을 김응 군법사님의 주도로 군법당 불자들에게 보시를 받고, 독송회에서도 조금 보태어, 육군인쇄창을 통해 현재까지 160만 권을 인쇄하여 육·해·공군 장병들에게 무료로 배부하고 있습니다. 이 책은 군인들이 주머니에 넣고 휴대할 수 있는 크기로, 병사들이 힘든 군 생활 속에서 틈틈이 읽어 보며 안정되고 긍정적인 마음을 갖는 데 많은 도움을 받고 있다고 합니다.

전 세계에 한국을 알리다

금강경독송회에서는 2005년부터 본격적으로 한국 알리기 사업을 시작하여 지금까지 한국의 위인과 문화유산을 소개하는 8종의 책자(이순신 제독, 세종대왕, 충효예, 50대 문화유산 (1) 문화예술편, (2) 과학기술편, 원효대사, 홍익인간의 실천, 한식 요리책)를 영어, 독일어, 프랑스어로 71만 권 인쇄하여 무료로 배포하였습니다. 또 문화유산과 경제발전에 관한 24종의 영상을 7개국 언어로 제작하여 영상을 보여 주고, 전통 예절과 한식 및 한복을 알리는 행사를 지금까지 5,000회 넘게 열었습니다.

법사님이 미국 법회에 가셨을 때, 우리 교포들이 백인들의 인종 차별과 흑인들의 폭력에 눌려서 주눅 들어 사는 것을 보고 안타까워서, 이래서는 안 되겠다 싶어서, 첫째로 한국이 세계 10위권의 경제 강국인 것을 알리고, 둘째로 세계에 알려지지 않은, 그러나 그리스, 로마보다 뛰어난 우리 문화를 알려서, 교민들이 당당하게 가슴을 펴고 살 수 있도록 돕겠다는 원을 세우신 것이, 수행 단체에서 이 같은 '한국 알리기' 사업을 시작한 동기가 되었습니다.

한국 알리기 책 71만 권 무료 배포

문화체육관광부나 해외문화홍보원에서 한국을 소개하는 간략한 소책자를 펴내거나, 대학이나 학술 기관에서 우리나라 역사와 문화에 대한 학술 서적을 영어로 출판하는 경우는 간혹 있어도, 일반 외국인 독자들을 상대로 우리나라의 위인과 문화재를 영어뿐 아니라 독일어, 프랑스어로 번역해서 책을 내고 알리는 것은 독송회가 최초입니다.

얼마 전 육군삼사관학교 교수부장님이 동남아 군관계자 회의에 가 보니 일본과 대만은 자기 나라 역사 인물을 영어로 소개하는 책을 펴고 강의를 하는데, 우리나라는 책도 없고 강연할 자료도 부족하여 못하게 된 걸 상당히 아쉽게 생각했으며, 그래서 귀국한 후 여러 대학과 정부기관에 알아봤지만 우리 역사 인물에 대해 영어나 다른 외국어로 된 책을 구할 수 없었다며, 독송회에서 발간한 책을 보고 아주 반가워하였습니다.

2005년부터 지금까지 71만 권의 책을 인쇄하여 무료로 배포하고 있으며, 2010년 G20 정상 회의 때 대한민국을 알리는 공식 홍보 서적으로 채택되어 3,000권을 각국 정상들과 수행원, 외신 기자들에게 전달했고, 2012년 핵안보 정상 회의때는 4,100권을 전달하였습니다. 2009년 제주도에서 열린 한아세안 10개국 정상 회의, 경주에서 열린 G20 재무장관 회의 때도 장관 및 수행원들과 외신기자들에게 책을 드렸습니다.

새로운 책이 나올 때마다 각 나라의 정계, 교육계, 문화계 주요 인사들에게 책을 발송하였고, 이를 받아 본 각국 지도자들이 감사 답장을 보내왔습니다. 부시 전 대통령 내외, 힐러리 클린턴 국무장관, 엘 고어 전 부통령, 피터 페이스 전 미합참의장(이상 미국), 사르

코지 전 대통령(프랑스), 슈미트 전 총리(독일), 주한미군사령관과 주한미국대사, 각국의 장차관, 국회의원, 주지사 등 주요 인사들로부터 100여 통이 넘는 감사 편지를 받았습니다.

이 밖에도 한국에서 열리는 국제 학술 회의, 강연, 전시회, 공연 등을 위하여 한국을 방문하는 외국 귀빈들과, 한국에 거주하고 있는 각국 외교관과 가족들, 외국인 교수와 유학생, 원어민 교사, 주한 미군 장병들에게도 책을 드리고 있습니다.

서울 지부 회원들은 매주 주말마다 창덕궁에서 외국 관광객들에게 한국의 가볼 곳을 안내하고 책을 전하고 있는데, 가끔씩 세계 곳곳에서 온 독자들과 반가운 조우를 하기도 합니다.

몇 년 전 뉴욕에서 책 세트를 받고 한국에 발령 받아올 때 챙겨 왔다는 미국 외교관 부부, 재작년 서울에서 열린 국제 회의에 참석했다가 세종대왕 책을 받아 읽어 보고 감동받았다는 독일 교수님, 고등학교 때 미국에서 열린 독후감 대회에 참가해 수상하고 대학에 진학한 뒤 한국 대학에 교환 학생으로 왔다는 미국 여대생, 원어민 교사 오리엔테이션 때 책을 받고 한국 학생들을 가르치는 데 많은 도움을 받고 있다는 영국 선생님을 만나기도 했습니다.

독후감 대회 개최

"세계를 움직이는 강국인 미국의 자라나는 청소년들에게 한국의 정신과 문화를 알리고 한국의 얼을 심어 주자."는 법사님의 뜻에 따라, 새로운 책이 나올 때마다 미국 학생들을 대상으로 독후감 대회를 열었습니다.

온라인과 오프라인으로 동시에 독후감 대회를 홍보하는데, 미국

500개 상위권 대학과 6,300개 고등학교 및 3,000개 중학교에 책과 독후감 대회 포스터를 넣어 우편으로 보내 주었습니다. 이렇게 지금까지 6번의 독후감 대회를 열었고, 책과 홍보물을 보내는 우편료와 상금 등으로 총 1억 2,500만 원이 들었습니다. 독후감 대회에 참가했던 학생들은 한국에 큰 관심을 갖게 되어, 대학 진학 후 한국학을 전공하거나 국내 대학에 교환 학생으로 오기도 합니다.

아래는 독후감 대회에서 우승한 참가자들의 글을 일부 발췌하여 번역한 것입니다. 책과 독후감 대회를 통해 미국의 청소년들이 한국의 역사와 문화와 정신을 얼마나 깊이 있게 이해하게 되었는지를 알 수 있습니다.

이순신 제독처럼 조국의 조정으로부터 부당한 대우를 받으면서도 충성심과 희생정신으로 나라를 섬기는 일을 계속 할 수 있는 인물은, 일반 사람들은 말할 것도 없고 열렬한 애국자들 중에서도 거의 없을 것이다. 왕이 가하는 고문으로 고통을 받고, 조정의 계략 때문에 두 번씩이나 백의종군으로 굴욕을 겪으면서도, 그는 자신의 의무를 계속 수행했다. 이순신과 그의 군사들은 부패한 관리들이나 조정으로 인해, 보통 사람이라면 절망으로 미치게 될 만큼의 끔찍한 상황에 놓였다. 그러나 이순신의 놀라운 점은 결코 절망하지 않고, 나라를 지키고자 하는 그의 목적을 온 힘을 다해 굳건히 지켰다는 것이다. (중략) 사람들은 이순신 제독을 호레이쇼 넬슨 경이나 도고 제독, 또는 나폴레옹과 비교하길 원할지도 모르겠다. 하지만 사실 이순신은 이 모든 사람들보다 위대하다. 이순신 제독은 그의 생애에서 넬슨 경과 같은 스캔들이나 부적절한 행동이 없었으며, 도고 제독처럼 조국의 영토 팽창을 목표로 싸운 것이 아니며, 나폴레옹처럼 자신을 위한 권력을 획득하기 위해 싸운 것도 아니다. 軍 역사, 아니 전 역사를 통해 비판을 초월한 기록을 가진 사람은 거의 없다. 그러나 이순신은 그러한 인물이었다. 이순신 제독의 흠 없는 행동, 순수한 동기, 깨끗한 도덕성이야말로 이순신이 군 역사에서 다른 위대한 인물들과 구별되고, 그들보다 우위에 있을 수 있게 하는 점이다. 이순신 제독은 단지 한국의 영웅일 뿐만 아니라, 인종이나 민족의 벽을 넘어 모든 사람들이 배우고 존경할 영웅이다.
― Edwin Heisse, 테네시주 볼튼 고등학교

    세종대왕은 세상의 모든 왕들 중에서 겉치레나 허례허식에 가장 관심을 두지 않은 왕임에 틀림없다. 세계의 다른 군주들이 화려하고 안락한 생활에 빠져 있을 때, 세종은 의식이나 업무를 볼 때가 아니면 평민처럼 옷을 입는 데 만족했다. 그는 또한 사치스럽고 허영된 것을 싫어해서 백성들로부터 진상품 받기를 거절했다. 더군다나 세종은 백성들과 자신이 평등하다고 생각하고, 그들이 고통당할 때 자신도 함께 고통당했다. 가뭄이 들었을 때 왕은 너무나 스트레스를 받은 나머지 밤을 꼬박 새웠고 그 결과 병이 나고 말았다. 사랑하는 부왕 태종이 임종했을 때는 큰 슬픔에 젖어 음식 먹기를 거부했다. 이기심이 없다는 것(selflessness)은 인간적 본성과 상반되는 매우 희귀한 것이고, 그렇기 때문에 백성들을 위해 모든 것을 희생한 왕의 이야기는 너무나 경건하고 감동적이다.
    무엇보다 세종대왕은 '백성들을 위한 영원한 사랑'으로 기억될 것이다. 그는 언제나 모든 사람들이 공평하게 대우 받도록 최대한 심혈을 기울였다. 으름장을 놓는 권위주의와 강철 같은 가슴으로 다스리기보다는 자비와 이성으로 다스렸다. 어느 여름날 극심한 더위가 기승을 부렸을 때, 왕은 감옥에 갇힌 죄수들이 걱정되어 감방 안에 찬물을 한 동이씩 넣게 해서 죄수들이 그 물에 손을 담가 더위를 식힐 수 있도록 배려했다. 또 여자 관노비가 임신했을 때는 그 부부에게 출산 전 100일, 출산 후 30일 동안 휴가를 주어서 산모를 보호하고 아기가 적절한 보살핌을 받을 수 있도록 했다. 또한 나이 많은 분들을 공경하여 노인들을 위하여 경로잔치를 베풀곤 했다. 죄수만 아니면 어떤 계급의 노인이나 그 잔치에 올 수 있었는데, 그것은 신분이나 직위와 관계없이 연로한 분들은 모두 공경 받아야 한다고 믿었기 때문이다. 그래서 노인들이 임금에게 절하는 것도 못하게 했다. 또 한 번은 한 집현전 학자가 책을 읽다 잠이 든 것을 보고, 춥지 않도록 어의를 덮어 주었다. 학자가 잠에서 깼을 때, 그는 임금의 자애로움에 감격해서 감사해하며 왕의 침전을 향해 절을 올렸다.

세종대왕은 이 지구상에 은혜를 베푼 최고의 왕들 중 한 분이다. 그는 뽐내고 부를 과시하고 게으름을 피우거나 스스로를 숭배하게 하는 데 무관심했다. 대신 그는 나라와 겨레를 위해 치열하게 헌신했다. 그리고 백성들이 고통 받을 때 그것을 모른 척하기보다는 그 짐을 자신의 등에 짊어진, 왕이라기보다는 아버지 같은 분이었다. 그리고 무엇보다 세종은 모든 백성들 개개인을 보살핀 아름답고 섬세한 분이었다. 백성의 행복과 안위와 번영을 늘 염려했다.

만약 모든 사람들이 조금이라도 세종대왕처럼 행동할 수 있다면, 우리가 살아가는 세상이 지금처럼 지속적인 전쟁 상태는 아닐 것이며, '평화로운 세상'이 현실로 될 수 있을 것이다. 마지막으로, 세종대왕 정신의 그 장엄한 소박함에 감동 받았다. 그가 너무나 인간적이었다는 사실을 통해 그의 이야기는 영원히 살아있게 될 것이다.

— Nicole Liebgold, 애리조나주 캑터스 새도우 고등학교

내가 처음으로 『충효예』라는 책을 읽고 마음자세가 완전히 바뀌어버렸다고 말하면 상투적으로 들릴지도 모르겠지만, 그러나 사실이 그러하며, 오히려 그것은 이 책이 나에게 미친 아주 큰 영

향 중 일부라고 생각한다. 여태까지 나는 내 삶에 중요한 무엇인가가 빠진 것 같은 허전함을 느끼며 살고 있었다. (중략)『충효예』는 내가 궁금해 하던 것들에 대한 답을 알려주었다. 소박하면서도 세심하고 정돈된 단어들을 선택하여 감동적인 이야기들을 들려주고 있는 이 책은 인간으로서 가족과 이웃과 국가를 온 마음을 다해, 그리고 죽음의 순간까지 사랑하고 존경하고 공경해야 한다는 것을 알려주었다.

아마 오늘날과 같은 시대에 나는 국가나 가족이나 종교를 위해 목숨을 바치는 순교자가 될 수는 없을지도 모르지만, '나'라는 존재의 모든 이기심과 반항심을 극복하고 헌신하며 살아야 한다는 소명감을 느낀다. 자신의 허벅지 살을 베어 병든 어머니를 부양한 향덕[1], 장님 아버지의 눈을 뜨게 하려고 인당수에 몸을 던진 심청의 이야기는 흔들림 없는 진실한 마음을 보여준다. 다른 이야기들도 마찬가지지만 특히 이 두 가지 이야기가 가장 가슴을 울렸다. 나는 이렇게 고결하고 용감한 사람들처럼 살지는 못할지라도 최소한 그러한 삶을 따르도록 끊임없이 시도하고 노력할 마음을 기꺼이 가지고 있다. 나는 이 책에서 제시하고 있는 길을 따라 살려는 열망과 맹세가 나의 종교와 다른 것도 아니고 동떨어진 것도 아니라는 것을 느꼈다. 그것은 오히려 나의 종교를 더욱 온전하고 충만하게 해주는 가르침들이다. 이러한 계시를 통해 나는 주님의 법이 내 가슴 속에 있고 내 마음 속에 언제나 계셨다는 것을 발견했다. 그것은 별개가 아니라 하나였다.

나는 기독교 신자다. 그러나 이 책을 읽기를 정말 잘했다. 장학금을 받는 것도 중요하지만, 장학금을 받지 못하더라도, 이 책을

---

1) 향덕은 신라 경덕왕 때의 효자이다. 755년(경덕왕 14) 큰 흉년이 들고 유행병이 번져 그의 어머니가 악창[癰]이 나서 정성을 다하여 간호하였으나, 먹을 것이 없자, 자기의 넓적다리 살을 베어 먹임으로써 병이 낫게 하였다.

통해 어떤 액수의 돈보다 훨씬 더 장기적으로 이로움을 줄 보물을 얻었기 때문이다. 며칠 전에 어머니께 전화를 드렸다. 간단히 학교생활을 말씀드리려고 했던 안부전화였는데, 그만 울고 말았다. 어머니께 더 좋은 딸이 되어 드리지 못해 죄송하다고 용서를 빌었다. 어머니께 한석봉과 그 어머니 이야기를 해드리며 꼭 우리 모녀 관계 같다고 말씀 드렸다. 어머니도 소리 나지 않게 눈물을 흘리시면서 당신 딸이 자랑스럽다고 하셨다. 남들보다 고등학교를 일찍 졸업했다거나, 대학생이 되어 의과대학원 진학을 준비하고 있어서가 아니라, 어머니가 나에게 너무나 간절하게 가르쳐주려고 하셨던 인생의 교훈들을 이제야 비로소 배웠기 때문이었다.

– Ashley Eary, 아칸소주 하딩 대학교

이순신 제독, 세종대왕 등 우리나라의 역사적 위인들과 충효예 정신을 실천한 선조들의 삶을 통해 큰 감동과 깨달음을 얻은 미국의 청소년들을 보면서, 우리 교육의 현실을 되돌아보지 않을 수 없습니다. 서양에 대한 맹목적인 흠모와 동경에 빠져, 세계 어느 선진국도 가지고 있지 못한 고귀한 정신 유산을 무진장 갖고 있는 우리 역사와 문화를 경시하고 홀대하고 심지어 부끄럽게 여기는 풍조까지 있습니다.

나라에 대한 충성, 부모님에 대한 효도, 형제간의 우애를 바탕으로 사람이 마땅히 지켜야할 도리인 예禮를 지키며 의義롭게 살다간 우리 조상들의 푸르고 맑은 정신을 배우고 가르치는 것이야 말로, 뿌리 없이 흔들리고 방향 없이 헤매고 있는 우리 교육을 바로 서게 하는 방법이 아닐까요. 그리고 이러한 귀한 전통 문화와 정신을 우리 안에서 활활 되살리고 세계에 널리 전파하는 일이야 말로 홍익인간의 가르침에 따라 한국이 세계에 기여할 수 있는 가장 훌륭한 방법이 아닐까요.

한국을 배우는 교재로 사용하다

한국에 대한 관심은 점점 높아 가는데, 한국에 대한 자료는 절대적으로 부족한 상황에서 독송회에서 발간한 7종의 책들은 미국 대학과 고등학교에서 큰 환영을 받았고, 아예 이 책들을 교재로 사용하고 있는 학교들도 있습니다.

미국 대학 중에서 MIT 공대, 육군사관학교(웨스트포인트), 공군사관학교, 미국해상무역대, 시라큐스대, 워싱턴대, 오클라호마대 등 12개 학교에서 역사학, 동아시아학, 미술사학 등의 교재로 저희 책을 사용하였고, 브라운대, 미시건대, 조지워싱턴대, UCLA, 펜실베니아주립대, 마이애미대, 텍사스대, 하와이대, 럿거스대 등 24개 대학에서 추천 참고 도서로 사용하였습니다.

미공군사관학교장 존 레그니 공군 중장은 생도들의 교재로 사용하고 싶으니 이순신 제독 책을 보내 달라고 직접 편지를 보내오기도 했고, 포틀랜드주립대에서 동아시아 미술사를 가르치는 교수님은 한국 미술사를 가르칠 교재가 없었는데, 이 책이 가뭄의 단비 같은 존재라며 매년 교재로 쓸 책을 요청해 오고 있습니다.

고등학교의 경우, 이스트사이드, 배틀필드, 포트 해밀턴, 로웰, 유니온, 웰슬리, 밀버리, 파크뷰, 노틀담 아카데미, 살렘 아카데미 등 54개 고등학교에서 교재로 사용하고 있습니다.

또한 미국 교사들에게 한국에 대해 교육시키는 비영리단체 KAFE(Korea Academy For Educators)의 회장이며 교육자인 메리 코너씨도 LA, 샌디에고, 시카고, 애틀랜타에서 열리는 미국 초·중·고등학교 교사 워크샵 때 교사들을 위한 교재로 해마다 저희 책을 요청하여 보내 드리고 있습니다.

30만 명이 한국 알리기 웹사이트 통해 한국 공부

미국 고등학교의 세계사 교과서를 보면, 출판사마다 조금씩 다르지만, 보통 중국은 30~40페이지, 일본은 20~30페이지 분량인데, 한국은 단 몇 페이지나 몇 줄 뿐이거나, 아예 한국을 언급하지 않는 교과서도 있습니다. 대학 도서관에 중국이나 일본에 관한 책은 수천 권, 수만 권인데, 한국에 대해 영어로 된 책은 달랑 몇 권뿐입니다.

우리나라에 대한 자료가 절대적으로 부족한 상황에서 독송회에서는 미국의 720명 정계, 교육계, 문화계 인사들과, 500개 대학, 6,300개 고등학교 및 3,000개 중학교에 책과 포스터를 우편으로 보내는 한편, 한국을 궁금해 하는 전 세계인에게 우리나라를 널리 알리기 위한 방법으로 영어로 된 한국 알리기 웹사이트(www.kscpp.net)를 만들어 다국어로 제작된 책과 영상 및 기사와 사진 자료를 지속적으로 올리고 있습니다.

미국과 유럽을 중심으로 전 세계에서 지금까지 30만 명이 이 웹사이트를 방문하여 한국의 역사와 문화와 정신을 공부했습니다.

세계 정상의 문화 유산 50선

법사님께서는 젊은 시절부터 문화와 예술에 대한 관심과 식견이 있으셨고, 해외 법회를 다니시며 여러 나라의 문화 유산을 두루 접하면서 우리나라 문화재가 세계에서 단연 우수하다는 것에 확신을 가지게 되었습니다. 그런데 문화재 전문가들은 고고학, 미술사학, 과학사 등 자신의 전공 분야에 대해서만 연구와 출판을 하기 때문에, 지금까지 통합적으로 한국이 세계적인 문화 유산을 얼마나 많이 만들어 냈는지 알려 주는 책이 없었습니다. 그리하여 법사님의 지도 아래 독송회 편집부에서 400권이 넘는 책과 논문을 읽어 보고 자료를 뽑고, 국내외 문화 유산을 현지 답사하고, 전문가들을 인터뷰하여, 고조선 시대부터 조선시대까지 문화, 예술, 과학, 생활 분야를 총망라하면서 '세계 정상'의 기준에 부합하는 50가지 문화 유산을 최초로 밝혀냈습니다.

중간에 스물 몇 가지의 문화 유산을 찾아냈을 때, 문화유산에 대한 책을 여러 권 쓰신 박사님께 더 추가할 것이 있는지 여쭈었는데, 그 정도면 다 찾은 것 같다고 하였습니다. 그런데 그 후 스물 몇 가지를 더 찾아내어 총 50가지의 문화 유산을 소개하는 책을 엮게 되었습니다. 전 세계에 한국을 제대로 알리기 위해 만든 책인 만큼, 오류 없이 정확한 정보를 제공하기 위해 관련 분야 전문가와 교수님들에게 감수와 검증을 받은 뒤에 책을 인쇄하였습니다.

한국의 전통 음악을 알리다

법사님께서 우리 전통 음악과 무용의 아름다움과 품격을 세계에 널리 알리고 싶어 하시는 뜻에 따라, 문화유산과 산업 발전 영상을 만들 때 배경음악으로 국악을 많이 사용하고, 행사 전후에도 가야금 음악을 틀어놓습니다. 또 행사 때 서울의 관광지를 추천해 달라는 외국인들에게 전통 음악과 무용 공연을 볼 수 있는 국립국악원, 정동극장, 한국의 집을 꼭 가보라고 권유합니다.

2007년에는 가야금 명인 황병기 선생의 음반 '침향무'를 각국의 연주가, 음악 평론가, 방송국과 음반회사 관계자 110명에게 전달하였습니다. 영국 음악평론가 존 러스크(Jon Lusk)씨는 음반 선물을 받고 독송회에 감사 편지를 보내고, 『fRoot』라는 음악 잡지에 황병기 선생의 가야금 음반에 대해 글을 기고하였습니다. 아래는 그 기고문 일부를 번역한 것입니다.

빠르고 분주한 현대 삶에 이보다 더 필수적인 (혹은 효과적인) 해독제는 없을 것이다. 이른 아침에 이 음악을 듣다 보면 우리를 침해하고 구속하고 있는 주변 환경소음의 세계가 너무나 뚜렷하게 느껴지는 것에 놀라게 된다. (중략) 침향무를 가장 잘 감상하기 위해서는 운율, 화음, 대위법 등에 대한 기대는 치워두고, 이 거장이 현을 뜯고 누르고 진동시키며 연주하는 단음조(single notes)의 아름다움에 집중해야 한다. 그의 음악적 명상에는 안혜란이 연주하는, 모래시계 모양의 장구만이 곁들여질 뿐이다. 그 멜로디는 즐겁게 추상적이면서도 극적으로 감정을 순화시키는 기능을 가지고 있다. 전통 궁중악과 민속악을 넘나드는 황병기의 음악은, 때로는 조용한 산책처럼 느리고, 생각 깊은 템포와 보다 빠른 템포 사이에서, 숲에서 울려 퍼지는 뻐꾸기 소리, 떨어지는 빗방울 소리, 그리고 청명한 가을 하늘을 연상시킨다. 이 모든 것들, 그리고 더 많은 것을 조셀린 클락과 황병기 선생이 만든 아름답게 디자인 된 설명서를 통해서도 알 수 있지만 그저 눈을 감고 스스로 감상에 젖어 보라. 47.5분 후에 현실에 의해 무참히 깨어나기 전까지 만이라도.

한국과 한국인에 대한 인식을 바꾸다

금강경독송회 미국, 독일, 영국, 한국 지부에서는 영상을 보여 주고 한식을 대접하고 한복과 세배와 전통 혼례를 체험하는 행사를 현재까지 5,000회 넘게 열었습니다.

영국과 독일 회원들은 프랑스, 벨기에, 스위스, 이탈리아까지 가서 행사를 열고, 미국에서는 뉴욕, 아틀란타, LA 지부를 중심으로 여러 주와 도시에서 행사를 열고 있습니다.

한국 경제가 성장하고 대중 문화의 영향력으로 국제 사회에서 한국의 위상이 많이 높아졌지만, 여전히 북미와 유럽 선진국에서는 한국에 대해 전혀 모르거나, 남한과 북한을 혼동하기도 하고, 경제와 문화 수준이 뒤처진 나라로 알고 있는 사람들이 많습니다.

정부나 문화 예술계에서도 간헐적으로 한국 문화를 알리는 행사를 열고, 한국 기업들도 우수한 제품을 통해 한국에 대한 인지도를 높이고 있지만, 독송회 회원들은 미국, 영국, 독일, 그리고 기타 유럽의 대학, 고등학교, 기업체, 도서관, 문화원, 박물관 등에서, 로터리 클럽, 라이온스 클럽, 키와니스 클럽, 프로버스 클럽 등 주류 사회에 파고들어 형식적이고 단발적인 행사가 아닌, 실질적이고 지속적인 행사를 펼치면서, 한국과 한국인에 대한 인식 자체를 바꿔 놓고 있습니다.

먼저 행사 때 준비해 가는 한복과 한식에 대한 반응이 정말 열렬합니다. 고운 색감과 아름다운 선을 지닌 한복의 우아함에 눈길을 떼지 못하고 쳐다보는가 하면, 직접 와서 옷감을 만져 보기도 하고, 주변을 둘러싸고 사진을 찍기도 합니다. 학교에서 하는 행사 때는 어린이들에게 한복을 입히고 절하는 법을 가르쳐 주는데, 천진난만한 어린이들은 왕자님과 공주님의 옷을 입은 듯, 너무나 행복해 합니다.

　외국인을 대상으로 한 행사 중에 300번 정도는 정찬 한식을 대접하였습니다. 적게는 20~30인분부터 많을 때는 200~300인분까지, 회원들이 신선하고 질 좋은 재료를 직접 구입하여 만든 갈비찜, 불고기, 대하 잣즙 무침, 잡채, 해파리 냉채, 콩나물 냉채, 비빔밥, 삼색전, 오이선, 김치, 된장국, 배, 식혜, 떡과 한과 등을 대접하는데, 너무나 맛있다며 여러 접시를 갖다 먹기도 하고, 또 염치불구하고 남은 음식을 싸 가기도 하고, 한국 음식을 어디서 먹을 수 있는지 주변 한식당을 묻기도 하고, 직접 만들어 먹고 싶다며 자세한 요리법을 물어 가기도 합니다.

　식사를 대접하지 않는 행사 때는 오미자차, 매실차, 식혜, 수정과 등 전통 음료와 떡, 강정, 약과, 매작과, 곶감, 배 등 전통 다과를 구절판에 담아 대접하는데, 서양 배와 달리 달고 시원한 한국 배 맛에 특히 감탄을 합니다.

　아무리 자존심이 세고 자문화 중심주의가 강한 서양인들이라도, 감은사지 사리함, 석굴암, 성덕대왕 신종, 고려대장경, 한글 등 세계 정상의 문화재와 조선, 철강, 반도체, 전자, IT, 에너지 분야에서 세계 선두로 앞서가고 있는 현대 한국의 모습을 보고, 거기에 더해 맛있고 건강한 한식을 맛보고, 세계 어느 나라의 전통 의상보다 우아하고 아름다운 한복, 그리고 공경의 문화가 깃들어 있는 세배와 혼례 의식까지 보고 나면, 한국과 한국인에 대한 인식이 완전히 달라집니다. '잘 알지 못하고, 알고 싶지도 않던 나라' 에서, '존경스럽고 배우고 싶은 나라, 가 보고 싶은 나라' 로 한국에 대한 생각이 바뀌고, 한국인을 보는 시각과 대하는 태도가 달라집니다.

　작년 독일 카이저슬라우테른(Kaiserslautern)에서 이 지역 교회의 성가대 지휘자를 맡고 있는 한국인의 초청으로 행사를 한 적이 있습니다. 이 성가대 지휘자는 독일인 남편을 만나 현지에서 정착해 살고 있는 분인데, 영상을 보여주러 간 독일 법당 김정자 회원을 만나 하소연하기를, 성가대원 중 한 명에게 한국에 수세식 변기가 있느냐는 질문을 받고 하도 어이가 없고 안타까워서 한국에 대해 제대로 알려 주어야겠다고 결심하게 되었다고 합니다. 그래서 바로 대사관과 문화원 등에 연락을 해보았지만 한국을 알릴만한 자료가 마땅치 않아서, 한국을 제대로 소개해 줄 수 있는 강사를 수소문 하다 김정자 회원에게 연락을 하게 되었다고 합니다.

대학 교수, 연구원, 과학자, 오페라 가수, 주부, 학생 등 다양한 직업을 가진 성가대 회원들과 지인들 40여 명에게 2시간 동안 문화유산과 산업발전 영상을 보여주었고, 결과는 대성공이었습니다. 한국에 수세식 화장실이 있느냐고 질문을 했던 사람은 독일보다 한국의 금속활자가 200년이나 앞서 발명되었을 뿐만 아니라, 독일보다 한국에 고층빌딩이 더 많고 첨단과학기술도 눈부시게 성장하고 있는 것을 보고 경악하며 한국에 대해 그런 발언을 했던 것에 미안해 하였습니다. 이 날 행사에 참석했던 교민들도 지금까지 은근히 무시당하고 설움 받고 살던 몇 십 년 묵은 체증이 풀렸다고 너무나 고마워하면서, 독일 법당 김정자 회원 내외를 집에 초청하여 묵게 하고, 다음날 맛있는 식사와 함께 가정음악회를 열어 대접을 해주었습니다.

영국에서도 한국 문화의 진수를 엿본 지식인들의 반응이 열렬합니다. 20대 스코틀랜드 변호사는

"대학교 전공이 고전 문학이어서, 늘 그리스와 로마 문화가 세계 문명의 절정이라고 생각해 왔습니다. 그러나 오늘 세계 다른 곳에 더 앞선 문화가 있었다는 것을 배웠습니다. 석굴암의 수학적 정교함과 공학 기술에 비하면 그리스와 로마의 신전은 원시적입니다.

오늘 본 모든 것은 유럽을 훨씬 앞섰습니다."라며 감탄을 금치 못했고, 70대 영국 여성은,

"간디가 '서양 문화에 대해서 어떻게 생각하시나요?' 라는 유럽 기자의 질문에 '서양에 문화라는 것이 있었나요? 그랬으면 좋겠군요.' 라고 대답했는데, 한국인들도 똑같이 생각하겠군요. 한국에 대해서 전혀 몰랐지만 놀라웠고 숙연해졌습니다. 참 대단한 문명입니다. 꼭 방문해 보고 싶습니다."라고 소감문을 남겼습니다.

전문직 종사자 모임인 프로버스 클럽 행사에서 60대 영국 노신사는

"영국인들은 자국이 산업혁명을 일으킨 것을 자랑스러워 하는데, 석굴암이야말로 그 자체로 고대 문명의 '혁명' 이군요. 우리가 지금까지 너무 무지했고, 유럽 중심주의로 산 것 같습니다."라고 말하고,

"한국의 발전된 IT에 비하여 유럽은 석기 시대 수준"이라고 소감문을 남겼습니다.

몇 년 전, 뉴욕 맨해튼에서 열렸던 행사에 참석했던 뉴저지 리지필드 시장의 부인은 이탈리아계 미국인으로 예술에 조예가 깊은 분인데, 고려불화를 보고 감동하여 이렇게 말했습니다.

"미켈란젤로의 그림은 사람이 그린 지상의 작품이라면, 고려불화는 하늘에서 그린 천상의 작품 같이 느껴지고 특별한 영혼(soul)이 느껴집니다."

함께 참석한 이탈리아계 변호사는 대대로 금속공예를 해온 집안 출신이었는데 1,400년 전에 만들어진 신라의 금귀고리의 섬세함과 기술력에 놀라워하면서,

"지금까지 세계 예술의 중심이 이탈리아라고 생각했는데, 한국이 훨씬 앞서 있었다."고 찬탄했습니다.

미국인들도 미국이라는 나라가 존재하지도 않던 수천 년 전에 만들어진 엄청난 문화재들과, 오늘날 미국을 추월하여 앞서 가고 있는 산업 분야를 보며, 미국이 세계 절대 강국이며 모든 분야에서 최고라는 인식이 일부 무너지면서 충격을 받게 됩니다. 그리고 한국을 인정하게 되고, 한국을 더 알고 싶고 가보고 싶은 곳으로 생각하게 됩니다. 그리고 그런 나라의 국민인 한국인들을 다시 보게 됩니다.

한국 홍보 파급 효과

현재까지 인쇄된 71만 권의 책 중 60만 권 이상이 배포되었고, 한국 알리기 웹사이트에 31만 명이 다녀갔으며, 5,000회가 넘는 행사를 통해 40만여 명이 영상을 보았습니다. 2005년부터 지금까지 10년간 100만 명 이상이 한국 알리기 책과 영상을 본 것입니다.

책과 영상과 행사를 통해, 전혀 몰랐던 한국의 역사와 문화에 대해 충격을 받고 경이로움까지 갖게 된 이들이 가족과 친지, 친구들, 직장 동료들에게 이야기하며 한국이 너무 대단한 나라라고 '입소문'을 퍼뜨리고 있습니다.

이삼 년 전에 행사를 했던 곳의 주민들이 독송회 회원들을 만나면, 우리는 지금까지도 만나기만 하면 그때 행사 이야기를 한다며, 한국에 대한 새로운 눈을 뜨게 해 주어서 고맙다고 인사를 하기도 하고, 친지와 친구들에게서 이야기를 듣고 저희 행사를 수소문해서 찾아오는 경우도 있습니다.

어떤 미국인은 행사에 네다섯 번까지 참석한 분도 있고, 이런 분들이 주선하여 다른 행사를 연결시켜 주기도 합니다. 또한 행사 참석자 중에는 교사, 교수, 고위 공무원, 기업의 임원, 언론인들도 많은데, 이 분들은 오피니언 리더로서, 강연, 기고, SNS(페이스북, 트위터 등의 소셜 네트워크 서비스) 등을 통해 더 많은 사람들에게 한국에 대해 새롭게 알게 된 정보를 나누고 있어, 그 파급 효과가 더욱 커지고 있습니다.

'발 없는 말이 천리 간다.'는 말처럼, 미국과 유럽의 상류층, 지식인층을 중심으로 외국인 100만 명에게 심어진 한국에 대한 좋은 인상이 10년간에 걸쳐 주변 100명에게 전해진다고 할 때, 전 세계 1억 명 이상에게 한국에 대한 좋은 인상이 퍼지고 있는 것입니다.

은혜를 잊지 않는 마음

2010~2012년은 한국전쟁 60주년이 되는 해여서, 정부 주도로 참전 용사들의 대규모 방한 행사가 여러 차례에 걸쳐 진행되었습니다. 국가 기관인 보훈처에서 주관하는 이 행사에 독송회 한국 알리기 행사가 정식 프로그램으로 채택되어, 참전 용사분들께 진심 어린 감사의 마음을 전할 수 있었습니다.

20세 전후의 한창 피어날 젊은 시절에 6·25에 참전하여 이제는 80세가 넘으신 고령의 참전 용사분들은 정부 기관이 아닌 순수한 민간 단체에서 마련한 행사라는 것을 알고 더욱 감동하고 고마워하십니다. 그리고 회원들의 손을 꼭 잡고,

"다시는 전쟁이 나면 안 되겠지만, 만일 또다시 한국이 위험에 빠지면, 포탄이라도 나르러 오겠다."고 하시며 눈시울을 붉힙니다.

미국에서 열리는 행사에서도 6·25 참전 용사분들이 오시면, 이분들께는 특별히 감사의 인사를 드리고 큰절을 올립니다. 그리고 책과 음식을 가장 먼저 챙겨 드립니다. 한국 전통 방식으로 감사함

을 전하겠다며 회원들이 큰절을 올릴 때는 절을 받는 분도, 절을 하는 사람도, 지켜보는 이들도 모두 눈시울이 붉어집니다.

그리고 세월이 흘러도 이렇게 은혜를 잊지 않고 표현하는 한국의 마음에 모두가 깊은 감동을 느끼며 숙연한 분위기가 됩니다. 참전 용사분들뿐만 아니라 한국 아이를 입양해 키우는 미국 부모님들에게도 감사의 인사를 전하고, 책과 연등, 음식을 챙겨 드립니다.

얼마 전 행사에 참석하셨던 한 미국인 참전 용사 할아버지께서 아래와 같이 이메일을 보내오셨습니다.

롱우드 도서관 행사 때 찍은 사진들을 보내 주어서 고마워요. 이렇게 당신 나라를 알리는 멋지고 아름답고 우아한 행사를 열어 준 것도 고맙소. 1953년 이후의 발전상을 보고 나니, 내가 당신들 나라를 지키는 데 일조했다는 것이 자랑스럽고 영광스럽소. 2000년(한국전 50주년)에 한국에 갔을 때 한국이 얼마나 아름답고 부강하게 되었는지 볼 수 있어서 행운이었지. 내가 그 성공의 한 부분이 된 것이 참 뿌듯해요. 가끔씩 전쟁 때 생각이 나요. 그때의 추위와 잃어버린 동료들이 생각나서 슬퍼지지. 그렇지만 우리가 도운 나라가 다시 일어서고 우리를 환대해 주니 정말 고마워요. 멋진 행사와 식사 고마웠어요. 내가 한국을 도운 참전 용사였다는 것이 늘 자랑스러울 거요.

2012. 11. 26.
뉴욕 롱아일랜드에서 Paul J. Zerafa

한국을 사랑하고 빛내주신 분들에게

 2012년 10월 뉴욕 라이 여성 클럽에서 열렸던 행사는 참으로 뜻깊은 행사 중의 하나였습니다. 뉴욕 라이(Rye)는 미국의 전통 부촌으로 유서 있는 명문가가 많이 있습니다. 작년에 이곳에서 행사를 할 때 이 단체 회원 중 헐버트 선생의 자손이 있다는 이야기를 듣고, 그분들에게 감사를 표하기 위해 다시 마련한 행사였습니다.
 호머 헐버트(Homer Hulbert, 1863~1949) 선생은 23살에 처음으로 한국 땅을 밟은 이래 수십 년간 한국과 미국을 오가며 교육자, 선교사, 출판인, 언론인으로 활동하면서 『한국사(The History of Korea)』(1905), 『대한제국멸망사(The Passing of Korea)』(1906) 등의 명저를 남겼습니다. 1905년에는 을사늑약을 저지하고자 고종 황제 특사로 미국을 방문하였고, 1906년 헤이그 특사로 임명되어 1907년 제2차 만국평화회의가 열린 헤이그를 방문, 일본의 침략주의를 규탄하는 등 독립운동에 크게 이바지하신, 한국인보다 더 한국을 사랑한 분입니다.
 뉴욕 라이 여성 클럽의 회원인 헐버트 선생의 손자며느리와 그 아들이 참석한 가운데, 다른 영상들과 함께 헐버트 선생의 일대기를 요약한 영상을 보여드리고, 두 분에게 책 한 세트를 전해드린 뒤 감사의 절을 올렸습니다. 헐버트 후손 두 분은 물론 그 자리에 모인 여성 클럽 회원들까지 53명이 모두 숨을 죽여 지켜보며 행사장 안은 감동으로 꽉 차올랐습니다.
 마음 깊은 곳에서 우러나온 진실하고 정중한 감사 인사에 증손자는 '와우wow'를 여러 번 되풀이 하며 말을 잇지 못하고 눈물을 글썽였고, 손자며느리는
 "오랜 세월이 지난 후에도 고마움을 잊지 않는 한국의 따뜻한 마

음과 정성, 헌신, 열정에 감동 받았고, 한국의 훌륭한 문화가 미국과 세계에 널리 알려지기를 바란다."고 하면서 울먹였습니다. 지켜보는 여성 클럽 회원들도 큰 감동을 받아 가슴을 손으로 다독이기도 하고, 눈가에 맺힌 눈물을 닦기도 했습니다.

한 달 후 독일 그래펠핑(Graefelfing)에서도 참으로 아름답고 의미 깊은 행사가 열렸습니다.

이미륵 박사(1899~1950)는 경성대(서울대 전신) 의대 재학 중 3·1운동에 참가하고, 같은 해 상하이로 망명하여 임시정부의 일을 돕다가 독일로 유학을 떠나, 뷔르츠부르크대학, 하이델베르크대학, 뮌헨대학에서 의학, 동물학, 철학을 공부하고 박사학위를 받았습니다. 이후 뮌헨대학 교수로 재직하면서 한국을 배경으로, 동양 문화의 전통과 풍습을 주제로 한 작품을 독일어로 발표하여 인품을 갖춘 학자이자 문인으로서도 독일인들의 존경과 사랑을 받았습니다. 1946년에 쓴 『압록강은 흐른다』는 전후 독일문단에서 베스트셀러가 되어, 영문 및 국문으로 번역되었고, 독일 고등학교 교과서에 실려 독일 학생들에게도 애독되었습니다.

그래펠핑은 이미륵 박사가 말년까지 살았던 곳으로 이곳의 공동묘지에 그 분의 묘가 있고, 매년 시장을 비롯한 지역의 주요 인사들과 문인들이 참여한 가운데 이미륵 박사의 추모식이 열리고 있는 곳입니다. 법사님께서도 독일에 가셨을 때, 이미륵 박사의 묘에 들러 금강경을 읽어 드리고 기도를 해드리셨습니다.

시청에서 무료로 제공한 문화관에서 60명의 지역 인사들과 당시 이미륵 박사와 함께 문인회를 이끌던 분들의 후손들이 참석한 가운데, 한국의 문화유산과 발전상을 소개하는 영상을 보여주고 불고기, 잡채, 김치, 김밥을 손수 만들어 대접하여 큰 호응을 받았습니다. 참석자 대부분이, 이미륵 박사의 일생과 일제 강점기 한국의 상황은 알고 있었지만 이러한 훌륭한 역사와 문화는 알지 못했는데 큰 감동을 받았다고 하며 감사함을 표현했습니다. 수십 년의 세월이 지난 후에도 존경과 흠모의 마음을 갖고 이미륵 박사를 기억하고 있는 이들에게, 이미륵 박사의 모국인 한국에 대한 큰 감동을 심어 준 행사였습니다.

문화재 책과 영상을 만드는 과정에서 한국인보다도 더 한국의 역사와 문화를 사랑하고 세계에 알리기 위해 노력한 외국 지식인들을 알게 되었는데, 그 중의 한 분이 바로 미국인 존 카터 코벨(Jon Carter Covell, 1910~1996) 박사였습니다.

코벨 박사는 서구 학자로는 처음으로 1941년 미국의 아이비리그 명문 중 하나인 컬럼비아 대학에서 일본 미술사 연구로 박사학위를 받고, 캘리포니아 주립대학과 하와이 주립대학에서 교수로 재직하며 동양미술사를 가르쳤습니다. 그러다 일본 문화의 근원인 한국문화에 대한 심도 있는 연구를 위해 1978년부터 1986년까지 9년간 한국에 머물며 한국 미술과 한일 고대사에 대한 1천여 편이 넘는 칼럼을 썼고, 『한국이 일본 문화에 끼친 영향(Korean Impact on Japanese Culture)』, 『한국의 다채로운 유산(Korea's Colorful Heritage)』 등 5권의 한국문화와 관련된 영문 저작을 통해 세계에 한국 전통 미술과 고대 문화를 알리는 데 큰 기여를 하였습니다.

"역사는 후대인들에 의해 왜곡될 수 있지만, 실물로 증명되는 미술사야 말로 왜곡된 역사를 바로잡을 수 있는 가장 믿을만한 역사이다."라고 주장하며, 한국에 대한 깊은 열정과 애정을 갖고 일본의 고대사 왜곡과 이에 영향을 받은 한국 식민지사관 학자들의 잘못을 바로 잡고자 노력했습니다.

한국에 이렇게 고마운 일을 해준 코벨 박사는 지금 돌아가시고 안 계시지만, 미국에서 교육가로 활동하고 있는 코벨 박사의 아드

님에게 독송회에서 출판한 한국 알리기 책 세트와 함께 감사의 편지를 전달하였습니다. 그리고 코벨 박사의 노력과 헌신이 잊히지 않길 바라는 마음으로 그녀의 영문 저작 중 『한국이 일본 문화에 끼친 영향(Korean Impact on Japanese Culture)』 150권을 한림출판사를 통해 구입하여 미국과 영국의 대학 도서관에 기증하였습니다.

한국 알리기 책과 영상을 만들면서 존경심과 고마움을 느낀 또 한 분은 전 서울대 물리학과 교수 남천우 박사입니다. 이 분은 과학자의 시각에서 우리 문화재들의 우수성을 연구하고 알리셨습니다. 특히 석굴암이 1만분의 1의 오차도 나지 않게 만들어졌고, 신라인들은 원주율 파이(π)의 값을 3.141592 보다도 훨씬 더 높은 정확도로 알고 있었다는 내용을 1969년 『신동아』에 발표하여 큰 관심을 불러일으켰습니다. 그리고 이 내용을 독송회에서 만든 문화유산 책과 영상에 넣었는데, 이를 본 영국 석조공예가가

"오늘날 현대 석조 건축에서는 30cm에 1mm 이내 오차를 우수 품질로 여기는데, 1,300년 전에 가장 단단하고 조각하기 어려운 화강암으로 만든 석굴암이 10m에 1mm 이내의 오차라니, 기가 찹니다. 그것은 현대 기술보다 30배 이상의 정확성과 정교함을 요구하는 것입니다."라며 감탄했습니다.

법사님께서

"문화재 연구는 돈 되는 일도 아닌데, 그 분이 평생 그렇게 문화재를 과학적으로 분석하고 글을 쓴 것은 나라를 사랑하는 마음이 있다는 뜻이 아니겠냐. 그 분에게 고맙다는 인사를 하는 것이 국민된 한 사람으로서 도리일 것이다."라고 하시면서 서울 법당 보살님을 통해 참기름과 들기름을 갖다 드리고 우리 책과 영상을 보여드리고 감사 인사를 전하도록 하셨습니다.

또 한 분 법사님께서 감사의 마음을 전하라고 하신 분은 '로버트

김'으로 알려진 김채곤 선생입니다. 미국 해군정보국에서 근무하던 로버트 김은 주미한국대사관 정보장교의 부탁을 받고 한국 측에 북한 잠수함에 대한 정보를 알려주었다가, 스파이 혐의로 체포되어 9년간 감옥에 갇혀 있었습니다. 조국인 한국을 도우려다 자신은 물론 온 가족이 크나큰 고통을 겪었습니다.

작년에 이 분이 어머니 기일에 맞추어 고향인 여수에 왔을 때, 평소 이 분을 존경하던 독송회 회원이 찾아가 인사를 드리고 한국 알리기 영상을 보여드렸습니다. 법사님께서 이 소식을 들으시고, 법사님께서도 그 분에 대한 이야기를 전에 신문에서 읽으시고 참 안타까우셨는데, 영상을 보여드렸다니 정말 잘 되었다고 하시고, 다시 찾아가서 『닦는 마음 밝은 마음』 영문 번역서와 한국 알리기 책 세트와 도량에서 만든 청국장, 참기름, 들기름 등을 전해 드리라고 하셨습니다. 법사님의 감사 인사와 선물을 받고 이제 70세가 넘으신 로버트 김 선생과 부인이 얼마나 기뻐하는지 얼굴에 화색이 돌고 주름이 펴져서 10년은 젊어 보였다고 합니다.

법사님께서는 자신의 개인적인 삶을 희생하고 헌신하여 5천만이 사는 이 나라 전체의 국익을 위해 기여한 분들을 늘 감사하게 여기고 이 분들의 공을 높게 생각하시며 감사를 전하도록 하십니다. 그리고 독송회 회원들이 그분들과 후손들에게 진심으로 감사함을 전한 이야기를 들으실 때마다 참으로 기뻐하십니다.

재정은 자급자족으로 마련

독송회는 '한국 알리기' 행사를 하면서 정부나 기업체의 지원을 전혀 받지 않고 자체적으로 비용을 마련하고 있습니다. 본부인 금강정사에서 메주, 된장, 고추장, 청국장, 참기름, 들기름 등 전통 식품을 직접 만들어 각 지역의 회원들이 판매하고, 옷가게를 운영하는 수익금으로 비용을 충당하고 있습니다.

또한 불교계 단체들을 통해 불우이웃 돕기 성금을 매년 천만 원 이상씩 18년째 기탁하고 있습니다. 법사님의 뜻에 따라 국내 법당 8개는 모두 개인 명의가 아닌 법인 재산으로 등록되어 있으며, 법인 정관에는 독송회가 해산되면 모든 재산이 국가에 귀속되도록 명시해 놓았습니다.

국내 행사 동기

외국인들을 대상으로 해오던 '한국 알리기' 행사를 2011년 가을부터 국내인들 대상으로도 진행하여 현재까지 군부대, 관공서, 기업체, 학교와 각종 모임에서 2,000회가 넘게 영상 상영이 이루어졌습니다. 특히 군부대 행사는 군인들의 애국심과 사명감을 고취시키는 데 큰 역할을 하고 있습니다. 아래는 군인들이 영상을 보고 적은 소감문입니다.

군 생활을 하며 많은 초청 강연을 들어봤지만 오늘만큼 열정이 가득하고 희망찬 강연은 처음이었다. 강연 시작부터 끝까지 화면에서 눈을 뗄 수 없었고, 보는 내내 감동이 벅차올랐다. 가장 인상 깊었던 부분은 한글 창제 부분이 아니었나 싶다. 세종대왕 시절 한글 창제는 물론 신기전 등 세계 어느 나라도 뛰어 넘을 수 없던 당시 우리나라의 기술력을 보고 나니, 나까지 자랑스러워졌다.
(2012. 12. 5. 천안 제3탄약창 정훈교육)

이 땅 위에 살아 숨 쉬는 모든 생명과 이 강토 자체가 과거의 역사로부터 이어져 왔음을 상기시키는 좋은 영상을 보았습니다. 선조들의 뛰어난 기술과 우월한 민족성과 열정을 느끼게 해주는 유물들과 애국애민을 바탕으로 세계에 유례 없는 기적적인 발전을 이룬 역사를 수호하는 국방의 의무에 대해 다시 한 번 자긍심을 느끼게 해준 영상에 경의를 표합니다. 조국은 내 생명이며 겨레는 내 뿌리임을 잊지 않고, 대한민국을 지키는 장교로서 책임을 다하여 후손에게 이어질 역사를 수호하겠습니다. 정말 대단했고 우리나라가 너무 자랑스럽습니다.

(2012. 7. 15. 논산훈련소 군법당)

영상을 보는 순간순간마다 가슴에서 울리는 전율을 느꼈습니다. 세계 어디에 내놓아도 손색없는 우리나라의 첨단과학기술과 발전상, 그리고 문화를 보면서 그동안 우리나라에 너무나도 무관심했던 스스로를 반성했습니다. 특히나 국가에서도 시도하지 않았던 이 프로젝트를 가꾸어 나간 금강경독송회의 용기와 배려심, 그리고 국가를 향한 열렬한 응원에 깊은 감명을 받았습니다. 약한 바람에도 쉽게 흔들리는 20대의 마음속에 뿌리 깊은 정체성과 자긍심을 심어준 것에 감사합니다.

(2012. 7. 9. 남원103연대 정훈교육)

금강경독송회에서 만든 한국 알리기 영상을 보고, 한국의 발전상과 전통 문화에 대해 새로운 긍지와 자부심을 가지게 되었다. 민간단체임에도 불구하고 국가에서도 하기 어려운 교육과 홍보를 펼쳐주는 데 대하여 고마움을 느낀다. 시간이 없고 돈이 없어서, 재주가 없어서 등의 다양한 핑계로 나의 조국이 어떠한 곳인지 관심도 가지지 않고, 그것을 알리는 데도 노력이 부족했다는 것이 새삼 부끄럽다. 삼국지는 읽었지만 삼국유사는 읽지 않았고, 로마신화는 읽어도 삼국사기는 몰랐던 나 자신을 반성하고 지금부터 나의 뿌리를 찾고 알리는 데 힘쓰겠다.
(2012. 7. 12. 공군 제5전술공수비행단 정훈교육)

한국인이라는 것에 대해 무한한 자부심과 긍지가 생겼다. '나라를 위해 무엇을 할 수 있을까' 하는 고민이 생겼고, 반드시 무엇을 해야겠다는 행복한 고민을 하게 되었다.
(2012. 10. 24. 익산 제7특전여단 공수부대 정훈교육)

법사님께서는 전쟁이나 무력 분쟁이 터지면 가장 먼저 목숨을 걸고 이 나라를 지킬 사람들이 군인들인데, 닦는 사람들이 그 고마움을 알아야 한다고 하시면서, 군부대에는 절대 빈손으로 가지 말고, 군인들의 간식거리를 꼭 챙겨 가도록 하십니다.

우리 국민들을 상대로 우리 문화재와 발전상을 본격적으로 알리기 시작한 동기는, 법사님이 보셨을 때 우리나라 문화재가 세계 최고인데, 우리나라 사람들이 중국에 가면 자금성과 만리장성에 위축되고, 유럽에 가면 미켈란젤로의 「천지창조」 같은 성당과 궁전의 화려한 천장화와 벽화들, 파르테논 신전, 콜로세움 등 고대 건축물을 보고 주눅이 들기 때문입니다.

그래서 이 영상을 통해서 우리나라가 5,000년 역사의 깊이를 갖고 고조선 시대부터 세계 정상의 유산을 많이 남겼고, 현재는 세계 무역 8위의 경제 대국으로 원조를 받던 나라에서 원조를 주는 나라로 변신한, 세계에서 유일한 나라임을 알고, 외국 가더라도 주눅 들지 말고 떳떳한 마음으로 다니고 외국인을 대할 때도 기죽지 말고 한국인인 것에 자긍심을 가지라고 시작하셨습니다.

황룡사에 9층탑을 세워 삼국 통일의 정신적 기반을 마련했던 선덕여왕. 화쟁, 일심, 원융회통 사상을 통해, 자비와 무애의 실천을 통해 삼국 통일의 정신적 기둥을 세운 원효대사. 죽어서도 바다의 용이 되어 왜구의 침입을 막겠다고 유언한 신라 문무왕. 부처님의 법력으로 몽고군의 침입을 막고자 팔만대장경을 세긴 고려인들. 왜군을 물리치고 나라를 구하기 위해 목숨을 바친 승병들. 항일독립 운동을 펼친 스님과 불자들.

그러나 우리의 호국호법護國護法 전통으로 지키고 수호한 것은 비단 이 강토와 동포뿐만이 아닙니다. 부처님 가르침을 통해 안정과 평온을 얻은 겨레의 정신과 영혼이 있고, 불교를 통해 더욱 풍요로워지고 깊어진 우리 전통 문화가 이룩한 석굴암, 성덕대왕 신종, 반가사유상, 고려불화 등 세계 최고의 문화 유산들이 있습니다.

법사님이 기획하시고 이끌고 계신 금강경독송회의 '한국 알리기' 사업은 이와 같은 호국호법의 전통을 계승한 것입니다. 부처님께서 말씀하신 네 가지 크고 무거운 은혜[四重恩] 중의 하나인 나라의 은혜에 보답하며, 널리 인간을 크게 도우라[弘益人間]는 고조선의 건국이념과 자리이타自利利他의 보살행을 몸소 실천하는 것입니다.

그간 방송국과 언론 기관에서 독송회의 나라 사랑 활동에 대한 취재 요청이 몇 차례 들어왔었지만, 자신을 드러내지 않는 것이 수행자의 마음가짐이라는 법사님의 말씀에 따라 위 내용들이 독송회 외부에는 별로 알려지지 않았습니다. 다만 법사님의 책을 읽는 분들에게 나라 사랑 실천의 작은 동기 부여가 되었으면 하는 바람으로 여기 이렇게 기록을 남깁니다.

이 책에 나오는 불교 용어들

과보果報 인과응보. 전생에 지은 선악에 따라 현재의 행과 불행이 있고, 현세에서의 선악의 결과에 따라 내세에서 행과 불행이 있는 일.

도량道場 부처님께서 깨달음을 이룬 곳. 또는 수행자들이 수행하는 곳.

발심發心 ① 어떤 일을 하겠다고 마음먹음. ② 보리심(깨달음을 구하는 마음)을 일으킴.

법력法力 ① 부처님의 가르침이 지닌 뛰어난 힘. ② 불보살님의 위대한 능력. ③ 수행으로 얻은 뛰어난 능력.

법신불法身佛 진리 그 자체로 계시는 부처님.

보살菩薩 ① 부처님이 전생에 수행하던 시절이나 수기를 받은 이후의 몸. ② 위로 보리를 구하고 아래로 중생을 제도하는, 대승 불교의 이상적 수행자상. ③ 여자 신도를 일컫는 말.

보살도菩薩道 ① 보살이 닦고 실천하는 수행의 길. ② 대승의 가르침. 소승 불교에서 자기만의 해탈을 위하여 수행하는 데 대하여 보살도의 실천은 자기를 위한 수행이 곧 남을 이롭게 하는 것이요, 남을 위하는 것이 자기의 도를 이롭게 한다는 자타의 일체감에서 출발하게 된다.

보시布施 자비심으로 남에게 재물이나 불법을 베풂.

분별分別 대상을 차별하여 허망한 인식을 일으키는 인식 주관의 작용.

선근善根 청정한 행위를 할 근성. 온갖 선을 낳는 근본. 좋은 과보를 받을 착한 행위.

선지식善知識 부처님의 가르침으로 인도하는 덕이 높은 스승. 수행에 도움을 주는 지도자.

수자修者 닦는 사람. 도량의 수행자.

아상我相 나라는 관념, 생각, 자의식.

아귀보餓鬼報 아귀도餓鬼道에 떨어진 업보. 굶어 죽게 되는 재앙을 당하게 될 업보를 이른다.

업業 ① 몸과 입과 마음으로 짓는 행위와 말과 생각. ② 행위의 과보를 초래하는 잠재력. ③ 선악의 행위에 따라 받는 고락의 과보. ④ 어떠한 결과를 일으키는 원인이나 조건이 되는 작용.

업보業報 선악의 행위에 따라 받는 과보.

업연業緣 업보의 인연.

업장業障 ① 마음, 말, 행동으로 지은 악업에 의한 장애. ②악한 행위를 저지른 과보로 받는 장애.

영가靈駕 죽은 사람의 넋, 영혼.

오욕락五慾樂 재욕(돈), 성욕, 음식욕, 명예욕, 수면욕의 즐거움.

장궤長跪 두 무릎을 땅에 대고 허리를 세우는 자세로, 존경과 공경을 나타냄.

장좌불와長坐不臥 눕지 않고 늘 좌선함.

정진精進 힘써 수행함. 선을 행하려고 노력함.

처사處士 출가하지 않고 재가에서 부처님의 가르침을 따르는 남자 신도.

탐진치貪瞋癡 욕심내는 탐심, 성내는 진심, 자신이 잘난 줄 착각하는 어리석은 치심. 이 세 가지를 합하여 탐진치 삼독三毒 또는 삼독심三毒心이라 한다.

닦는 마음 밝은 마음 (개정증보판)

1판 1쇄 발행 1989년 3월 10일
2판 44쇄 발행 2012년 10월 10일
3판 1쇄 발행 2013년 1월 2일
  7쇄 발행 2016년 3월 2일
 총 52쇄

지은이 김재웅
펴낸곳 도서출판 용화
출판등록 1992년 7월 21일 제504-1호
주소 경북 포항시 북구 흥해읍 초곡길 75번길
전화 054-261-2231

ⓒ 청우불교원 금강경독송회 2013

ISBN 978-89-969357-1-1 (03220)

값 15,000원

아마존 사이트에 올린 미국 독자들의 서평

아래는 영문판 『닦는 마음 밝은 마음』을 읽고 미국 독자들이 아마존(미국에 본사를 둔 세계 최대 인터넷 서점)에 올려놓은 여러 서평 중 6명 독자의 서평입니다. 영어 원문 뒤에 우리말 번역을 넣었습니다. (출처: www.amazon.com)

(1) I recommend this book to everybody heartily.

I'm the reader of this book and I'm practicing. The technique of "surrendering" seems accessible practice to change negative mind into affirmative mind, limited mind into generous mind, dark mind into bright mind, cold mind into warm, comfortable mind. Really, I feel that I get valuable treasure.

— March 26, 1999

(2) Interesting and practical.

Really it's another view to the world. You can get some hint from this book to get freedom from yourself.

— March 24, 1999

(3) This book guides us how to deal with all sufferings.

I felt like I finally found the light in the dark night when I finished this book. I have been peaceful in my mind and I have had the strong feeling that I also could get the freedom in my life through practicing 'SURRENDER WITH REVERENCE ALL YOUR MIND TO BUDDHA.'

— March 5, 1999

아마존 사이트에 올린 미국 독자들의 서평

(4) Do you want to have a peaceful mind?

It was a LIGHT to me. In this book, I found the way to overcome everyday's sufferings and how to think about other people, how to train my mind, how to behave in everyday's life. Master Jae Woong Kim's teaching should be a shortcut methods to have PEACEFUL MIND.

— March 26, 1999

(5) Mind over Money

I am a Catholic strongly dedicated to the study and practice of my faith. However, I do not believe in limiting my experience of spiritual truth only to Catholic dogma. Master Kim has much to tell the world, especially the American culture. Our culture places so much emphasis on the word I and the external and material aspects of our society that we have become blinded to the state of our own minds. American culture is in trouble and it needs to find the value of "cultivating the mind" instead of the bank book. I do not personally advocate Buddhism but there is much to be learned from this book and I would highly recommend it to anyone who has found the importance of his or her own spiritual health.

— June 11, 1999

아마존 사이트에 올린 미국 독자들의 서평

(6) GET THE BIG PICTURE

In the life of every person, there comes a point when you realize that your mind is a battlefield. The "POLISHING THE DIAMOND, ENLIGHTENING THE MIND" guides you through this battlefield with the seatbelts on. I was in awe and wonder by permeating stories and METHODIC teachings, by SELF-ACTUALIZING powers of anyone's wishes, by the author's mission to find Buddha in all things with his SERVICE TO HUMANITY, by illuminating presence at work in the midst of human enterprise, and by what it is to be the HALLMARK of a good life. My spirits wanted to soar because in my own battlefield, I was able to find cracks that allow breakthroughs. The book does what it promises. It enlightens minds!! I saw the BIG PICTURE and it showed me the ROAD. Diamond Master Jae-Woong Kim is an author whose publications I will certainly watch for.

― March 29, 1999

아마존 사이트에 올린 미국 독자들의 서평

독자 1. 이 책을 진심으로 모든 사람에게 권한다. (1999. 3. 26.)

나는 이 책의 독자이고 현재 수행을 하고 있다. "바치는 법"은 부정적인 마음을 긍정적인 마음으로, 편협한 마음을 관대한 마음으로, 어두운 마음을 밝은 마음으로, 차가운 마음을 따뜻하고 편안한 마음으로 바꿀 수 있도록 하는 실천적인 수행법이라고 생각한다. 정말로, 귀한 보물을 얻은 느낌이다.

독자 2. 흥미롭고 실질적이다. (1999. 3. 24.)

정말 이 책은 다른 각도로 세상을 보게 해준다. 당신은 이 책을 통해 당신 자신으로부터 자유로워지는 힌트를 얻을 수 있을 것이다.

독자 3. 이 책은 우리에게 모든 고통에 어떻게 대처해야 할지 알려준다. (1999. 3. 5.)

이 책을 다 읽었을 때 드디어 어두운 밤중에 불빛을 만난 느낌이 들었다. 책을 읽는 동안 나의 마음은 평온했고 "모든 마음을 부처님께 공경심으로 바치는" 실천을 통해 나도 내 삶 속에서 자유를 찾을 수 있겠다는 강한 느낌을 갖게 되었다.

독자 4. 당신은 평화로운 마음을 갖길 원하는가? (1999. 3. 26.)

이 책은 나에게 '빛'이었다. 이 책에서 나는 일상의 괴로움을 극복하는 방법과 어떻게 다른 사람을 배려하고 어떻게 나의 마음을 수련하며 일상생활에서 어떻게 행동해야 하는지를 발견하였다. 김재웅 법사님의 가르침은 분명 평화로운 마음에 이르는 지름길이다.

아마존 사이트에 올린 미국 독자들의 서평

독자 5. 돈보다 중요한 마음 (1999. 6. 11.)

나는 나의 종교 공부와 실천에 전심을 다하는 가톨릭 신자이다. 하지만 나의 정신적 진리탐구의 경험을 천주교 교리에만 한정시키지는 않는다. 김 법사님은 이 세계, 특히 미국 사회가 필요로 하는 것들을 말해준다. 우리 사회는 '나(I)' 라는 개념과 표면적이고 물질적인 것만을 지나치게 강조한 나머지 우리 자신의 마음 상태에 대해서는 눈이 멀게 되었다. 미국 사회에는 많은 문제가 있고 은행 통장 대신 "닦는 마음"의 가치를 찾을 필요가 있다. 개인적으로 불교를 믿지는 않지만 이 책에는 배울 것이 많이 있고, 자신 내면의 정신적 건강이 얼마나 중요한지를 인식하는 모든 이들에게 이 책을 적극 추천한다.

독자 6. 큰 그림을 얻다 (1999. 3. 29.)

누구나 삶 속에서 마음이 전쟁터와 같다고 깨닫는 시점이 있다. 『닦는 마음 밝은 마음』은 당신에게 안전벨트를 채우고 이 전쟁터를 뚫고 나갈 수 있도록 안내한다. 마음에 스며드는 이야기들과 방법론적인 가르침들, 소망을 이루는 방법, 인류를 위한 헌신을 통해 모든 존재에서 부처님을 발견하려는 저자의 노력, 깨달음이 인간 세상사에서 어떻게 작용하는지, 그리고 선한 삶의 전형이 어떠한 것인지를 읽으면서 경이로움과 불가사의함을 느꼈다. 내 영혼이 날아오르고 싶어 했는데, 그것은 내 자신의 전쟁터에서 돌파구를 찾을 수 있었기 때문이다. 이 책은 스스로의 약속을 지켰다. 마음을 밝혀주었다!! 나는 큰 그림을 보았고, 책은 길을 보여주었다. 다이아몬드(금강) 김재웅 법사님의 다음 저작들이 기다려진다.